原创思想
Original Thought

股东资源论

王 斌 ◎ 著

On Shareholders' Resources

中国人民大学出版社
·北京·

图书在版编目（CIP）数据

股东资源论/王斌著. --北京：中国人民大学出版社，2022.8
ISBN 978-7-300-30760-2

Ⅰ.①股… Ⅱ.①王… Ⅲ.①股东-研究 Ⅳ.①F830.91

中国版本图书馆 CIP 数据核字（2022）第 106650 号

股东资源论
王　斌　著
Gudong Ziyuan Lun

出版发行	中国人民大学出版社		
社　　址	北京中关村大街 31 号	邮政编码	100080
电　　话	010-62511242（总编室）	010-62511770（质管部）	
	010-82501766（邮购部）	010-62514148（门市部）	
	010-62515195（发行公司）	010-62515275（盗版举报）	
网　　址	http://www.crup.com.cn		
经　　销	新华书店		
印　　刷	北京联兴盛业印刷股份有限公司		
规　　格	170 mm×230 mm　16 开本	版　次	2022 年 8 月第 1 版
印　　张	25 插页 2	印　次	2022 年 8 月第 1 次印刷
字　　数	292 000	定　价	148.00 元

版权所有　侵权必究　印装差错　负责调换

推荐序

通常意义上，股东是指公司权益资本的提供者。就股份有限公司而言，自然人或法人购买并持有公司股份，便成为公司股东。这似乎意味着，自然人或法人只要愿意出资购买某个公司的股份，就可以成为其股东。但是，在商业实践中，事情并非总是如此简单。

自然人或法人获得公司股份的途径通常有二：一是在公司 IPO 之前，通过一级市场购买股份，或曰出资入股；二是在公司 IPO 之后，通过二级市场购买股份。在公司 IPO 之前，任何投资者想入股公司，都必须得到公司原股东（尤其是创始股东或控制股东）的认可。例如，现如今 PE 投资机构多如牛毛，而具有巨大潜在成长空间的优质标的有限，普通的 PE 投资机构就很难有机会入股优质标的公司。至于通过二级市场购买上市公司股份并成为其小股东，只要是符合法律和监管要求的投资主体，这确实是很容易做到的事情。但是，如果要通过在二级市场上收购上市公司股份并成为其大股东甚至控制股东，则会被理解为敌意收购，公司的管理层和控制股东就可能采取相应的反制措施，最终使敌意收购者不能成为公司的大股东或实际控制人。"宝万之争"便是这方面的一个经典案例。这就提出了一些问题：公司为什么需要筛选投资者？被公司接受的投资者和被公司放弃或拒绝的投资者，究竟有怎样的实质性差异？什么样的投资者更可能被公司接受成为其大股东甚至控制股东？

王斌教授的著作《股东资源论》通过清晰的概念阐释、深入的理论分析，以及严谨的实证检验，系统地回答了以上问题。

虽然"资源股东"是相对于"资金股东"而言的一个成熟概念，是指并不出资，而是以其拥有并投入公司的特定资源（如技术专长、管理经验、社会关系等）获得公司一定比例的股份，但"股东资源"则是王斌教授及其研究团队基于资源基础理论提出的一个全新的概念，是指资金股东所拥有的、有助于促进公司发展和价值创造的各种资源。王斌教授的著作《股东资源论》所论述的中心问题是，资金股东所拥有的资源如何影响其成为公司股东，进而如何影响公司治理和财务决策。作者并不否认主流财务理论关注的大小股东之间的代理冲突问题，但更加强调大股东联盟的积极意义——协同效应。作者特别强调的是，尽管从事后意义上看，股东之间确实存在利益冲突，但是，股东们为什么要结成联盟？为什么要合资共事？从事前意义上看，便是又相互看中了对方所拥有并可能有助于公司发展和价值创造的特定资源。正如同婚后吵架难免，但结婚的目的则是互助与共赢。因此，股东资源的异质性和互补性，是股东联盟的重要考虑因素。典型如房地产行业，即便是拥有品牌、资金和技术优势的全国头部房地产开发商，也往往需要与开发项目所在地的开发商合资开发房地产项目，以有效利用后者所拥有的地方社会关系资源。

我认真读过王斌教授之前出版的多部著作和教材，给我的至深印象是，他的作品兼具深邃思想、严谨逻辑和清晰表达，这难能可贵。《股东资源论》保持了其既有的论述和写作风格，读来十分过瘾。王斌教授的这部新著，较其过去出版的著作"味道"更为浓郁了一些。这应该是缘于其研究积累和社会阅历的日益丰富，以及问题思考的更为深入。

我有幸在本书正式出版之前获得学习机会，写就了上面这些"读后感"，借此向关注公司财务研究和实务问题的读者积极推荐王斌教授的力作《股东资源论》，并期待本书的出版引导公司治理和公司财务研究，朝着"协同"这个方向结出更为丰硕的果实。

陆正飞

北京大学光华管理学院教授

前　言

秋天是结果后的收获季节。

《股东资源论》是我经多年思考后得到的一颗果实。若问果实是否饱满，我自己肯定无法下结论，但果实终归是结了，来年的种子也顺便留下。

股东资源是我自创的一个学术概念（王斌和宋春霞，2015）。这一概念的提出涉及多年来我对中国公司生存发展的一些基础问题的思考、设问甚至反诘：中国公司为什么普遍存在控股股东及大股东联盟这一事实？大股东在中国公司中的角色到底是什么？西方经典理论与研究范式主要基于发达资本市场及公司股权结构高度分散等背景，以探究股东与经营者的代理问题：因信息不对称及利益目标不一致等，"远离公司"的股东与"亲为公司"的经营者之间潜在存在利益冲突。放眼全球，当人们发现很多公司存在大股东时，理论界则热议起另一个代理维度和主题，即"大股东-中小股东"之间的代理问题，利益输送成为贴在大股东身上的模糊标签。当然，上述逻辑与分析大多基于西方语境。这一逻辑体系引入中国后，成为研究中国公司治理、财务管理等问题时文献回顾的经典与基础逻辑。这是再自然不过的事情。

然而，中国资本市场、公司财务实践面临的诸多问题，与西方语境下的确实不同，套用西方理论及研究范式，虽然有必要，但可能并不够充分。举例来说，从资本市场与公司生成角度看，经过二三百年的经验累积与制度迭代，在以美国为代表的西方国家的公司中，金融家、风险资本、机构投资者在公司创始及后续发展中扮演的角色已十分明显。尤其是近年来，伴随着以信息技术为代表的高科技公司的发展，拥有想法、技术优势等禀赋的创始股东（兼具经营的创业团队）主要负责"干活、创新"，而拥有雄厚资本实力、善于捕捉市场机会并谙熟资本市场规则等的风险资本家和机构投资者等，则负责"筹钱、赋能（服务＋监督等）"，这就形成了有别于传统公司消极股东与积极股东、大股东与中小股东这类两分法式的抽象股东结构，代之以"创始股东＋外部机构大股东＋较少散户"这种典型的公司股东结构与资本市场投资者格局。在这里，创始股东既是大股东也是经营团队成员，外部机构大股东主要是指产业投资基金、养老基金、机构投资者等，散户则是指为数不多的个人投资者。其中，外部机构大股东具有资本实力雄厚、长期投资并持有、积极参与公司治理、有效监督公司行为、与公司结伴成长并取得长期风险收益等核心特征，他们一改传统在公司中扮演消极股东的角色，变得更积极有力。这一股东结构的格局变化自然也引发了市场规则、法律规制与治理重点等的某些变化，尽管持股的经营团队在公司经营中依然发挥核心作用，尽管外部机构大股东的身份日趋具象化，尽管"股东-经营者"之间的代理问题依旧存在，但公司财务问题的核心可能并不完全是代理引起的利益冲突，而是创始股东与外部机构大股东等大股东联盟合作所引发的利益协调与再平衡。别忘了，创始股东与外部机构大股东终归是关起门来的"一家人",他们之间潜在的合作收益远高于冲突成本,共生、共赢、共享是其合作、协调及未来公司治理的主基调。这是我对西方公司未来治理的个人预判。

中国经济的市场化进程始于改革开放。同样,中国资本市场的兴起、发展基本与改革开放进程相向、同步。改革开放不仅带来了各种政策红利,还产生了巨大的溢出效应。最明显的标志是,各类外商投资企业(含中外合资企业、中外合营企业、独资企业等)的创办与发展。在中方引入外资的过程中,外商、外资不再是一个抽象概念,而是表现为实实在在的外商资本以及连带外商企业办厂兴业所需要的各种资源,如全球意识、市场观念、技术资源、营销网络、管理经验、制度体系等。可见,外资并不仅指财务资本,还应包括由外资引入带来的各种资源,或者说,外资是外方股东各种复合资源的流动载体,他们与中方股东一道形成大股东联盟。事后来看,这类公司发展得好与不好,与合资双方的资源异质及互补性、治理管理规则认知及其适配度等高度相关。回过头看,外商、外资及外商投资企业成为中国经济改革开放与市场化进程的重要标志,中方在与外商合资合营过程中,所学到的先进技术、管理理念、规则与制度体系等"无形收益",远远高于依其持股比所分得的财务红利。不仅如此,溢出效应是如此明显,以至于中外合资企业纷纷成为中国企业的学习标杆,并对中国企业的后续成长、发展壮大产生了巨大、深远的影响。

再看看另一个语境:中国资本市场的兴起。它始于20世纪90年代初,且以公司股份制改造及改制上市为标识。上市公司脱胎于原有企业,在改制及公司设立过程中,自然而然地形成了以控股股东为核心,以其他发起人联合发起设立为基础,以公开发行股票吸引其他各类投资者参与的股东结构、股权结构与市场格局。在这一过程中，以"控股股东＋其他发起人"为核心的大股东联盟，成为中国上市公司的股东基础，使公司内嵌了大股东联盟的各种资源禀赋与管理基因，或者说，大股东联盟的资源禀赋在很大程度上决定着公司未来的发展。或许我们可以做这样的推测：正是由于大股东联盟的存在，公司上市才可行；正是由于大股东联盟的资源整合能力，才有可能在公司募资上市时增强对其他股东的吸引力、再融资时的跟投及踊跃性；正是由于大股东联盟的内部自我监督及良序治理，才潜在增强产业链各节点中合作伙伴对公司发展的信心并提供更多、更稳定的商业资源，激发公司运营效率，降低交易成本……当然，所有的这些都只是一种逻辑猜测。

应当承认，大股东联盟控制下的中国上市公司的确存在大股东联盟内部（即控股股东与其他大股东）、大股东联盟与中小股东之间，因信息不对称、利益目标不一致等产生的潜在代理冲突，但是，人们不能仅仅因为潜在代理风险而否认控股股东、大股东联盟等存在的合法性，或许更值得我们思考的是，控股股东与大股东联盟合法性背后所蕴含的社会正当性、经济合理性。因此，我们有必要从正面、积极的角度来审视、讨论控股股东与大股东联盟（无论是上市公司，还是非上市公司）的存在原因。在我看来，在正视大股东普遍存在这一前提下，与其事后观察大股东联盟内部、大股东联盟与中小股东之间等是如何"在婚后闹矛盾（及矛盾严重性）"的，倒不如换一个角度看看，大股东内部联盟体是如何形成的——"它们在婚前是如何谈恋爱"的；进一步地，大股东联盟体"结婚"（公司上市）之后，其预期行为又是如何影响中小股东的。不难发现，代理冲突观及其解释逻辑是事后式的，其核心在于机制设计以预防矛盾发生，而基于股东资源概念及其逻辑拓展，则重点解释大股东联盟为什么会形成。显然，这一逻辑起点是事前式的。"物以类聚，人以群分"也罢，"门当户对，性格互补"也可，这些具有世俗性的股东资源要素，也许正是解释恋爱、结婚并预判婚后幸福与否的关键解释变量。

归纳一下，中国公司离不开大股东及其联盟，大股东联盟先天的资源禀赋、资源属性及对公司的长期且持续投入等，将对公司资源形成及能力、竞争力优势等产生巨大影响。大股东联盟体内的股东资源及其异质性、互补性和长期合作意愿等，对公司独特竞争力的形成至关重要。

（1）股东资源是公司发起设立的基本要素。离开这些初始资源要素，公司设立没有意义。

（2）股东资源是公司资源形成的核心基础。离开大股东及其股东资源要素，公司既无法在资本市场与信贷市场低成本、高效率融资，也无法在经营活动中构建适宜、共生的产业链结构和经营生态。反过来说，正是股东资源这一基础为公司融资提供了背书能力、增信能力、对其他投资者的吸附动力，才为公司的投资发展找到可能的市场机会，才为公司生产运营活动的开展提供了良好的市场形象、信誉、营商环境等各种社会资本，以及产业链各节点上的市场合作潜力。

（3）正是由于对股东资源的合理、保护性利用，才激发了大股东长期合作、参与公司治理与协同管理的动机——公司治理不再完全是源于代理冲突背景下的监督型治理，而是基于股东资源提供与高效利用背景下的协同治理，将监督内嵌于资源利用及价值增值之中的协同治理。当然不可否认，控股股东及大股东联盟潜在存在代理问题及其负面效应，而这些都需要通过诸如规范公司治理、强化信息披露、完善投资者保护机制（如集体诉讼制）等来解决，但根本上是通过树立目标一致性理念、"做大价值蛋糕"等来解决。

这就是围绕股东资源这一概念所延展开的逻辑框架。上述逻辑也许有些武断甚至会引起很大争议，但这不正是理论研究所需要的吗？

正如本书所展示的，该逻辑已获得初步证据，但仍然需要更多的讨论、进一步的证据来证实这一框架。

自股东资源概念提出以来，经过这几年的思考和讨论，已逐渐形成以该概念为基础的财务逻辑框架，多篇论文发表后也受到了学界、业界的普遍认可和高度关注，如发表于《北京工商大学学报（社科版）》（2020年第2期）的《股东资源与公司财务理论》一文，发表后立即被《新华文摘》（2020年第15期）、《高等学校文科学术文摘》（2020年第3期）、中国人民大学复印报刊资料等以摘要或全文形式转载。我相信，这一概念及由此形成的逻辑框架，是研究范式的一次转变，且对中国公司财务面临的诸多理论问题（如投融资、公司治理等）与管理实践（如当下国有企业混合所有制改革）具有自洽的解释能力。

在时代的潮流面前，任何个人的力量都是渺小的，唯有与时代同频、与同道共进，才有可能有所作为。最后，我要由衷地说出我的感谢：感谢研究团队成员毛新述、张伟华、张晨宇、刘金钊等的通力合作，以及我的学生宋春霞（现为华北水利水电大学副教授）、刘一寒、毛聚等的大力支持；感谢中国人民大学出版社为本书出版所付出的各种努力。

路很长，走得慢才有可能走得远！

王　斌

目　录

第一章　**股权结构理论及其反思**　1

　　第一节　西方股权结构及其理论：在讲什么？　1

　　第二节　来自中国公司的诘问：大股东眼里真的只有
　　　　　　"私人收益"吗？　13

　　第三节　旧治理与新经济：研究范式的反思　32

第二章　**股东资源的概念**　38

　　第一节　透视公司的股东：引子　38

　　第二节　来自资源基础理论的启示　47

　　第三节　股东资源：一个全新的概念　55

　　第四节　股东资源视角下的公司：商业常识　71

第三章　**股东资源与公司财务理论框架**　77

　　第一节　不同发展阶段的股东结构：分类　78

　　第二节　公司不同发展阶段的股东：资源投入及利益诉求　89

　　第三节　再融资新规与战略投资者：基于股东
　　　　　　资源观的分析　93

　　第四节　股东资源、大股东联盟与财务研究
　　　　　　范式的转变　109

第五节　基于股东资源观的公司价值创造：财务机理与逻辑框架　112

第六节　股东资源与公司财务理论：主要研究议题　119

第四章　**异质性股东资源、股东资源集聚及其效应**　123

第一节　关于资源异质性的基本认知　123

第二节　股东资源集聚：从股东个体到公司整体　129

第三节　案例分析：宁波港引入上港集团中的股东资源及其效应　143

第五章　**公司型大股东、股东资源与产业协同**　158

第一节　公司发展阶段与大股东：机构型大股东与公司型大股东　158

第二节　现实中上市公司的公司型大股东：何以成为？　163

第三节　理论上需要解释的核心问题　165

第四节　机理式讨论：公司型大股东、股东资源及产业协作　170

第五节　公司型大股东与产业协同运作：以优然牧业为例　176

第六章　**股东资源与董事会机制：协同控制型治理**　194

第一节　公司治理是权力制衡还是价值创造：基于中国情境的理论反思　194

第二节　基于股东资源的董事会职责：以价值创造为核心　209

第三节 公司治理的本质：大股东资源联盟、董事会
协同控制型治理 215

第四节 高科技公司双重股权结构设计的逻辑：对中国
科创板的启示 223

第五节 创始股东的股东资源与控制权争夺：以雷士
照明为例 249

第七章 **大股东联盟控制、利他主义与投资者关系管理** 276

第一节 大股东联盟控制下的潜在问题："大股东-中小
股东"的利益冲突 276

第二节 大股东利己主义、利他主义及其调和 284

第三节 投资者关系管理：集聚股东资源的重要机制 292

第八章 **股东资源理论与国有企业混合所有制改革** 311

第一节 引子：中国经济为什么能持续增长？ 311

第二节 国企混合所有制改革的背景：制度梳理
与理论回顾 312

第三节 国企混改实践：以中国联通为例 317

第四节 透过联通案例看国企混改：对混改要素的
逻辑归纳 331

第五节 混改本质："混"的是股东资源（物质基础），
"改"的是公司治理（上层建筑） 340

第六节 基本结论 347

参考文献 348

后　　记 382

第一章/Chapter One
股权结构理论及其反思

第一节 西方股权结构及其理论：在讲什么？

一个看似无可争议的事实是：西方公司（主要指美国公众公司）的股权结构（ownership structure）是高度分散的。这是自 Berle & Means（1932）以后人们对美国公众公司的一个基本认知。正是基于这一认知，才有了公司外部股东（一极）与公司经营者（另一极）之间的委托代理关系以及由此产生的代理问题、利益冲突等话题的讨论。股东所有权与经营者控制权的分离（两权分离）成为西方公司制度的常态特征，因此也成为公司理论，尤其是公司财务理论研究的出发点。在 Jensen & Meckling（1976）之后，循着这一特征而形成的理论研究体系成为公司治理研究的主要范式。

在讨论公司治理问题时，显然，股东是一个不可回避的话题。这是因为公司生存发展的基本目标是在平衡相关方利益的基础上，最大化地增加股东财富，公司治理的核心也在于保护投资者权益，尤其是股东权益（LLSV，1999）。追根溯源地看，无论是公司治理还是投资者保护，都离不开对股东及公司股权结构的讨论：股权结构不同，其蕴含的公司治理框架及治理机制不尽相同。比如，存在大股东（即股权结构高度集中）的公司，其对自身权益的保护能力，明显要高于没有大股东（即股权结构高度分散）的公司，但这一态势也存在大股东以其持股比优势潜在侵害中小股东权益的道德风险；相反，在股权结构高度分散的公司中，众多分散股东因远离公司内核，存在经营者的内部人控制问题及道德风险。因此，高度集中的股权结构所面临的治理难题是如何从机制上化解"大股东-中小股东"之间的代理冲突，而高度分散的股权结构所面临的难题则是如何从机制上化解"股东-经营者"之间的代理冲突。无论如何，在深入讨论公司治理框架及治理机制时，都需要从本源上回答以下问题，围绕这些问题的讨论则构成了公司财务理论研究的重点：

（1）不同股权结构的产生根源或决定因素是什么？

（2）股权结构与公司价值之间的逻辑关联（机理）是什么？

（3）公司治理机制设计及其有效性如何（是否有利于保护投资者权益）？

一、股权结构的决定因素：以美国公司背景及研究为例

关于这一主题的讨论既多又久，不同学者基于不同角度给出了不同的答案。简单归纳，主要包括以下两类。

（一）经济因素

公司股权结构的形成是一个历史的自然演化的过程，在这一过程中，经济因素是决定性的。以美国公司高度分散股权结构的分析为例。Demsetz & Lehn（1985）在《公司所有权的结构：原因与结果》中深入讨论

了美国公司高度分散股权结构的成因，认为公司规模、公司控制权潜力及政府管制三者共同决定了公司股权结构。具体来说（从股东角度看）：

(1) 公司规模。规模越大的公司，股东持有高比例股权的成本相应越高。由于股东厌恶风险，因此理性的股东会认为，只有在较低的可以补偿其风险的价格的前提下，才有经济动机增加对公司的持股比例。可见，规模越大的公司，股权结构越高度分散。

(2) 公司控制权潜力。它是指股东通过对公司经营者的业绩实施有效监督获得的预期收益潜质。显然，那些能行使控制权并从中取得预期收益的股东，可能愿意增持公司的股权并获得相应的预期公平收益。这一经济动机完全出自股东对经营者道德风险的自我防范和自我保护。或者纯粹从学理上推断，如果公司控制权市场、经营者人力资本市场等完全有效，则控制权潜力这一解释将不起作用。

(3) 政府管制。它是指诸如政府管制等外在因素对股权结构的影响。具体地说，如果政府及规则制定者能对公司经营者的道德风险等实施有效监督、附加严厉的惩罚等，则相应地会降低股东自身对经营者不当行为监督的积极性、必要性，其政策效应是：对于易受政府管制的行业或公司（如反垄断等），其股权结构高度分散是一种必然。可见，美国公司高度分散的股权结构受其经济因素主导，而且其逻辑立足点主要针对"股东-经营者"之间的代理冲突。反过来说，高度集中的股权结构有利于股东收集信息并监控经营者（collecting information and monitoring managers）。

(二) 政治因素

任何公司的生存都离不开所处的社会生态，尤其是公司所处的政治环境。Mark J. Roe 作为政治决定论的主导者，在《强管理者 弱所有者：美国公司财务的政治根源》一书中明确指出，政治因素是决定美国公司股权结构高度分散的根源，"主要的金融机构在拥有大量股票和积极参与董事会事务方面，历史上一直是软弱无能的"，美国意识形态和政治传统向来是清教徒式的，即倾向于"平民主义"，因而对权力的高度集中有一种持久的不信任感。之后，作者在《公司治理的政治维度：政治环境与公司影响》中总结强化了该论点。其他学者如 Gourevitch & Shinn（2005）也对此观点进行了深化。Roe & Vatiero（2015）的研究则扩展了原有的研究模型。在他们的模型中，政治因素的影响力被拓展到资本市场、人力市场、产品市场等，从而成为公司治理的外在制度基础或环境变量。

以工会组织（trade union）及其政治影响力为例说明。从历史进程来看，在第二次世界大战之前美国公司的股权是高度分散的，但第二次世界大战后，无论是美国还是欧洲，工会组织在公司中开始发挥积极作用并深刻影响公司治理（如德国公司董事会中的工会代表）。具体来说，如果工会组织对公司的现金流权存在强势索取要求，则公司股东通常是没有理由、能力加以限制或拒绝的，同样，公司职业经理人也无力反对工会组织的权益诉求。这表明，在工会组织力量很强的行业或营商环境中，股权结构多元化公司的股东预期将承受极高的成本。也就是说，工会组织越强势，也就越需要更强势的股东结构（即存在一个或多个大股东）加以应对，股权结构的高度集中成为一种应对工会力量的内生式自我选择；相反，工会组织力量越弱，股权结构就越容易高度分散。[①] 除

[①] 非常有意思的是，在电影《美国工厂》中，福耀玻璃美国公司因其高度集中的股权结构，增强了控股股东应对美国汽车工业协会、地方政府及其他行业组织的能力。可以想象，如果是高度分散的股权结构，没有了强势大股东的介入，该公司的正常运作也许是不可能的。这一案例也在某种程度上合理地阐释了工会组织力量对公司的影响机理，以及股权结构高度集中的自然选择逻辑。

工会组织外,影响股权结构自然演化的政治因素还包括媒体投票、地域政治、意识形态、政府权威性等更广泛的方面。

总之,有关股权结构决定因素的解释理论很多,研究者的角度不同,其解释逻辑也存在差异。对此,作者的博士论文《股权结构论》进行过相对系统的总结(王斌,2001)。围绕这一主题的后续研究仍有很多,不再赘述。

二、股权结构与公司价值:见"物"不见"人"的解释机理

然而,大量事实还表明,以美国公司为代表的西方公司,其股权结构也并非人们所想象的那样整齐划一(即股权结构高度分散)。尤其是知识经济、数字经济背景下的高科技企业,如脸书(Facebook)、谷歌(Google)等,创始股东在公司拥有绝对的持股比和控制权。同样在世界范围内,公司股权结构也都不同程度地存在控股股东(controlling shareholder),尤其是亚洲、欧洲等地区的公司。

(一)委托代理框架的解释

关于股权结构与公司价值的关联逻辑,传统意义上的研究大多基于委托代理框架。其基本逻辑线条是:股权结构—公司治理(股东大会、董事会及经营者)—公司价值。在这里,公司治理作为公司运作的"基础设施",是对公司价值产生极其重要影响的溢价或折价因素:良治能带来好的业绩,反之则可能损害股东价值。关于公司治理的重点,则因股权结构不同而有所侧重。

1. 股权结构高度集中的公司

其面临的主要矛盾是"大股东-中小股东"之间的利益冲突(LLSV,1997;2000;2002),研究主题集中于股权集中度与权力制

衡（李明辉，2009；余明桂等，2007）、两权分离度对公司价值的影响（Shleifer & Vishny，1986；Faccio & Lang，2002；刘芍佳等，2003）。以中国上市公司为例，2003—2018年，超过99%的公司拥有至少一个持股比例超过10%的控股股东，"大股东-中小股东"之间的利益冲突成为中国公司治理面临的主要矛盾（Jiang & Kim，2015），且控股股东的支配地位使公司内部治理机制难有作为（Allen & Gale，2000）。

2. 股权结构高度分散的公司

其面临的代理冲突是"股东-经营者"之间的目标不一致及利益冲突。这一现象在美国的传统企业中表现得十分明显，因此是美国公司治理研究的重点。研究上以"股东-经营者"之间的代理问题为主（Jensen & Meckling，1976；Fauver & Naranjo，2010）。到目前为止，美国公司治理尤其是以董事会构建与运行为核心的内部治理，仍然基于这一逻辑，股东对公司治理、管理的参与由被动消极变得主动积极（尤其是在公司境况不佳时）。有关这方面的理论研究文献非常多，除此之外，埃克森美孚（Exxon Mobil）的现实案例也足以说明这一问题。

据报道[1]，全球有名的能源企业埃克森美孚的董事会因公司经营面临各种问题，遭受机构投资者的强烈质疑，甚至抛弃。而引发这一事件的则是公司股东——Engine No.1对冲基金等积极主义倾向的机构投资者。该投资者呼吁公司董事会大幅削减规模庞大的投资计划、降低经营者薪酬，并推动公司进入清洁能源这一新领域。Engine No.1对冲基金的提议得到另外两家大的机构股东，即英格兰教会（the Church of

---

[1] https://www.cnn.com/2020/12/15/investing/exxon-oil-stock-activist-investors/index.html.

England)和加利福尼亚州教师退休基金（CalSTRS）的强烈支持。CalSTRS是一家在美国资本市场非常有影响力的机构投资者。不仅如此，埃克森美孚中，比CalSTRS和Engine No.1对冲基金合计持股数还要多的另一强势股东——D. E. Shaw对冲基金，也发起类似的提议，要求公司大幅削减资本支出、增加公司股利发放并改善公司不良业绩。作为世界上曾经最有价值的公司，埃克森美孚自2014年以来，市值已累计减少2 660亿美元，而且在2019年度首次出现亏损后被道琼斯工业平均指数（DJIA）除名。市场分析师普遍认为，历史上，埃克森美孚并不太重视股东，而现在，公司让股东觉醒了。

近年来，股东对埃克森美孚的不满情绪一直都存在，尤其是公司在应对气候变化风险、排放指标设定等方面表现出的不作为，让股东极为不满。另外，两职合一（即董事长与CEO两职合一）的治理方式也让股东不满。埃克森美孚面临董事会席位之争：Engine No.1对冲基金提名了4位具有行业背景的人士作为董事人选，但最终能否入局仍未知。一直以来，埃克森美孚就像一台赚钱机器年复一年地赚钱，但当公司面临大风大浪时，这些积极股东就会借机而动。

那么，埃克森美孚为什么会陷入如此之境？这需要回顾公司近年来都做了些什么（或者没做什么）？Engine No.1对冲基金的管理团队认为，埃克森美孚的市场表现很糟糕，并在一封致埃克森美孚董事会的公开信中明确表示，埃克森美孚的股东投资总回报率（total shareholder return，TSR）在过去的3年、5年甚至10年里，既低于竞争对手，也低于标准普尔500指数收益。

作为曾经美国数一数二的优质公司，埃克森美孚在石油行业屹立兴盛多年，现在为什么饱受指责？原因是多方面的。在公司战略与业务上，公司对美国本土的页岩油田投资反应缓慢，却积极大额投资于环境更为复杂的海外市场项目，如与俄罗斯石油公司（Rosneft Oil）建立合资公司且成效不佳。另外，公司在国内并购市场上的表现不佳，如2009年花费巨资（高达410亿美元）收购天然气巨头XTO能源公司，而现在天然气的市场价格还不到收购时的一半，这迫使公司不得不对上述收购的天然气资产进行高达170亿～200亿美元的资产减值。为此，Engine No.1对冲基金指责埃克森美孚长期资本配置战略失败，并要求公司减少资本支出计划。另外，D. E. Shaw对冲基金在致埃克森美孚的独立信件中也表示，公司应削减投资计划以维持其再生产水平（削减至130亿美元，而公司原本计划的投资规模是230亿美元），并敦促埃克森美孚提高其在环保方面的声誉、制定计量清晰的排放指标，且将这些与公司管理层薪酬计划挂钩。Engine No.1对冲基金要求公司全面调研并明晰其业务增长领域，包括增加在净零排放和清洁能源基础设施方面的大额投资。事实上，与欧洲能源巨头如荷兰皇家壳牌集团（Royal Dutch Shell）和英国石油公司（British Petroleum，BP）相比，埃克森美孚在可再生能源方面一直反应迟疑，且没有进行大额投资。面对各方股东及环保组织的压力，埃克森美孚首席执行官（CEO）达伦·伍兹（Darren Woods）表示，公司将在2030年之前消除甲烷燃烧，并在2025年将石油、天然气生产环节中的排放指标削减25%，在2050年达到净零排放。口号可以提，但行动远远不够。

　　Engine No.1对冲基金卷入了埃克森美孚董事会席位的代理权争夺战。然而不容乐观的是，即使有CalSTRS和英格兰教会这两家机构投资者的全力支持，对于一家市值达1 800亿美元的公司而言，这三家机构投资者合计持股比依然很低，与先锋（Vanguard）、道富（State

Street) 和贝莱德 (BlackRock) 三大资产管理公司合计持有埃克森美孚近 1/5 的股份数相比, 几乎不在一个量级, 但两者在代理权争夺战中的最终命运估计相差无几。有一点是肯定的, 如果所有这些存在不满情绪的机构投资者能真正团结起来, 并与环保组织等并肩作战, 埃克森美孚将面临大麻烦。正如市场分析师所言, 即使这样, "发起对公司的代理权争夺也不太可能取得成功, 但确实离成功不远"。

（二）结论莫衷一是

在是否存在最优股权结构这一问题上, 或者说研究者在试图对股权结构与公司价值之间的逻辑关系进行检验时发现, 并不存在统一的经验证据。一些研究表明股权结构与公司价值正相关, 一些表明呈曲线相关, 而另一些则表明不相关, 结论莫衷一是。

(1) 正相关。如 Thomsen & Pedersen（2000）通过对欧洲 12 个国家的 435 家最大样本公司的研究发现, 在控制了行业、资本结构及国家效应差异等变量后, 股权集中度与股东财富（采用权益市值与权益账面值之比衡量）、公司业绩（采用资产报酬率衡量）存在正相关关系。

(2) 曲线相关。最有名的研究要数 McConnell & Servaes（1990）, 他们通过对样本公司的托宾 Q 值与股权结构关系的实证分析发现, 当内部股东持股 (insider shareholdings) 从 0 开始增加时, 托宾 Q 值开始增长, 至这一股权比例达到 40% 时, 托宾 Q 值开始下降, 因此股权结构与公司价值之间存在曲线关系。

(3) 不相关。Demsetz & Lehn（1985）从理论上证明股权集中度与公司业绩（会计利润）不相关, Holderness & Sheehan（1988）则通过对拥有绝对控股股东的上市公司与股权高度分散的上市公司（最大股东持股比少于 20%）进行比较, 发现两类公司的业绩（托宾 Q 值及会计利润率）并无显著差别。

同样，中国学者结合中国情境对这一问题进行研究，也没有得到相对统一的结论。但是，一些早期的代表性研究证实，中国上市公司中普遍存在的股权结构高度集中（即"一股独大"）并非好事。典型代表如许小年和王燕（2000）、孙永祥和黄祖辉（1999）。

（三）结论其实已无关紧要

过往关于股权结构与公司价值的研究，都是 Y 与 X 之间相关性的研究，而不完全是作用机理或因果关系的研究。或者更形象地说，它们在很大程度上是只见"物"（或财务）不见"人"（或业务）式的研究：人们看到的解释变量是"物"——持股比（高低），而没有看到"持股人"的状态与行为——他们是谁、出于何种动机投资持股、是否以及如何对公司运作施加影响、影响后果是什么等。

可想而知，如果理论研究不关注逻辑链、不关注机理，或者逻辑机理的推演缺乏对现实经济运作的观察、理解与归纳等，任何研究结论都可能无关紧要。

三、善待股东与投资者保护

首先需要指出的是，投资者权益保护并非只针对中小股东，而是全体股东（含大股东）。根据《OECD公司治理准则》（2004）及中国公司治理准则的要求，"平等对待所有股东"是投资者保护的出发点。公司作为法人拟制，保证其法人地位的独立性、法人资产的完整性，保证其不受制于任何股东，恰恰体现了全体股东的意志。而平等对待全体股东、保护所有股东的权益，其根本点在于实现公司价值增值。这是公司治理的最高目标和治理机制设计的核心价值取向，任何偏离这一目标或价值取向的机制，都谈不上投资者保护。从公司治理机制设计的角度看，投资者保护大体有两大类型。

（一）外部治理机制

公司治理中的外部治理机制，主要包括公司并购市场、经理人才市场、法律规制等。研究发现，美国公司治理的有效性大多源于市场（如控制权并购市场），以及法律规制的完善与执行。与此相反，由于控制权高度集中，类似于美国的控制权并购市场机制，对中国公司治理的作用相对有限。

（二）内部治理机制与董事会：信义义务

内部治理是公司内部"股东-董事会-经营者"三者之间的关系。具体包括：

（1）股东大会机制。如股东大会对董事会的授权机制、股东大会的会议表决机制（如分类表决制、关联股东回避表决制、累积投票制等）。

（2）董事会机制。如董事会信义义务（fiduciary duty）及其独立性要求，董事会成员构成及胜任能力要求，董事会的决策、监督与咨询等职能的合理定位，以及董事会决策的规范程序等。

（3）经营者机制。具体包括经营者选聘与解聘机制、业绩考核、激励约束相容的控制机制等。其中，激励机制设计是西方公司治理机制的重点。原因在于对经营者激励不足，会导致股东价值的机会损失；相反，对经营者激励过度，则会增加公司开支、直接减少股东财富和福利。因此，董事会制定、实施的经营者激励计划，是股东最关注的话题，也是备受资本市场关注的重点事项（美国公司年报对高管薪酬的信息披露及解释非常详细，占公司年报内容的篇幅较大），并可能直接引致股东对董事会信义义务履行的质疑和争议。

据CNBC新闻报道①，新能源汽车巨头特斯拉（Tesla）的CEO艾伦·马斯克（Elon Musk）在向美国证券交易委员会（SEC）提交的一份文件中声称，他获得了第1期基于业绩的激励（performance-based payout）：170万股公司股权激励。按前一个交易日该公司股票收盘价（805.81美元/股）与设定执行价（350.02美元/股）的差价测算，该项股权激励的总价值大约为7.75亿美元。当然，这只是他本人12期期权激励计划中的第1期。董事会为此设置的第1期行权条件为：CEO要保证公司市值在30天和6个月的平均水平在1 000亿美元以上（第12期的行权条件是公司市值达6 500亿美元）；同时根据2018年监管文件的要求，该公司季度营业收入不低于200亿美元或者税息折旧及摊销前利润（EBITDA，需调整扣减股权激励费用）不低于15亿美元。据了解，马斯克在该公司未取分文的固定薪酬，其个人薪酬全部来自股权激励。2020年6月，马斯克持有公司20.8%的股权（3 870万股，市值约240亿美元）。然而针对此项激励计划，公司个人股东理查德·托内塔（Richard Tornetta）提出异议，以存在"过度激励之嫌"提起诉讼，认为董事会违反信义义务。

与美国式经营者激励不同，中国公司经营团队（以总经理为代表）被授予的股权激励比例较低，因此经营者（尤其是国有控股上市公司的经营者）的激励取向并不是显性的，更多是隐性的，如职位晋升等。这种差异性也显示出中国公司经营者并非传统的委托代理关系的一极，他们在公司治理与管理中的作用并没有美国公司CEO那么强大。

---

① https://www.cnbc.com/2020/05/28/musk-gets-first-tranche-of-multimillion-dollar-tesla-incentive-payout.html.

第二节　来自中国公司的诘问：大股东眼里真的只有"私人收益"吗？

理论上，研究者对高度集中股权结构的利弊讨论，比高度分散股权结构表现得更积极、更有兴趣。这是因为在传统意义上，后者涉及的"股东-经营者"之间的代理冲突大量存在于成熟的市场经济体（如英美等国）中，这类问题的研究范式也相对统一（尽管结论并不一致）；而前者涉及的"大股东-中小股东"之间的代理冲突在世界范围内广泛存在（尤其是非成熟的市场经济体）。大量研究表明（LLSV，1999；Morck et al.，2000；Faccio & Lang，2002），从全球范围看（尤其是东亚、东南亚等地区的公司），公司的控股股东大多是有权有势的家族，他们通过金字塔结构（pyramidal structures）、交叉持股（cross-holdings）以及超级投票权（super voting rights）安排等，增强对公司、银行等的实际控制力，且理论上已部分证实，这些控股股东在公司扮演的角色虽有积极的一面，但更多的是消极的一面，如通过各种方式进行利益输送，谋求控制权的私人收益。

中国公司普遍存在大股东（股权结构高度集中），但现有文献对大股东的利弊分析存在不足。一是沿用西方传统的委托代理框架（未必完全适用），且结论不一；二是缺乏对中国特定制度背景的理解，从而难以形成新的研究视角，缺乏理论上的创新，以及中国语境下的现实解释力。

其中，一个最基本的问题就是：在中国公司中，大股东普遍存在于市场的核心理由，难道只是为了谋求其控制权私人收益吗？

一、大股东及相关概念界定

在讨论这一问题之前，需要对大股东、控股股东、实际控制人等相关概念进行界定。

（1）大股东。它是一个整体或集合的概念，也就是说，公司通常存在一个或多个大股东，并因此形成大股东联盟（或大股东群体）。大股东既包括自然人，也包括法人及其他组织。

（2）大股东的认定标准。它在很大程度上是"人为"的，通常以持有公司股份5%（10%或15%等）及以上作为最低认定标准。之所以将5%作为大股东的认定门槛之一，是因为《中华人民共和国证券法》（简称《证券法》）中多次提到"上市公司持有5%以上股份的股东""投资者持有或者通过协议、其他安排与他人共同持有一个上市公司已发行的有表决权股份达到5%"等，并以持股比超过5%等作为对这类主要股东的基本认定标准，在法律上严格规范证券买卖交易、上市公司收购等方面的行为。

（3）第一大股东和单一大股东（"一股独大"）。在股东群体中持有公司最大股份者，称为第一大股东，而依标准确定的其他大股东，则分别称为第二大股东、第三大股东等，以此类推。除第一大股东之外，如果不存在其他符合大股东定义的其他股东，则该大股东即为单一大股东。单一大股东下所形成的相对控股或绝对控股，即为"一股独大"。

（4）控股股东。根据《中华人民共和国公司法》（简称《公司法》）的规定，控股股东是指其出资额占有限责任公司资本总额50%以上，或者其持有的股份占股份有限公司股本总额50%以上的股东；出资额或者持有股份的比例虽然不足50%，但依其出资额或者持有的股份所享有的表决权已足以对股东会、股东大会的决议产生重大影响的股东。控股股东通常为公司的第一大股东。

（5）实际控制人。它是指虽不是公司的股东，但通过投资关系、协议或者其他安排，能够实际支配公司行为的人。通常意义上，控股股东与实际控制人的关系是：控股股东是指直接拥有公司股权的股东，实际控制人则是指借投资关系（如纵向控股链条）或协议安排（如一致行动安排等）而拥有公司实际控制权的终极控制人。或者说，在实际控制人眼中，控股股东在某种意义上是公司的"名义"持股者，实际控制人虽不直接拥有公司股份却是公司的"实际"控制者。

控制权是一个需要严格定义的概念。根据《上市公司收购管理办法》，具有下列情形之一的为拥有上市公司控制权：第一，投资者为上市公司持股50%以上的控股股东；第二，投资者可以实际支配的上市公司股份表决权超过30%；第三，投资者通过实际支配上市公司股份表决权能够决定公司董事会半数以上成员选任；第四，投资者依其可实际支配的上市公司股份表决权足以对公司股东大会的决议产生重大影响；第五，中国证监会认定的其他情形。诸如此类的定义在会计准则尤其是合并报表准则中也有明确规定。[①]

[①] 在会计上，控制是指一个企业能够决定另一个企业的财务和经营政策，并能从另一个企业的经营活动中获取利益的权力，表现形式为公司持有多少表决权以及持有什么类型的表决权。表决权是指对被投资单位经营计划、投资方案、年度财务预算方案和决算方案、利润分配方案和弥补亏损方案、内部管理机构的设置、公司经理的聘任或解聘、基本管理制度等事项持有的权力。在实务中，控制通常表现为：第一，母公司直接或通过子公司间接拥有被投资单位5%以上的股权，并享有同等的权利和义务；第二，在被投资单位的董事会成员中，本公司或本公司可以控制的子公司派出的董事会成员数量超过全部董事的半数以上，实质上形成对公司财务和经营政策的控制。

(6) 无实际控制人公司。据统计，少数上市公司存在多个持股比超过5%（甚至10%或20%）的大股东，但在年报披露中仍认定其无实际控制人。这一认定要么是由于公司股权高度分散，要么是几个大股东具有相近的持股比，从而没有任何一个大股东可以对公司具有绝对控制权。

显然，与大股东相对应的概念是中小股东——他们是公司的股东，但任何单一个体都难以具有支配公司行为的能力。

二、大股东控制权的来源

通常而言，大股东的控制权主要源于以下三个方面。

（一）同股同权下的权益投资及高持股比

根据各国公司法普遍认可的"一股一票"规则，拥有高持股比的大股东，相应取得公司同比例的控制权。股东在公司权益资本中的投资规模越大，相应的持股比越高。统计表明，中国上市公司普遍存在多个大股东并存（部分公司则属于"一股独大"）的现象。以2019年底A股的3 702家上市公司为例，如果将持有公司发行在外的表决权股份5%及以上的股东定义为大股东，则有99.89%的公司存在大股东，其中"一股独大"的上市公司899家，占比24.28%；存在多个大股东的上市公司2 799家，占比75.61%。如果以10%作为大股东的界定标准，则97.97%的公司存在大股东，其中"一股独大"的上市公司1 933家，占比52.21%；存在多个大股东的上市公司1 694家，占比45.76%。另外，无控股股东的公司占全部上市公司的比例很低，第一大股东持股比低于5%的上市公司仅有4家，占比0.11%；第一大股东持股比低于10%的上市公司仅有75家，占比2.03%，具体情况如表1-1所示。

其实，类似中国公司的大股东现象，世界范围内并不少见，尤其是在亚洲及欧洲。

表1-1 中国上市公司的大股东

项目		持股比超过5%视为大股东			持股比超过10%视为大股东		
		无大股东	单一大股东	多个大股东	无大股东	单一大股东	多个大股东
数量		4	899	2 799	75	1 933	1 694
比例		0.11%	24.28%	75.61%	2.03%	52.21%	45.76%
第一大股东平均持股比		4.04%	40.27%	30.73%	8.23%	36.18%	30.51%
其中：							
主板	数量	1	585	1 372	31	1 066	861
	比例	0.05%	29.88%	70.07%	1.58%	54.44%	43.97%
创业板	数量	2	126	669	27	375	395
	比例	0.25%	15.81%	83.94%	3.39%	47.05%	49.56%

资料来源：根据CSMAR数据库整理而成。

（二）大股东及一致行动协议等制度安排

有时，某个大股东在其直接持股比并不高的情况下，借助一致行动协议等制度安排，仍能保持对公司的控制权（或成为实际控制人）。

一致行动是指投资者通过协议、其他安排，与其他投资者共同扩大其所能够支配的一个上市公司股份表决权数量的行为或者事实。《上市公司收购管理办法》明确规定，在上市公司的收购及相关股份权益变动活动中有一致行动情形的投资者，互为一致行动人。如无相反证据，投资者有下列情形之一的，则为一致行动人：

（1）投资者之间有股权控制关系；

（2）投资者受同一主体控制；

（3）投资者的董事、监事或者高级管理人员中的主要成员，同时在另一个投资者担任董事、监事或者高级管理人员；

（4）投资者参股另一投资者，可以对参股公司的重大决策产生影响；

（5）银行以外的其他法人、其他组织和自然人为投资者取得相关股份提供融资安排；

（6）投资者之间存在合伙、合作、联营等其他经济利益关系；

（7）持有投资者30%以上股份的自然人，与投资者持有同一上市公司股份；

（8）在投资者任职的董事、监事及高级管理人员，与投资者持有同一上市公司股份；

（9）持有投资者30%以上股份的自然人和在投资者任职的董事、监事及高级管理人员，其父母、配偶、子女及其配偶、配偶的父母、兄弟姐妹及其配偶、配偶的兄弟姐妹及其配偶等亲属，与投资者持有同一上市公司股份；

（10）在上市公司任职的董事、监事、高级管理人员及其前项所述亲属同时持有本公司股份的，或者与自己或者其前项所述亲属直接或者间接控制的企业同时持有本公司股份；

（11）上市公司董事、监事、高级管理人员和员工与其所控制或者委托的法人或者其他组织持有本公司股份；

（12）投资者之间具有其他关联关系。

一致行动人需要合并计算其持有的股份，并据以确认对公司的实际控制。可见，某单一股东也许并不具有对公司的控制力，但如果存在一致行动人的制度安排，则单一股东就不再是特指某一个体，而是以"合并计算"并体现一致行动意志的特定股东群体。一致行动人不仅强化了关联股东之间的关系联结，事实上也增强了他们作为特殊群体对公司的实际控制或支配能力。

（三）双重股权结构：名义持股比与实际控制权的分离

近年来，高科技公司上市引发了一个更为有趣的话题，那就是"同股不同权"的股票发行，即目前盛行于欧美等高科技公司的双重股权结构（dual-class ownerships structure），这一制度架构也得以在中国科创板上市公司中推广。双重股权结构是指与传统"一股一票"的单层股权结构相对的非等比例投票权安排，特定股东可利用股票表决权的差异，以持有的公司少量股权获得对公司的实质控制。在这里，投票权包含一般投票权和董事选举权。双重股权结构的基本类型主要有：

（1）高低比例投票权架构。公司发行不同类别的股票，各类别之间每股对应的投票权份额存在高低之分，且股票类别和投票权高低比例均可由公司自由设定。比如，公司发行 A 和 B 两种类型的普通股，尽管两类股票在收益权上恪守"同股同利"规则，但在投票权上则被赋予"同股不同权"的权力安排：A 股保有"一股一票"的投票权，而 B 股可能被赋予"一股十票"的投票权。在这种情况下，拥有 B 股的股东尽管持有少数股份，却拥有较大份额的投票权。

（2）无投票权股票。即公司发行两类普通股，一类拥有"一股一票"的完整投票权，另一类则无投票权。此类型可视为高低比例投票权架构的一种极端形式。

（3）董事席位固定选举权安排。它赋予特定人员（团体）固定人数或百分比（通常超过半数）的董事席位任免权，而不论其所持股份数量和比例是多少。

总之，双重股权结构是"同股同利但不同权"的制度安排，是公司控制权（voting rights）与现金流权（cash-flow rights）的横向分离。[①]比如，在高科技公司或家族控股上市公司中，创始股东在对外进行股权融资且不断稀释其持股比的情况下，为谋求对公司的实际控制，采用双重股权结构安排，以较低持股比（名义持股比）获得较高控制权（实际控制权），强化其对公司的实际支配能力。

三、理论上关于大股东的角色预设：私人收益与有效监督

对于公司中的大股东（尤其是控股股东或实际控制人），主流理论所达成的基本共识是：公司大股东以其控股地位行使控制权时，潜在存在通过信息优势等谋求控制权私人收益（private benefits of control）、侵害中小股东（minority shareholders）权益的风险。控制权私人收益是指控股股东通过诸如关联交易的非公允定价、大股东占用上市公司资金以及其他的利益输送（tunneling）方式取得的"独占收益"。大量理论研究表明，大股东的控制权私人收益的风险普遍存在，中国公司更不例外。

应该说，理论界对大股东独占公司收益之"恶"的讨论，在某种程度上只是一种中性假设。该假设是否合理，尤其是在考虑大的制度背景、公司所处的行业（市场竞争状况）、公司的发展阶段等具体情形时，研究者并未进行深层探究。因此，理论上的假设在某种程度上已不再是中性预期，而可能被演绎为一种理所当然的道德预设。大量的研究者则是不断用经验证据来事后证实其道德预设性假设。作为一种极端，大股

[①] 通常，财务理论所讨论的两权分离，是从纵向控制链条来讨论的，即站在公司的实际控制人（终极控制人）角度，讨论实际控制人的投票权（控股链条上最弱环节的持股比）与其对应的现金流权（控股链条上各持股比的乘积）之间的差异，以反映实际控制人对公司的实际控制力、控制动机、控制行为及其对公司的影响。

东被集体贴上"侵占公司收益、损害中小股东权益"等负面标签,潜在强化了人们对大股东的固有反感(如有悖于"平民意识"和垄断),甚至某种先验式的"大股东-中小股东"天然的冲突与对立。

那么,大股东真的只有"恶"吗?如果只有"恶",为什么还会有"大股东普遍存在"这一事实。为此,西方理论界(尤其以LLSV为代表)在财务逻辑上加入法律环境这一要素,提出了大股东存在的理由:有效监督。所谓有效监督,是指在两权分离的状态下,大股东依据其拥有的持股比,保持对公司经营者的持续监督及由此对经营者形成的市值压力。大股东为什么要监督、监督谁、如何监督等一系列问题,仍然是基于"股东-经营者"这一代理模型。大股东的监督对象是经营者,监督的主动性则来自其在公司中的巨额投资——为保护投资者权益,大股东不得不保持对经营者的积极监督。尤其是在外部市场机制、法律机制等无法有效保护其权益的情况下,董事会有可能(且经常)被经营者架空,大股东不得不站到公司的前台,奉行股东积极主义(shareholders' activism)。可见,大股东的有效监督在很大程度上是出于投资者权益的自我保护。法律环境这一因素(即有无完善的法律制度,以及该制度是否得到良好执行),成为大股东强化其自保动机和行动的重要外生变量(LLSV,2000)。当然,大股东的积极主义并不等同于有效监督,有时,大股东的监督过于积极、主动,以至于有可能忘记其监督后果到底对谁有效——是对大股东自身,还是对公司整体。

用控制权私人收益与有效监督这两幅面孔来刻画大股东角色,是西方研究者的两种基本思路(甚至是研究套路),尽管基础逻辑相同(都是基于委托代理模型),但出发点并不相同,结论也各异。主流或占优的观点是:相对于控制权私人收益的"坏",大股东有效监督的"好"

实在有点微不足道。在这一结论下,利益输送、利益侵占等标签可以随时被贴在大股东的"脸上",不管你是不是这样,更不要说情不情愿了!

四、中国公司的现实:大股东角色及思考

(一)上市公司创立及发起人:大股东群体形成的制度背景

与西方公司相比,中国公司(主要是指上市公司,下同)有着完全不同的背景、语境。主要表现在:

(1)公司创立与大股东存在的天然性。中国公司大多由国有或非国有控股企业改制而来,在改制之前就存在控股股东及其他多个大股东。改制是指对原有企业按上市规范要求进行股份制改造,包括界定各方股权、建立合规的治理规则、经审计评估后将原有企业净资产折股并整体变更为公司股份,以最终创立股份有限公司(以召开创立大会为基准)等。根据《公司法》,股份有限公司的设立,可以采取发起设立或者募集设立的方式。其中,发起设立是指由发起人认购公司应发行的全部股份而设立公司;募集设立是指由发起人认购公司应发行股份的一部分,其余股份向社会公开募集或者向特定对象募集而设立公司。这就表明,无论采用何种设立方式,中国公司注定在事前就存在一个或多个大股东。换言之,没有大股东,股份公司就无法设立并募集上市。可见,在中国公司中,大股东的存在具有其制度的天然性、合法性。[①]

(2)独特的公司发起人概念。公司发起人是一个集合概念,它是指共同创办股份有限公司的自然人和企业法人[②],以承担公司筹办事务。

[①] 举例来说,《公司法》第八十四条规定,以募集设立方式设立股份有限公司的,发起人认购的股份不得少于公司股份总数的 35%。这表明,至少有 65% 的股份是在事前已额定的,且为控股股东和其他发起人所持有。

[②] 根据《公司法》的规定,自然人必须具有民事行为能力,社团法人不能作为公司发起人。

在具体实践中，公司发起人通常包括公司的控股股东（主要发起人）及多个其他外部股东（其他发起人）两类。其中，其他发起人是指公司上市前已形成或新引入的各类战略投资者，包括机构投资者（如投资基金、私募股权投资等）及公司型投资者（产业投资者）。

（3）大股东出资义务及其连带责任（风险承担）。从义务上看，它要求发起人（大股东）必须足额出资；从连带责任上看，则要求在公司不能成立时，发起人要对设立行为所产生的债务和费用负连带责任；对认股人已缴纳的股款负返还并加算银行同期存款利息的连带责任；在公司设立过程中由于发起人的过失致使公司利益受到损害的，应当对公司承担赔偿责任。

（4）大股东的股份转让限制与风险锁定。根据法律要求，公司发起人持有的本公司股份，自公司成立之日起一年内不得转让；公司公开发行股份前已发行的股份，自公司股票在证券交易所上市交易之日起一年内不得转让。这些转让限制在某种程度上锁定了大股东的股份流通权，从而将大股东的个人利益与公司利益捆绑在一起：大股东不易通过二级市场转移投资风险。① 类似地，公司在向特定融资对象进行股权融资（非公开发行）时，定向投资者（极有可能是其他大股东）也存在期限不同的股份转让限制。

---

① 对公司董事、监事、高管人员的股份转让限制，也同样具有风险锁定效应。根据法律，董事、监事、高管人员应当向公司申报所持有的本公司的股份及其变动情况，在任职期间每年转让的股份不得超过其所持有本公司股份总数的 25%；所持本公司股份自公司股票上市交易之日起一年内不得转让。上述人员离职后半年内，不得转让其所持有的本公司股份。可见，对于那些大股东即为公司创始人的民营上市公司而言，法律对大股东股份转让限制及其风险锁定效应会更加明显。从证券交易角度看，投资者持有或者通过协议、其他安排与他人共同持有一个上市公司已发行的有表决权股份达到 5% 后，其所持该上市公司已发行的有表决权股份比例每增加或者减少 1%，应当依照上述规定进行报告和公告，在该事实发生之日起至公告后 3 日内，不得再行买卖该上市公司的股票，并要求对该事实予以公告。

(5)控股股东与公司之间"五分开"规则及相关要求。根据《证券法》的规定，公司首次公开发行新股，应当符合下列条件：第一，具备健全且运行良好的组织机构；第二，具有持续经营能力；第三，最近3年财务会计报告被出具无保留意见审计报告；第四，发行人及其控股股东、实际控制人最近3年不存在贪污、贿赂、侵占财产、挪用财产或者破坏社会主义市场经济秩序的刑事犯罪；第五，经国务院批准的国务院证券监督管理机构规定的其他条件。同时，按照《上市公司治理准则》及相关规范，要求保证控股股东与公司之间在业务、资产、人员、机构、财务等五方面的区隔、分离，强调各自的独立性。

（二）中国公司大股东的独特性：比较及其悖论

从上市公司设立这一特定背景可以看出，中国上市公司的大股东是一个独特群体，有其独特的价值。表现在：（1）它是公司生存的基础——生存价值。各大股东的出资能力、出资义务是公司发起设立的根本。（2）它是公司发展的保证——发展价值。由大股东所构建的组织机构、治理关系，以及基于战略及业务经营的持续经营能力，为公司上市、未来发展等提供了治理保障和业务基础。因此可以说，大股东是公司的压舱石、锚定器。

显然，与公司股权背景（股权分散等）和委托代理理论语境下的西方公司相比，中国上市公司的大股东及其存在价值有不同的状态。可以从大股东的两个理论分析维度看。

1. 控制权私人收益（还是全方位支持）

中国公司的大股东至少在公司创立之时，并非天然以谋取控制权私人收益为动机。即使公司上市后，当"大股东-中小股东"之间因目标取向不同、信息不对称等产生代理矛盾和利益冲突时，也没有充分的证据说明，大股东发起设立公司是完全出于谋取私人收益这一初衷。控股股东对上市公司的各方面支持，有时更是一种常态。控股股东对上市公司的全面支持，不仅表现在业务层面（业务支持），而且表现在管理资源共享层面（管理支持）。第一，从业务支持看。由于上市公司（尤其是国有控股上市公司）大多从控股股东母体（母公司）中剥离、改制而来，因此上市公司与母公司之间通常保持着天然的业务关联（尤其是产业型企业集团及其下属上市公司）。在"五分开"规则制约下，通过公允关联交易，完成母公司与上市公司、上市公司与同一控制人下的其他兄弟公司之间的业务交易。在业务关联性背景下，集团整体的业务发展与上市公司息息相关，整体业务发展越稳定、增长性越好，上市公司业务的成长性、价值性也越高。合理的关联交易量、公允的关联交易价格等，成为资本市场、信息披露等关注的重点。只要保证交易合理性、价格公允性，人们有理由相信，控股股东是上市公司业务的"靠山"——它对上市公司的业务支持是全方位的。不仅如此，控股股东还会利用其良好的市场声誉、敏锐的市场判断力等，为上市公司新业务的开拓提供全面的发展机会。第二，从管理支持看。企业集团管理架构不尽相同，但有一点是共通的，集团母公司作为上市公司控股股东，将为上市子公司在组织架构、治理规则、业务运营管理、内部控制与风险管理、人力资本与激励、会计制度与会计信息、预算管理与财务运营等方面，提供全方位的管理服务，一方面提高集团管理的整体性，另一方面也大大降低上市公司的管理成本、制度成本。

由此可以看出，控股股东因控制权而潜在存在的谋求私人收益动机，只是一种可能发生的概率事件，而不是普遍意义上的常态事实。当然，任何事物都存在两面性，关键在于研究者的立足点。比如，一旦出现"不好情形"的可能性（被事后证实）且该事实普遍存在，研究者完全有理由怀疑大股东设立公司的初衷；而如果所证实的"不好情形"属于个例或经过刻意修正后的小样本，则难以就此推定大股东的控制权私人收益假说。因此，研究者更应关注那些产生"不好情形"的具体场景或环境条件，并由此引出更富预测性、建设性的政策含义。

2. 有效监督

在委托代理逻辑中，大股东（尤其是控股股东）存在的理由之一，是大股东出于利益自保而强化对经营者的监督。显然，它是基于股权高度分散、股东游离于公司的情形等，提出的一种理论预设。这一逻辑在解释西方公司大股东存在这一现象时，有其逻辑自洽性和说服力——大股东成为监督经营者、防止内部人控制（insider control）等内部治理机制的重要环节。与西方公司相比，中国公司的大股东在公司治理、管理中显然担任更重要、更核心的角色。以监督经营者为例，中国公司（尤其是国有上市公司）的经营者（定义为以总经理为首的执行团队），与西方公司以CEO为首的管理团队，有相似之处，但不同之处更多。第一，人力资本市场及其流动性。西方公司的高管受制于人力资本市场的"定价"，并因经营业绩、市场表现等波动而"流动"。相比而言，中国的职业经理人只是一个概念，在现有制度框架和组织（人事）管理体系中，职业经理人在很大程度上属于具有某些职业属性的"职业干部"，其流动性受组织管理体系等制约。第二，中国公司总经理及其高管团队在公司中大多扮演着真正意义上的执行者角色，也就是说，他们被定位为股东大会、董事会所有重大决策的具体执行者，很难拥有除提议权之外的其他权利。与之相反，西方公司的CEO往往被赋予高度权威型的决策权和执行权，进而架空股东大会、董事会等权力机构，导致内部人控制及其问题。例如，在中国国有公司的治理中，股东大会、党委会、以外部董事人数占优的董事会，这三大权力机构的存在，使得普遍存在于西方公司以强势 CEO 为首的内部人控制问题，在中国成为一个并不存在的"命题"。第三，中国公司的大股东，尤其是绝对控股股东，从来都不会游离于公司之外，而是全方位地参与公司治理与管理，如通过合规的治理程序组建董事会，利用党的组织人事管理系统、董事会机制等直接参与总经理的人事安排，以及副经理、财务负责人、董事会秘书等高管团队人选的考察、提名或任命。

由此可见，控股股东、大股东等存在于公司的理由，并不是以西方有效监督理论为解释机理和逻辑基础的，或者说，大股东的存在并非基于积极和有效监督这一理论意义上的合法性（legitimacy）①，而是基于中国制度背景这一传承意义上的合法性、秩序性。从法与金融学的角度看，中国目前的法律规制不完善、执行不严格等，也只是在某种程度上部分解释了大股东存在的理由。

（三）中国情境下的大股东：反诘

中国公司普遍存在大股东这一事实，使我们有必要反诘追问：

（1）既然存在大股东谋求控制权私人收益且有损于中小股东权益的问题，为什么大量公司还普遍存在大股东控股？

（2）既然中小股东预感其权益可能受损，为什么还有大量中小股东

---

① 合法性并不是字面意义上的符合法律法规。作为一个社会学、政治学概念，它是指政府、法律、秩序等权威被广泛认可的程度，认可程度越高，合法性越强。在君主政体下，国王获得普遍认同的合法性，是因为他是王国里公正的封建领主。基于同样的逻辑，大股东在公司所拥有的话语权及影响力（控制权地位），其合法性来源于其在公司中的资本投入及相应持有的股份。可见，合法性是维护社会正常运转的合理秩序，其来源包括传统（如中国传统社会关系按长幼、资历排序等习俗）、法理（指法律或指令，如董事长排名位于总经理之前，是因为在法理意义上，他是公司的第一责任人）、魅力。

投资于公司以求"搭便车",而不是试图去改变公司股权结构?

(3)既然公司大股东保有对公司无可争议的控制权(uncontested control)且有"作恶"的动机和能力,为什么在事后观察这类公司发现"作恶者"并非如此普遍,或呈现出某种系统性?

(4)既然大股东持股比高是一种"恶",为什么当大股东实施大幅减持时,公司股价(市场反应)并非如预期"走高",而极有可能是相反(下降)?或者说,中小股东为什么会担心大股东的正常减持(恶意减持套现者除外)?如此等等。例如,上述诘问与西方传统的委托代理逻辑所预期的结论存在强烈反差。

因此,我们有理由正视、平视大股东在中国公司普遍存在这一事实,并对其在公司中扮演的角色进行深入讨论。[①]

(四)大股东的积极作为

中国公司大股东(尤其是控股股东)因持股比或特殊安排拥有公司控制权的现象极为普遍。这一事实无疑暗示,研究者对大股东角色及其经济后果的任何理论预设,都既要关注预设提出的制度背景,也要关注理论推演赖以存在的事实前提及逻辑起点。

1. 大股东投入各类资源

相比中小股东,大股东入股公司与其说是对公司的投入,倒不如说

---

① 事实上,美国公司尤其是高科技公司也普遍存在大股东这一现象,并非尽受诟病。仍以美国新能源汽车公司特斯拉为例。相关资料表明,截至 2020 年 12 月 25 日,该公司前十大机构投资者拥有公司近 43%的股份(其中第一大股东是创始人马斯克,他个人持有公司近 21%的股份),前二十大机构投资者合计持有 48%的股份,前五十大机构投资者合计持有 55%的股份。但在双重股权结构安排下,创始人马斯克不仅拥有相对较高的持股比,而且拥有对公司的绝对控制权。然而直到目前,并没有人认为该公司价值被毁损,相反,公司在不断增值。其每股价格由 2010 年的 10 美元,暴涨到截至 2020 年 12 月的 661 美元,公司市值大于美国其他几大传统汽车行业巨头的总和。

是大股东对公司的付出。他们不仅投入财务资本，还为筹办创设公司投入了大量的时间和精力，更重要的是，他们为公司的正常运营连带投入了各种资源（如品牌、技术、人力、管理等）。当然，大股东不是为了投入而投入，而是为了更高的预期回报而投入，投入-回报之间的经济关系是大股东存在的基本理由。

由此，先验假定大股东出于控制权私人收益而投入（或付出），至少并不符合逻辑，也与大股东在公司中的角色担当相去甚远。

举一个简单的例子，A公司（集团）拥有B公司40%的股份而成为其控股股东，B公司因拓展业务向银行借款时，银行提出增信要求：需要A公司为B公司提供借款担保。① 人们通常认为，这是A公司作为大股东应尽（理应如此）的义务。但理论上，这种义务是天经地义的吗？其权利与风险是对等的吗？显然不是。一方面，如果没有大股东A公司的担保增信，B公司将无法取得银行贷款，从而失去利用贷款资金进行市场拓展、新产品开发等良好的商业机会。② 可见，A公司为B公司的经营活动、财务行为提供了独特的资源基础。另一方面，如果B公司经营不善、陷入财务困境，A公司要么进一步提供纾困资源、缓解财务危机，要么将最终承担100%的贷款担保风险。显然，40%的持股比并不能与100%的风险损失相对等。或者反过来问：此时除A公司外B公司的其他股东，是否有义务、责任为缓解其财务困境而倾囊相助，或者愿意为A公司的担保行为承担连带风险责任？

事实上，如果大股东处处为公司的发展着想，中小股东会总是愿意

---

① 相较于国有控股上市公司，此现象在非国有控股上市公司中更普遍。

② 在现实中确实存在这样的实例，即大股东为上市公司提供增信，在上市公司取得贷款后，贷款资金被挪为大股东所用。但这种案例只是极个别的，且历来受债权人、证券监管部门、交易所等各方面的严格监管。

"搭便车"并乐享其成的。而且，在中国的资本市场与营商环境中，离开大股东及其资源的投入（或付出），上市公司的很多经营活动、财务活动将无法正常开展。

同样，基于有效监督这一逻辑论证大股东存在的理由，理论上也并不充分、牢靠。也就是说，法律规制等外部环境因素的不完善，刺激或促进了大股东在利益上的自保属性——通过有效监督保护自身权益。但是，第一，大多数情形是一旦某一股东取得了大股东地位，他在公司中就有足够的话语权，他所扮演的角色难道只是监督管理层吗？或者说，在大股东存在的情形下，两权分离是公司制的必然吗？大股东指派甚至担任管理层，并不是不可能，而是更现实的选择。股东与管理层之间的代理冲突并不如此强烈，因此不需要突出大股东的监督地位。第二，即使大股东聘任职业经理人管理公司，大股东的积极监督行为也是其股东权利衍生出的内部控制行为——旨在保证其预期回报得以实现的正当权利或行为，而不是其存在的理由。显然，在逻辑上不应进行循环论证，本末不能倒置，目的与手段的因果性不能混淆。

2. 大股东承担各类风险

资本市场历来强调风险-收益之间的均衡。从投资者角度看，大股东投资公司所承担的风险可分为两类。

（1）权益资本的沉没性及转让风险。大股东的资本一旦投入公司并形成公司各种专用性资产，即形成资本的沉没（即账面上的长期股权投资）。如果这些资本在运营后无法取得预期收益，则意味着投资风险。通常，相对于中小股东在二级市场上低成本股权转让（风险转移），大股东的股权转让并非易事，既受制于其持股体量，还受制于制度约束（即转让的锁定期）。因此，大股东的这些沉没资本不易转让，即使转让也面临较高的交易成本、风险损失。

（2）非等比例的剩余风险。大股东的资本投入并不是在一开始就基于转让这一目的，而是以长期持有、有效利用资源并追求价值增值为根本。但是任何经营都存在风险，大股东承担的公司风险既包含与其持股份额等比例的剩余风险（如现金流权及财务资本损失），还包括某些整体性风险，如大股东市场声誉、品牌价值等损失，且这些风险为大股东所特有。

正是由于大股东承担上述风险，在某种程度上促进了大股东追求效率投资、累积公司价值的长期发展动机；相反，如果仅仅基于私利动机，从市场角度（含产品市场、资本市场等）看，大股东几乎不可能长期立足，而且在风险-收益的经济逻辑上也极不划算。

（五）如何抑制大股东之"恶"

或许人们会提出相反的逻辑（或疑问）：正是由于大股东承担各种风险，从而驱使其有情境（信息不对称性）、有能力（公司控制力）以各种方式谋取私人收益。这就涉及以下两个基本问题：一是市场机制及有效性对大股东行为的约束；二是法律规制等对大股东行为的制约。

1. 市场机制的作用

产品市场、资本市场、控制权市场、经理人市场等无形之手，无时不在约束着市场主体的行为。市场机制越有效，人们的行为也就越规范。反过来说，大股东行为越不规范，也就越容易受到市场的惩罚。以控制权市场为例，大股东行为最终表现为公司价值（及市场股价），进而影响并购动机及最终交易。公司大股东一旦被并易主（尤其是敌意收购），其所失去的不仅是股权，还包括过去的资源投入、未来的市场声誉。当然，市场机制对大股东行为的约束，是以市场活跃及其有效性为前提的。中国公司所面临的市场一时还难以说是有效的，正是市场效率不高，才给大股东的短期主义、投机行为及私利谋求等提供了时间窗口。

2. 法律的规制

大股东的败德行为与法律规制相关。良好的法治（完善的规制、有效的实施）能有效抑制大股东的败德冲动。比如，《公司法》关于资本维持有明确规定，公司成立后，股东不得抽逃出资①，股东抽逃出资要承担法律责任。之所以以资本维持概念为例，是因为大股东出资后抽逃资本在过往实践中时有发生，对公司完整法人财产权、对其他股东权益等产生重大的负面影响，受到《公司法》等基本规制的严格要求。《公司法》对大股东抽逃出资行为的零容忍，明显抑制了大股东的行为，保护了债权人、其他股东的合法权益。可见，法律规制不仅约束人们的不良行为，还教化人们"从善"。

第三节 旧治理与新经济：研究范式的反思

一、旧治理：股东并非治理框架中的一极

现代西方公司（以英美等国的公司为代表）的重要特征是，股东无意、无权参与公司治理与管理。之所以说无意，是因为他们将其对公司股份的所有权视为单纯的资本投资，目的在于带来收益。他们买入铁路

---

① 股东抽逃出资的行为包括：（1）将出资款项转入公司账户验资后又转出；（2）通过虚构债权债务关系将出资转出；（3）制作虚假财务会计报表虚增利润进行分配；（4）利用关联交易将出资转出；（5）其他未经法定程序将出资抽回的行为。

公司股票的目的与买入房地产按揭证券的目的没有什么不同，就是确保未来有一笔靠得住的收入，同时还有机会获得可观的利润。或者说，现代公司的股份持有人主要是投资者（investors），而非业主（proprietors），他们既无意参与公司经营，也不熟悉公司业务，在公司经营管理中的作用几乎可以忽略不计（刘燕，2021）。之所以说无权，并不是指公司法没有赋予其应然（de jure）权力，而是因为高度分散的股东结构、股权结构等，单一股东无法得到足以影响公司治理、管理的实然（de facto）权力。股东大会作为一种制度性的例行公事，可有可无，有时每年一度的股东大会就是有意参会的股东们的嘉年华。相反，公司管理层却掌控着公司，从而形成所谓的强管理者、弱所有者的西方公司权力格局（Roe，1999），股东与经营者之间的代理冲突成为公司治理机制需要解决的核心议题。

那么，董事会的作用呢？理论上，在"全体股东—董事会"这一代理链条中，董事会被希冀代表全体股东的利益，突出董事会（作为整体）对公司、对全体股东的信义义务，包括注意义务（duty of care）、忠实义务（duty of loyalty，公司利益高于个人利益）、诚信义务（duty of good faith，专注于公司利益与价值增值）、非浪费义务（duty of not to waste，避免有意毁损、挥霍股东价值），以及董事会对管理层的监督责任等。但很遗憾的是，西方公司董事会历来是受CEO操控的"橡皮图章"——董事会人选由CEO及团队提名，董事会结构以非执行董事人数占优（主要为独立董事，且平均占比在75%以上），CEO成为董事会及公司的掌门人。

当然，董事会也并不是没有任何作为。因对公司业绩不满而逼宫董事会、威胁并撤换管理层的股东积极主义，是西方近20年来流行的一种主流意识。在这一浪潮下，董事会由完全被动变得相对主动。研究者有时将董事会的这种相对主动比作"蜜蜂"行为：当公司处于不利、动荡情形（如业绩持续不佳），资本市场（以机构投资者为代表）施压董事会并要求其做出撤换管理层的决定时，董事会离其自身改组、重构也不远了。可见，董事会因危机而主动作为时，其结果犹如蜜蜂蜇人之后自身而亡。

20世纪90年代以来发生的多起会计舞弊、财务造假等恶劣事件，对资本市场伤害极大，引发了机构投资者、公众等的强烈不满，动摇了人们对资本市场的信心，最后促成了《萨班斯-奥克斯利法案》的出台。以此为标志，公司治理、董事会与管理层的信息披露责任、内部控制有效性、审计师风险等，成为资本市场关注的焦点。其中，强化董事会责任、规制管理层行为（尤其是 CEO、CFO 对公司内部控制有效性及信息披露责任）等，成为全球公司治理的基本共识和行为标准。

但是应当看到，从治理规则角度，西方公司治理中的一极——股东，其地位与作用仍未发生根本改变，管理资本主义（management capitalism）仍然是资本主义的主流。

二、新经济：大股东（创业家）权力诉求与"同股不同权"

然而，新经济（new economy）孕育着新的变化。以信息产业为代表的知识经济快速发展，人力资本、技术、管理能力及社会资本等理念不断勃兴，资本仅限于货币形态的观念被打破（Zingales，2000）。当下备受关注的数字经济①是对这一形态的最好描述。数字经济始于互联网

---

① 经济学家江小涓认为，数字经济包括数字产业化和产业数字化两部分。其中，数字产业化就是数字技术带来的产品和服务，没有数字技术就没有这些产品和服务，如电子信息制造业、信息通信业、软件服务业、互联网业等；产业数字化是指产业原本就存在，但是利用数字技术后，带来了产出的增长和效率的提升（江小涓，2020）。

及信息产业，并发端于美国硅谷等地，代表经济发展的未来。

回过头看，无论是新经济、知识经济、信息产业，还是数字经济等其他不同的提法，都代表着人们对这一经济形态衍变逻辑认识的加深。不可否认的是，其初始的产业发展之路，始于创业家（企业家①）与风险资本家（如天使投资、风险投资等）的共同作用。其中，创业家以其拥有的技术、风险担当特质或能力等控制公司，他们既是公司的创始股东，也是公司的实际运营者，属于典型的公司大股东（实际控制人）。

创业家为谋求公司快速发展而引入诸如天使资本、风险资本等权益资本（因抵押品、信用能力受限而难以借款融资），从而形成创始股东与外部风险股东的融合。对创业家而言，外部权益融资是一个痛苦的两难（dilemma）选择：他们既想吸引风险资本做大企业，又担心股权稀释而失去对公司的控制权。面对融资两难，兼具双重身份（"股东+管理者"）的创业家，就要从控制权机制设计上，摆脱传统公司下"同股同权同利"的法理制约，重新思考公司权力架构的设计。

创业家保持对公司控制权的理由其实很简单、很朴素：他们希望公司打上自己的烙印，保持公司发展的战略定力，在得到外部风险资本及相关的"增值服务"的同时，使公司发展不受外部股东、资本市场等的不利干扰。同时，风险资本家通常并非某一行业、领域的技术专家，但有治理和管理、市场和商业运作等方面的经验、能力和资源，旨在以风

---

① 历史上看，我们使用的企业家一词最早源于中世纪末期，当时这一术语被用来形容一名战场指挥官，后来，其含义逐渐扩展到商业领域。尽管企业家的说法很现代化，它所描述的活动却不然，因为生产要素及其管理者像文明一样源远流长。可见，企业家或创业家一词并非只有现代意义，尤其是以加尔文教派为代表的新教，以其先定论、天职及入世禁欲主义教义，激发了商人从事商业谋利的正当性（除了谋取利润，没有其他更好更切合实际的成功象征），从而催生了企业家精神（戴维·兰德斯，等.历史上的企业家精神：从古代美索不达米亚到现代.姜井勇，译.北京：中信出版集团，2021：120-143）。

险资本投入促进产融结合，取得丰厚的风险回报（更极有可能是损失）。在这一背景下，"同股不同权"就成为创业企业控制权的一种合理的制度备选。

现实来看，资本市场之所以接受"同股不同权"，根本上还是体现了数字经济的核心特征：人、技术、数字信息等是生产力，资本只是助推生产力发展的"加速器"。或者换一种说法，在财务资本并不稀缺的数字经济时代，单纯的财务资本无法"自行生息"，更不要说创造价值。数字经济在某种程度上是劳动雇佣资本的经济，创业家选择资本并控制公司，资本家则分享投资机会所带来的收益（或承担风险）。

三、新经济需要新治理：从对立冲突到协同治理

新经济背景下公司形成事实上的两大股东阵营：一是创业家（创始股东兼经营者），二是外部股东（以产业型公司、机构投资者等为代表）。在这样一种股东结构格局中，传统的委托代理理论会天然预设，外部股东是公司的监督者——监督创业家。

但事实并非如此。这是因为：（1）创业家是公司经营者，而不是职业经理人。创业家大多有双重身份，既是大股东也是经营者。之所以是公司经营者，并非源于外部股东对其的雇佣（如职业经理人），而是源于其自身"有权"这样做。（2）创业家与外部股东的资源互补性。创业家与外部股东之所以能达成默契，根本在于发挥两大股东阵营各自的资源优势，形成资源互补。外部股东在公司所扮演的角色并不完全是监督者、权力制衡者，更多的则是公司发展的赋能者——为创业家提供诸如治理规则、制度建设、资本市场通道等各方面的支持。由此，创业家与外部股东在价值增值目标一致性下，达成了治理、管理上的相互信任与

组织协同，而不是目标不一致下的相互制约与权力再平衡。

这一发展态势在新经济中几乎成为一种常态。显然，它与传统治理理论所预设的基础逻辑完全不同。或许需要追问的理论问题是：（1）新经济下创业家（大股东）持续存在于公司的经济逻辑是什么？（2）新经济下为什么"同股不同权"如此流行以至于成为一种权力架构的常态？（3）为什么在法律日趋完善的新兴经济体（如中国）中，仍然存在大股东这一独特的群体？（4）更进一步，具体联系中国经济的发展历程（回顾中国改革开放40多年的历史），以招商引资为起始的改革开放政策，最值得总结的微观经验是什么？（5）结合中国当下混合所有制改革，在"与谁混""如何改"等核心问题上，能够得出怎样的理论逻辑用以指导实践？等等。

面对上述问题，需要基于中国特有的制度背景、复杂多变的商业环境、日新月异的技术发展等，转换研究范式、拓宽研究思路，从股东这一基础概念开始，深入了解公司本质及大股东这一真实存在的理论逻辑。

第二章/*Chapter Two*
股东资源的概念

第一节　透视公司的股东：引子

一、历史上的股东：以英国东印度公司股东构成为例

在理解公司、股东这些概念时，让我们来简要回顾一段有关英国东印度公司（the English East India Company）的成立史①，以了解最原始的公司状态及股东角色。

（一）英国东印度公司及其股东：简要描述

英国东印度公司是一家于1600年底经英国女王伊丽莎白一世

---

① 在历史上，东印度公司是一个被多国冠名的公司，著名的如荷兰东印度公司（the Dutch East India Company）。荷兰东印度公司与英国东印度公司几乎一样驰名，这是因为：一是该公司成立时间早（1602年）且为荷兰皇家授权；二是公司以向全荷兰人公开发行股票的方式募集巨额资本，并承诺10年分红，从而促成了那些等不及分红的持股人（公众股东）进行股票交易，最终使阿姆斯特丹证券交易所（Amsterdam Stock Exchange，AEX）成为世界上最早的证券交易所；三是该公司影响大，在17世纪，因庞大的船队及海上贸易，该公司几乎垄断了欧洲的香料市场。

(Elizabeth Ⅰ)特许①成立的公司，它由一群有创业心、有影响力的商人所组建。史料记载，1717年英国东印度公司的资本规模仅次于著名的南海公司（the South Sea Company）和英格兰银行（the Bank of England），是英国第三大公司（Baskin & Miranti，1997）。作为一家在英国历史上从事贸易业务最久远的公司，它从一个商业贸易企业变成印度的实际主宰者，在经济、政治、贸易等各方面影响力巨大。直到1874年终止运营，历经200多年。

从公司管理架构看。伴随着业务规模的不断增长，该公司逐步发展了一套有效的行政管理系统，控制和协调其业务运营。公司最高权力机构是总法院（the General Court），成员由全体股东中拥有足够多股权（大体为500~2 000英镑）并因此具有投票资格的"人"组成——它类似于现代意义上由大股东构成的股东大会。同时，由该机构负责选举产生公司总督（governor）、副总督（deputy governor）以及由24名成员构成的权威董事会（the powerful court of directors）。董事会作为股东的受托人（fiduciaries），负责把握公司的战略方向。在董事会之下，设立诸如会计（accounting）、采购（buying）、通信（correspondence）、货运（shipping）、财务（treasure/finance）、仓储（warehousing）、私人贸易（private trade）等7个下属委员会，有一批会计师、审计师、出纳员、秘书等专业人士为各个委员会提供支持和服务。多数情况下，公司董事和员工都有从事远东贸易方面的相关经验或背景。可

---

① 在历史上，英国皇家特许公司的形式主要有两类：一类是规约公司，最早的规约公司是商人冒险家公司（the Merchant Adventurers' Company），成立时间相对更早，并为取得某项业务的排他性经营权（exclusive rights）而向皇家提供大量捐赠；另一种就是合股公司（joint-stock company），典型代表如东印度公司，它们由独立商人发起设立，并取得皇家在海外业务的独家垄断权（monopoly rights）。

以看出，英国东印度公司的管理结构为现代意义上的公司治理与管理框架提供了某种雏形。

公司总督及董事会成员的主要职责是指导、监督公司的海外代理人，包括最重要的代理人——货船船长（类似于现代公司意义上的经营者）以及船员。有效激励、团队精神气质（group ethos）、对会计信息的倚重、受过良好教育的员工等各种因素，综合促成公司股东与经营者在目标上的一致性。

从公司的股东结构看。公司股东主要分为两大类：

（1）商人投资者（merchant-investor）。这类股东主要由英国本土及国外的商人组成，他们中的大多数是拥有多年海外贸易经验的冒险商人——不但是公司大股东，而且更热衷、擅长公司运营管理。著名商人股东，如托马斯·史密斯（Thomas Smith）[①]、艾里斯·艾伯特（Morris Abbot）和克里斯托弗·克里瑟洛（Christopher Clitherow）等，均在公司担任很高的管理职位。

（2）消极的食利投资者（passive shareholders）。这类股东大多为贵族和个人，他们被公司预期的巨额盈利及分红吸引，对公司的运营管理并不在意。

在公司的发展的第一个 100 年里，这两类股东在股利发放上存在严重的对立与冲突：商人股东（属于具有实际控制权的股东）主张用胡椒、香料等紧俏货物（salable commodities）进行分红，以获得更多的

[①] 在维基百科上查到此人很短的简历。作为一位成功的投资者，他在承袭其父辈货铺生意之后，投资并就任 the Virginia Company of London（一家当时有名的合股公司）三任财务官，并大举投资入股东印度公司。后因反对伊丽莎白女王一世而短暂入狱，1603 年被国王詹姆斯一世（James Ⅰ）授爵并派往俄国担任英国驻俄大使。1609 年再次担任 the Virginia Company of London 的财务官（该职位实质上为董事长）。他个人命运多舛，几经起伏，1624 年因管理不当而被皇家指控调查，公司执照也因此被吊销。

差价利润；而以贵族为主的食利股东更倾向于现金分红以获益。正是由于这两类股东对分红预期及股票潜在价值的理解不同，促进了股东之间的股票交易。

（二）英国东印度公司股东构成与治理：现代解读

上述基本事实的描述让我们看到以下几点：

（1）公司由不同股东投资入股而成，股东是公司风险的最终承担者。

（2）在原始意义上，公司股东主要由积极股东和消极股东构成。在英国东印度公司案例中，前者指冒险的商人投资者——他们是积极股东，类似于现代意义上的创始股东和创业家，具有业主的属性；后者指食利投资者，他们是消极股东，类似于现代意义上的财务投资者。商人投资者不仅具有雄厚的个人资本实力（财务出资能力），还有从事公司业务运营的经验及相应的管理能力，当然更重要的是，他们还具有敢于冒险并承担风险的精神气质。因此，相较于消极股东，积极股东不但有财务基础，而且有其他股东所不具备的各种能力，并在公司决策与管理中将这种能力充分发挥以转化为公司的盈利能力。可见，商人投资者在很大程度上是一个拥有各种资源、能力的集合体——正是这一资源能力集合体及其对未来业绩的良好预期，才吸引了其他消极投资者对公司追加投入资本。

（3）放在现代意义上的公司治理和管理语义体系中，我们发现，英国东印度公司的总法院其实就是由大股东构成的股东大会（属于最高权力机构）；总督等领导下的权威董事会即为现代意义上的董事长领导下的董事会（作为公司的最高决策机构负责公司战略）；而贸易航线及船队作为经营单位，其船长即为公司的经营者。这三者在权力配置上是相对清晰的，目标一致性是保证三者协调运作的前提。但是信息不对称性加剧了他们之间的冲突与矛盾，使得会计及报告的重要性得以凸显——公司财务官实质上是公司的董事长。同时也可以看出，在资本逐利年代及后续的商业文明中，由具有财务背景的管理者担任公司董事长这一传统，有其历史的必然性。

（4）从英国东印度公司案例看董事会成员构成，不难发现，董事会历来由有影响力的大股东构成、主导。也就是说，众多股东中的商人投资者（积极股东）并不游离于公司之外，他们熟悉行业，了解业务，知晓风险与各种意外状况，从而担任公司事务的决策者、管理者角色。可见，在商业发展的初期，商人投资者作为中坚力量，兼具股东与经营者双重角色，不存在两权分离、两职分离等必然；或者说，两权分离只是规模扩大后现代商业文明意义上的公司权力结构演变的结果。

英国东印度公司案例表明，集股东与经营者于一体的商人投资者，是公司治理与管理的核心力量：他们不仅投入公司开办、运营所需的财务资本，而且尽心尽力付出其个人之所能（行业与商业运作经验、管理能力等资源），展示其创业家的冒险精神和业主的商人气质！商人投资者的这些投入（也许用付出一词更贴切），用现代语义来说，不仅包括财务资本，还包括公司生存发展所需的其他有用资源。

二、改革开放 40 多年与外商（外资大股东）

再将视野放到中国改革开放波澜壮阔的 40 多年，让我们看看这期间的外商直接投资（FDI）及其作用。

（一）改革开放 40 周年的巨大成就

正如习近平总书记在庆祝改革开放 40 周年大会上的讲话中所指出

的:"40年来,我们解放思想、实事求是,大胆地试、勇敢地改,干出了一片新天地……从搞好国营大中小企业、发展个体私营经济到深化国资国企改革、发展混合所有制经济,从单一公有制到公有制为主体、多种所有制经济共同发展和坚持'两个毫不动摇',从传统的计划经济体制到前无古人的社会主义市场经济体制再到使市场在资源配置中起决定性作用和更好发挥政府作用……使改革开放成为当代中国最显著的特征、最壮丽的气象。"①

改革开放的40年是以经济建设为中心的40年,是不断解放和发展社会生产力的40年。数据显示,我国国内生产总值(GDP)占世界生产总值的比重由改革开放之初的1.8%上升到15.2%,多年来对世界经济增长贡献率超过30%。所有这些成就的取得,都离不开改革开放。

(二)FDI对中国经济的贡献

我国经济领域的改革开放始于20世纪八九十年代外资、外商等的大量引入,即所谓的招商引资。根据经济学家江小涓的研究,改革开放40年来,中国吸收的FDI规模持续增长,从开放初期的几千万美元,增加到2018年的1 350亿美元,40年累计吸收2.1万亿美元(江小涓,2019)。回顾过去,外商投资企业对我国国民经济的贡献是全方位的,包括:

(1)对国内资本形成的贡献。40年来,外资在我国固定资本形成总额中所占的比重有较大变化:1979—1991年平均为2.4%;1992—1997年平均为14.8%(占比最高的1994年达到17.3%);1998—2007年平均为9.04%,2008—2018年平均为7.8%。

---

① 习近平在庆祝改革开放40周年大会上的讲话.[2018-12-18]. http://politics.people.com.cn/n1/2018/1218/c1024-30474793.html.

(2) 对工业增加值的贡献。外商投资企业的工业增加值在全国工业增加值中的比重，在1998年超过20%，到2006年已达28%。其中，电子及通信设备制造业中外商投资企业的占比高达77.3%。但最近10年，该比重有所下降。2018年，全国规模以上工业企业增加值占GDP的比重为33.9%，而外商投资企业工业增加值占全部工业增加值的比重为23.1%。

(3) 对税收的贡献。随着外商投资企业规模的扩大，涉外税收逐年上升，2006年达到最高点，占全国税收总额的比重达到23.7%。此后，随着外商投资企业产出占比的下降，涉外税收占比也相应下降，2017年仅占18.7%。

(4) 对贸易总额和出口结构提升的贡献。外商投资企业的进出口总额占全国进出口总额的比重不断提高，从1991年的21.34%上升到2018年的42.57%，其中2005年占比最高，将近60%。此外，外商投资企业还是高新技术产品出口的主力军，所占份额从1996年的58.6%上升到2005年的88%，此后该比重逐渐回落并保持相对稳定，2017年为53%左右。

(三) 外商资本不是单纯的财务资本，而是各种要素的流动载体

外商投资企业对中国经济发展的牵引作用是直接的、全方位的。一方面拉动了中国经济的直接增长，另一方面更是全面提升了中国经济的全球竞争力。

剖析中国经济增长中的外商投资企业、外商资本等基本元素，不难发现，外商投资企业带给中国经济的不仅仅是财务资本，更包含连带同步输入的战略视野、管理能力（涉及人财物等核心要素的各种管理理念、管理知识、管理制度和方法体系等）、技术资源、品牌与营销资源等。

可见，外商资本代表的并不仅仅是外商投入的财务资本，而是促进外资、合资企业等正常经营所需的各类要素、资源的集合体，是促进中国经济增长所需的各种要素的流动载体（江小涓，2019）。外商作为合资、合营企业的大股东之一，无论是控股还是参股，看重的都是中国巨大的市场和盈利空间——这体现了资本逐利的根本属性，但FDI的溢出效应（尤其是技术溢出效应，technology transfer spillover effect）则是全面的：微观上，带动并提升国内其他企业的学习能力、技术研发实力、管理能力等；中观和宏观上，则直接带动中国经济的结构调整、产业嫁接和迭代升级，使中国经济累经数年后成为全球最具竞争实力的经济体之一。正如Gorg & Greenaway（2004）所言，世界各国都在竞相吸引外国投资者，其重要动机是取得各种外溢效益，即在新增投资、技术外溢、增加出口的同时增加国民收入。

（四）外商（大股东）的行为特征

外商资本的背后是什么？当然是"人"。外商作为外资企业的大股东之一，具有以下行为特征：

（1）先合资后独资。设立中外合资、合营企业、独资企业等是外商资本进入中国市场的主要方式。尤其是在改革开放初期，外商资本在产业、持股比等各方面都面临准入门槛或行业限制；外商独资或外商控股的合资企业，在中国正式加入世界贸易组织（WTO）及经历过渡期之后，数量才渐渐增多。根据聂名华和颜晓晖（2006）基于1992—2005年的研究，在改革开放初期，合资与合营是跨国公司进入中国的两种主要模式（如1986年，独资企业在我国利用外资总额中所占的比例不足1%）；自20世纪90年代以来，独资企业在投资项目数、实际投资金额上占全部外资的比重均呈上升趋势，如2001年两项比重均超过

50%，2005年则分别高达73.43%和71.22%。随着改革开放的深入（尤其是加入WTO以后），独资已取代合资和合营，成为外商资本进入中国的首要模式。

（2）拥有资源能力的优势。无论是合资、合营还是后来趋势化的独资进入方式，外商进入中国市场后，既带来了中国经济发展急需的财务资本，又给合资企业甚至中方股东带来了独特的资源或能力，具体包括技术资源、战略管理、营销网络、管理制度与管理能力等。而且，外商的这些资源和能力的稀缺性及其价值（尤其是对中方股东而言），丝毫不亚于财务资本。

（3）谋求资源互补与合作共赢。中外合资、合营企业中的"合"，与其说是双方股东法律文本意义上的合作形式，倒不如说是中外股东基于资源互补的一种实质能动，比如外方技术资源与中方市场资源的互补性。资源互补是双方合作共赢的核心条件或前提要素。

（4）经营重于治理。对于外商股东来讲，他们看重的并不是合资协议中的治理安排，而是公司具体的经营管理。尽管在合资企业的董事会席位安排上，中外双方依各自出资比例而定，且在董事长安排上多数由中方担任，但外商股东更重视总经理、财务总监等经营实职。只有掌握经营权，才能深度推进中外双方的经营合作，使资源互补效应得以真正发挥。[1]

---

[1] 李维安和吴先明（2002）通过对天津市开发区200家投资额在1 000万美元以上的"三资"企业的调查发现，在中外合资企业，常见的情形是外方人员出任总经理，中方人员出任董事长。合资企业董事长的权力既比不上外资企业的董事长，也比不上我国国有企业的董事长，其无法改变董事会的决定，在外方董事占大多数或绝对优势的情况下，董事长形同虚设。而总经理则享有实际的权力，并能说服外方董事与之共谋，使董事会执行自己的意图。所以，合资企业外方母公司通常强调拥有总经理的任命权，有时甚至将此作为合资的先决条件之一，而对董事长一职则没那么重视。

外商作为一个独具中国特色的经济社会概念，不仅指合资企业的外方大股东，更是指伴随中国经济改革进程发展起来的一个独特的市场主体、利益团体、股东群体。站在企业微观角度，他们是股东——积极股东，但更是拥有多种资源、承担多重角色的投资者。

第二节　来自资源基础理论的启示

公司管理及财务理论必须解释或回答的一个经典问题：为什么有的企业总是比其他企业经营得更好、更有价值？

一、经典问题及解释性理论

经济学与管理学等角度对该问题的解释并不相同。归纳起来大体有以下四种解释理论（Hitt et al.，2005）。

（一）独特竞争力研究（波特的理论）

独特竞争力（distinctive competencies）是指一个企业所具有的、能够使它比其他企业更为有效地实施其发展战略的特性（Hitt & Ireland，1986）。应该说，该理论始于波特的竞争优势理论（Porter，1980；1981；1985）。到目前为止，该理论所形成的观点并不统一，具有代表性的有两类：

（1）行业观。它认为企业所处的行业不同，导致其业绩表现各异。以波特的竞争理论为代表，它试图去分析企业在行业中的竞争优势（如经典的五力模型）。基本结论可归纳为：寻求长期绩效优势的企业应选择进入不完全竞争的行业。沿着这一思路和逻辑，波特的竞争优势理论后来逐步演化为各大咨询公司从事战略咨询的核心逻辑和标准模板。

(2) 能力观。它强调企业自身的能力是决定企业发展最重要的因素。但当学者意识到企业自身的特性是影响企业绩效的关键因素后，后续研究逐渐聚焦于"总经理能力"这一狭小的主题，研究议题主要围绕总经理能力及特征描述（如 CEO 的人口统计学等方面的特征刻画），以及他们与公司价值之间的关系。但通过对 CEO 的深入分析发现：CEO 的特征及行为完全不同的公司，其业绩也有好有坏。比如，有的 CEO 很勤快、强调高度集权，公司发展得很好；相反，有的 CEO 很懒散、采用高度分权的管理模式，公司发展得也不错。可见，CEO 的特征、行为并不是决定公司业绩的核心因素。因此，单纯刻画 CEO 的行为、特征并不能完全解释公司价值的差异。

但是，该理论已经显露出 CEO 特征及能力这一因素的重要价值，无论这一因素是唯一的核心因素还是多个核心因素之一（即存在多种独特竞争力），它都已经进入理论界的研究视野（最早如 Selznick (1957)）。对总经理能力、多种独特竞争力及其背后的逻辑讨论等，已显露出资源这一概念的萌芽。

（二）资源禀赋与经济租金理论（李嘉图的理论）

经典经济学意义上，尤其是 19 世纪的李嘉图时代，人们讨论的经济增长处于"土地为母，资本为父"的时代背景下。这一时代突出自然资源禀赋的重要性，该理论强调原始的、不可增加且不能毁弃的自然禀赋对经济增长的效应。例如，有的土地很肥沃、产量高，有的土地很贫瘠、产量低。而土地这一资源是有限的、稀缺的，即存在所谓的供给刚性。因此，我能得到别人得不到的事物时，就能获得比别人更高的产量、更好的收成，这就是资源禀赋的经济效应。回过头来看，A 企业为什么比其他企业好，可能在很大程度上取决于其资源禀赋。

在李嘉图时代，促进整个社会经济增长的要么是土地，要么是资本。后人的研究则增加并突出了劳动这一要素，如熊彼特的创新理论更加突出了企业家的创新精神这一劳动要素。①

从理论上看，如果用资源禀赋解释不同企业业绩差异的这一逻辑成立，它明显依赖于下列两个前提的成立：一是要素市场并不完善，如土地交易市场是不完善的；二是每个人判断要素市场中土地价值的信息是不充分的，有的人能够看到土地很肥沃，而有的人看不到，在此之上，更重要的是土地供给是有限的、刚性的，从而才有可能产生经济租金②（economic rents）。显然，生产要素的供给刚性、要素市场竞争的不充分等，抬高了经济租金。那么，如何定义生产要素？还是要回到古典经济学，它所讲的要素即土地、资本、劳动、管理、创新等，以及它们的比较优势。

总的来说，以资源禀赋为代表的古典经济理论是资源基础理论（resource-based theory，RBT）的重要思想源泉。

（三）企业成长理论（彭罗斯的理论）

该理论认为，企业既是生产资源组合，也是管理框架，两者共同决定企业成长。彭罗斯（Penrose，1959）在《企业成长理论》中试图解释为什么有的企业总比其他企业经营得更好、更有价值。他认为：（1）传统经济学，尤其是微观意义上的供求关系理论（本质上是价格理

---

① 在我看来，企业家的创新精神固然很重要，但企业家并非抽象或孤立的群体，或者是独立于社会环境或条件的群体，也就是说，并不存在不受时空约束的企业家。用一句流行的话来说，是时代造就了企业家及其创新性，而不是企业家及其创新性造就了时代。

② 经济租金是指向生产要素所有者支付的、超出诱使该要素进入生产领域所需的最低费用的那部分价值（Hirshleifer，1980）。

论），无助于解释企业成长的路径及其面临的限制条件。（2）企业成长需要考虑企业自身的能力与条件。企业是一个生产资源组合，同时也是一个管理框架。所谓资源组合，是指企业是由各种资源组合在一起的；所谓管理框架，是指企业需要管理者把各种资源整合应用并转化为价值。在企业成长中，两者缺一不可。

应该说，企业成长理论是资源基础理论产生、发展的思想源泉。在该理论下，生产资源组合主要是有形资产，管理框架则是无形的管理能力（如管理团队、高管等的能力），企业之间业绩差异主要源于上述各类资源的差异。当人们在回顾资源基础理论的起源时，可以发现彭罗斯的企业成长理论是多么具有历史穿透性。

（四）信息与经济学（德姆塞茨的逻辑）

随着经济的发展，信息可以说是现代企业最有价值的资源之一。正如德姆塞茨（Demsetz，1973）所指出的，业绩可以归因于不确定性、运气或管理层远见等，但由于企业获取信息的成本高昂且复制技术的难度较大，企业可能会在一段时间内不断成长并享受高额回报，而决定企业长期竞争优势和价值的是信息。

二、资源基础理论的发展脉络

资源基础理论是不断发展而来的。该理论的代表性人物有三位：维尔纳菲尔特（Wernerfelt）、鲁梅尔特（Rumelt）和巴尼（Barney）。其中巴尼作为该理论的集大成者，系统回顾并总结了资源基础理论的基本框架。这三位代表人物的主要观点分别是：

（一）Wernerfelt（1984）

维尔纳菲尔特（Wernerfelt，1984）认为企业的竞争本质上是资源的竞争，资源结构影响产品市场战略及企业竞争优势的获取，正是资源的差异导致企业绩效之间的差异。

（二）Rumelt（1984）

鲁梅尔特（Rumelt，1984）直接回答了"企业是什么"这一核心问题。他认为企业不是一个使交易机会成本最小化的有效组织体，而是一个创造和分配租金的组织体，是一个市场资源组合。有了这一组合，就能形成某种隔离机制（isolating mechanism），从而产生不同企业的竞争优势。隔离机制可以理解为"我有而你没有的独特资源"，由此产生将他人隔离在外的竞争优势。可见，独特资源组合是价值创造的源泉，它直接点明了资源基础理论的基本逻辑。

（三）Barney（1986）

显然，企业拥有的资源特征与绩效之间存在很大关联。但这些资源特征是什么？为此，巴尼引入了战略要素市场（strategic factor markets，SFM）这一概念。他认为，如果战略要素市场是充分竞争的市场，则任何企业都不可能得到经济租金；相反，如果战略要素市场是不完全竞争的市场，则拥有这些战略要素——核心资源的企业，将获得竞争优势。例如，两个面包生产商，生产面包的机器是一样的，但是面包的配方可能不一样。那么，面包配方在某种程度上就是战略要素，它要么不存在交易市场（配方属非卖品），要么存在但不完善（配方可卖但无法合理定价）。可见，战略要素具有这种产生经济租金的能力和特质，它决定了一个企业比另一个企业更具竞争优势。战略要素及资源大多与无形资产有关。无形资产主要是指各种信息资源，如技术、客户依赖、品牌形象、对销售渠道的控制、企业文化与管理技能等（Itami & Roehl，1987）。这些无形资产或战略要素既可以是企业自身积累的产物，也可以通过外购获取。研究还表明，相对于外购获取资源，自身积累资源的长期价值更大。

三、资源基础理论的核心概念及观点

（一）资源及其特性

什么是资源？资源基础理论对资源最广泛也最合理的定义是：它是企业用以构建并实施其战略的有形资产和无形资产。资源具有异质性（heterogeneity）和不可转移性（immobility）两个基本特征。其中，异质性是指相互竞争的企业之间可能存在不同的资源组合，它涵盖稀缺性（即需求永远大于供给）、不可替代性（即除此之外没有其他资源能使企业有效地制定和实施同样的战略）两个子特征，而不可转移性是指资源的异质性可能会长期存在，它与资源的供给刚性有关。

归纳起来，战略性资源主要具有稀缺性、不可替代性、供给刚性等核心特征。

（二）资源分类

目前较为公认的资源分类是有形资产、无形资产和组织能力（Collis & Montgomery，1997），其各自的含义为：

（1）有形资产：能够在报表中看到的，或者进入报表的资产。

（2）无形资产：没进入报表的资产，如品牌、技术储备等。

（3）组织能力：把有形资产和无形资产转化为价值的能力。

（三）资源基础理论的核心观点

经过多年研究，资源基础理论形成了一套可验证的结论，主要包括：

（1）如果战略要素市场属于不完全竞争市场，则企业在制定与实施

战略过程中拥有并利用这些独特性资源就能取得竞争优势（即取得经济租金）。

（2）企业控制和利用异质性资源（稀缺、不可替代）可以取得临时竞争优势。

（3）控制和利用异质性且具有供给刚性的重要资源，可以帮助企业获得长期竞争优势。

（4）如果企业能够不断利用重要资源并实施其他企业不能预见的战略，则企业可以取得持续竞争优势。

四、资源基础理论的启示：关注事前的股东资源形成及其股东结构，比关注事后的股权结构更有益

资源基础理论对后续研究产生了较大影响，这些研究主要围绕资源分类、资源特征的描述来讨论企业能力、竞争力或竞争优势。举例来说：

（1）营销与创新理论的研究。一个企业的营销网络是本土化的，而另一个企业的营销网络是全球化的，那么这两种不同的营销网络会显示不同的营销业绩。又如，一个企业的创新团队资源储备与另一个企业的创新团队资源储备不同，就会产生不同的业绩后果。需要注意的是，创新团队资源储备不等于专利，或者说在研究方法上，用专利数来度量创新能力，是存在认知偏颇的。

（2）企业集团总部及共享服务的研究。集团总部有很多特质资源和要素，如研发能力与知识资源、人力资源、财务资源、信息资源、数字资源、法务资源等，这些资源可能集中于总部，且通过各种共享中心为各下属公司所共享。资本市场的研究认为，多元化公司的市场价值会打折扣（Lang & Stulz（1994）、Berger & Ofek（1995）等提出了多元化

折价①的问题)。但是，如果依据资源基础及共享理论，集团总部资源能力很强，且能在多个下属公司之间进行共享，多元化公司的市场价值未必不佳。因资源集聚、资源共享而带来公司整体价值的增长，这一逻辑是否成立（尤其对多元化集团的整体价值是否更有益处）显然是一个值得高度关注的研究议题。

（3）企业理论的研究。从根本上看，企业既是一个使交易竞争最小化的组织（而不是一个单纯的控制组织），也是一个分配租金的组织。Williamson（1985）的交易成本经济学从交易成本最小化的视角去解释纵向并购、横向并购，并认为它们都能够节约交易成本。然而，基于资源基础理论，公司存在的目的并不完全是形成内部机制以节约交易成本，而是希望通过资源共享来放大公司价值。可见，在对企业的看法上，管理学和经济学的理论视角是完全不同的。经济学更多的是站在机制设计的角度来讨论公司怎样经营有效、怎样分配蛋糕更公平等与效率、公平相关的问题，而管理学则更多的是围绕成本效益讨论如何把企业经营好，是管理成本而不是控制成本，或者说管理学更多的是围绕成本效益观，研究讨论怎样的管理、怎样的资源和能力能促进效率的提高等相关问题。管理学虽然也会借鉴经济学的一些概念，但其出发点是不同的。另外，交易成本经济学主要用于解释大工业时代的传统企业组织如何节约交易成本，而在数字经济时代，资源基础及其共享理论则更可能契合现实生活，从而也可能更具解释力。比如，现在所热议的共享经

---

① 关于多元化折价（discount on diversified）问题的讨论，其实有很大争议。其中一个核心争议是，那些多元化收益远高于多元化成本的公司，也同样存在市场折价。其潜在意思是，多元化折价并不代表多元化策略在毁损公司价值（destruction of value）。因此，折价只是一种外在的市场表现，而价值才是公司的真实创造。在控制行业、企业特征等因素之后，研究者发现，多元化可能存在溢价现象（Campa & Kedia, 2002）。

济，其核心就是各类资源的共享，现代企业组织也不完全是科层式，更多的是基于资源所呈现的网络式。

（4）对公司治理与财务理论的启发。长期以来，公司治理研究一直视股东为同质的财务资本提供者、公司内部权力配置以股东持股比等为逻辑基础。然而，股东（尤其是创始股东、公司大股东）是什么？他们是单纯的财务资本提供者吗？股东为什么要聚在一起创办公司？什么样的股东会聚在一起？同样是聚在一起的股东，一些公司为什么比另一些公司的业绩表现更好？难道是与这些聚在一起的股东的某种"特质"有关系吗？如果有，是怎样的特质？这些特质又是如何影响最终价值创造的？等等。所有的这些问题都足以启发研究者对股东、股东结构、股权结构等核心概念的重新审视，从而产生某种新的研究视角或范式。

对股权结构理论而言，也许关注事前的股东资源形成及其股东结构，比关注事后的股权结构（持股比）更有益、更有解释力。

第三节 股东资源：一个全新的概念

新古典经济学将企业看作一个以利润最大化为目标的生产函数，所有要素的投入与产出都通过市场（价格）机制来调节。但事实上，企业是一个需要打开的黑箱。其原因在于：第一，企业之间的市场交易、合约并非都能实现标准化与完备化；第二，不同的产权结构、控制权配置方式与公司治理机制将对企业的市场交易行为及事后效率产生影响。因此，企业价值创造过程也就不能用标准的、单一的生产函数来描述。如投资者与企业、投资者与管理者或者投资者之间的关系，虽然因融资合约而锁定①，但又因合约的不完备性，各方在合约存续期间的实际决策权、收益分配权等并不能在初始合约中完全明确，即使明确，企业经营状况的多变性、复杂性也会使这些权力的实施充满不确定性。可见，股东的收益分配权可能由于种种原因而得不到保障，股东之间、股东与管理者之间可能会因资源租金②分配问题而产生治理或管理冲突，股东在企业内部的治理角色与治理权限也可能进而发生变化，这些都将对企业价值与可持续发展产生深远影响。因此，深度剖析企业内部产权关系、研究合约签订之后的治理问题就显得十分重要。

Williamson（2010）将公司治理定义为：对事后产生的准租金的分配加以限制的约束方式的总和，即资源的所有者如何通过治理机制保证自身获得资源租金的一系列设计，包括内部治理机制、外部治理机制两部分。其中，内部治理主要通过所有权配置、融资与资本结构安排、管理层激励、股东大会与董事会制度等体现，外部治理则表现为资本市场机构投资者压力、控制权市场、产品市场、人力资本市场等竞争机制。公司治理是一个非常宽泛的概念，公司控制权配置是公司治理的永恒主题。长期以来，传统的委托代理理论基于"资本至上"的观点将股东看作同质的财务资本投资者，以无差异、同质性财务资本作为公司内部权力配置的唯一标准，"同股同权"、资本多数决原则等体现了这一系列逻辑。

然而，在当下的经济社会中，我们发现很多股东的实际控制权与其出资比并非同比例增减、匹配。比如，阿里巴巴的马云及其管理团队凭

---

① 锁定是指因交易双方要素投资的不可逆性（irreversible）或者已处沉没（sunk）状态，交易双方的相关要素、资产不能转作他用。

② 租金是一个微观经济学概念。它是指由于企业生产关系在短期内不能变动，其资源要素对企业而言即为固定投入，它既不能从现有用途中撤出进而转到收益更高的其他用途中去，也不能从其他相似的要素投入中得到补充，这些固定资源要素所需的回报即为租金。

借技术与管理经验等无形资源，构建合伙人委员会，并以较低的持股比占据董事会多数席位。理论与现实的差异需要我们加深对公司内部权力配置的认识和反思。我们认为，股东所投入的不仅是财务资本，还应包括同时投入的其他非财务资源。股东之间的不同，除体现在其持股数量的差异上，还表现在他们不同的公司权利诉求、权利行使方式、权利行使能力等方面（汪青松和赵万一，2011）。因此，基于财务资本投入所形成的股权结构，并不能完全成为公司内部权力配置的合法性依据或基础逻辑，或者说，公司对不同股东投入的各种非财务资源的依赖程度，将极大地影响股东在公司的实际控制权。

20世纪初形成的传统商业组织本质上是一种资本密集型组织，在其发展过程中，尽管商业危机、政治和社会压力等因素起着或多或少的作用，但财务或融资始终是推进董事会、经营者和股东之间关系及完善相关法律的核心驱动力（Mitchell & Mitchell，2010）。公司治理作为企业资源租金分配约束机制，其产生和发展与公司财务活动密不可分。

以美国公司的发展为例。

（1）自19世纪初从英国引入信托制度以来，受托人权力膨胀、无视委托方利益而擅自处分信托财产等行为，促使19世纪初美国公司法改革致力于限制受托人的不当行为、明确董事会的公众股东信托人（trustee）的地位，并赋予董事会较大的权力。但改革也导致董事会被金融家主导，董事会权力过大，公众股东利益受损的后果（Berle & Means，1932）。

（2）金融家的过度投机与股市疯狂，最终导致美国20世纪30年代经济大萧条，股份公司对此的反思及行动，最终表现为收缩外部融资、进行股票回购、增大利润留存比例等财务策略来支持公司增长。然而，低股利政策又强化了管理层对公司既有的控制权，原来拥有公司控制权的金融家等大股东，则被排除在公司权力核心之外，资本市场和公众股东的监管力度也进一步降低。

（3）随之而来的公司股权过度分散、公众持股水平降低、市场交易量萎缩等问题引起了纽交所交易商的普遍不满。20世纪70年代，由金融家推动、证券交易所发起的月度投资计划（monthly investment plan），号召股东拥有自己的股份，同时对操控公司的经营者、与外部资本市场"绝缘"的董事会表达不满与谴责，促使法学界对公司董事会的作用重新界定。

（4）20世纪80年代中期，美国特拉华州法院认定监督型董事会的权力是绝对的、无可争议的，并要求董事会对公众股东权益负责。这一定性是革命性的，它标志着公司董事的角色由公众股东的信托人向代理人转变，公司董事会的主要任务是促进公司股价提升——完成股东之托，同时这一定性也明确了董事会在公司中的核心地位。

简单回顾这段历史，不难发现财务资本在公司治理的产生与发展过程中，始终扮演着重要角色。股份公司制度的建立源于财务资本的稀缺性，公司治理的产生则源于公司外部融资所带来的股东与管理层之间的代理冲突。正是由于资本稀缺，作为资本拥有者的股东在公司中一直占据核心地位：公司从来都是被看作由股东（委托人）投入财务资本且雇佣经理人（代理人）代为管理的法人实体，资本雇佣劳动成为这一大背景下的必然，公司因此也有别于合伙制的人合，而凸显出其资合属性。[①]

[①] 人合公司是指公司的经济活动着重于参与主体的个人条件，如人合公司的组建取决于股东个人信用、股东资源的适配性、股东关系等因素，而不仅仅看各自财务资本的多寡。资合公司的组建源于资本的聚合，其经济活动着重于公司财产数额，而不注重股东个人条件。在资合属性下，财务资本成为公司权利的唯一本源，股东权利与股东关系取决于其持股比例；公司信用水平取决于公司所拥有的财产，唯有公司雄厚的财产才是债权人的定心丸，而不是股东个人信用、社会资本、融资能力等其他条件。

在公司制这类资合型企业中，治理机制设计与安排充分体现了"股东至上""资本神圣"的逻辑，如通过两职分离（董事长与总经理的职位分设）、增加董事会中非执行董事比重、完善经营者激励与追责机制等，提高决策理性、防范经营者道德风险与机会主义行为等，最终实现股东利益最大化的目标。从公司契约观来看，由于公司与雇员、经理者、债权人等非股东群体所签订的合同多为显性契约（且契约赋予了他们可计量的固定报酬），承担最终风险的各方股东被赋予对公司的剩余控制权、求偿权（Easterbrook & Fischel，1991）。在资合属性下，股东实际履行出资义务是其拥有公司权利的唯一表征，作为剩余风险承担者，股东之间控制权配置理所当然地以各自的实际出资额、出资比例为分配基础（Grossman & Hart，1986；Hart & Moore，1990）。

公司中作为委托方的股东，本质上被视为同质性群体（具有同构性）：股东向公司投入同质性财务资本，对公司权利具有同质性诉求，群体内成员差异只体现为出资额或持股比例，一股一票制、"同股同权"与资本多数决原则等是最公平、最民主、最合法的治理规则、决策管理及行为准则。[①] 股东资源概念的引入为研究公司内部控制权的配置提供了一个全新视角。

一、对资本概念的细分：纯粹财务资本与承载资源的财务资本

（一）股东的资本投入

在经济学家眼中，一国经济增长取决于土地（或自然资源）、劳动、资本、企业家才能等核心生产要素，正是这些要素的高效配置创造了价

---

① 如根据《公司法》的规定，股东出席股东大会会议，所持每一股份有一表决权，股东按照所持有的股权份额拥有相应的股东权利。

值，同时，也正是这些要素使得价值分配可以公平进行。在这些要素中，资本要素其实是一个广义概念。从表现形态上，它泛指货币资本、实物资本（生产设备等）与各类无形资产等；从来源上，它既可来自借贷（借贷资本），也可从业主投入（权益资本）中获得。资本作为生产要素，无论是站在宏观角度（某国经济）还是微观角度（某家公司），都是不可或缺的要素资源。

从财务微观角度来看，公司增长与价值创造离不开借贷资本、权益资本两种来源渠道。从公司生成与初始发展看，股东投入的权益资本是公司最核心的生产要素：正是股东的初始权益资本投入，才有可能为后来的借贷资本进入公司提供某种增信或风险保证。由此，公司股东所投入的权益资本在本质上都属于风险资本（venture capital，VC），也称风险投资，在市场经济条件下，股东需要取得与其风险相对应的必要回报。作为公司风险的最终承担者，股东相应取得公司的剩余控制权、剩余收益权等核心权利。

从事后结果观察，资产负债表中股东资本投入成为公司的所有者权益总额，各股东所投入的权益资本无非表达了其在公司中的权利份额，如A股东持股60%而B股东持股40%，并依此对公司剩余收益进行分配。但从事前行为观察，无论是股东A还是股东B在准备投资时，均需要综合考量投资的收益机会与可能风险。可见，股东投资绝非是一种单纯的借贷行为，而是一种为自己取得长期价值增值的综合决策行为。

（二）两类投入：纯粹财务资本与承载多种生产要素的资源

股东要想取得预期资本回报，除财务资本之外，其他的生产要素，如劳动、土地、资本和企业家才能等均不可或缺。这些要素的高效配置和依要素而进行的剩余收益分配，成为人们关注的焦点。但是，股东作为东家，并不是在投入资本后就可以撒手不管（余菁，2009）。事实上，如果没有好的项目，没有好的劳动力储备，没有好的经理人帮助打理，没有好的治理与管理规则等，股东的所有期望都可能会落空。关键问题是，从公司的生成与发展角度看，这些好的项目、好的劳动力储备、好的经理人、好的治理与管理规则等，并不是自然产生的，而极有可能是股东在谋划投资前就已拥有、取得或使用的，因此，这些能为公司带来预期收益的要素资源，在很大程度上依附或承载于股东自身的资源。随着公司的发展，股东所拥有或使用的资源将产生累积效应，且越来越依附于股东身份。例如，股东的政治关联会提升企业的融资便利性（宋增基等，2014），创始人的知识性资源是其作为经营者角色的权力基础（王春艳等，2016）。

可见，股东之所以成为股东，除了出资实力外，在更大程度上是因为其是公司未来发展所需的要素资源的承载者；股东之所以成为股东，并不是人们所看到的资本所有权与使用权的简单分离，也绝不是投入资本之后远远地做公司的旁观者，而更可能是因为其是公司的发起者和"治理-管理"活动的核心参与者（王斌和宋春霞，2015）。

（三）财务资本稀缺性与股东行为

企业理论上，历来存在是"企业家雇佣资本"还是"资本雇佣企业家"之争，且不同学者观点各异、各执一词。现在看来，需要审视的是，这一争议的前提是什么？通常意义上，企业家（或创始股东，下同）有了好的项目、技术或其他资源，但可能缺乏某种（或某些）企业未来发展所需的其他资源（如财务资本），此时企业家需要放弃其百分之百的控制权，以吸收其他外部股东介入。因此，企业家所面临的权衡是：是否应放弃部分股权以谋求公司更大的价值增值？同时在这一权衡中，企业家还需考虑：（1）放弃多少股权来吸收其他外部股东的介入（涉及估值及支付对价问题）？（2）外部股东的介入能否给公司的未来发展带来预期的增值效益（考虑吸收怎样的外部股东）？

其实这两个问题的本质都与财务资本的稀缺程度有关。具体可分为两种情形：

（1）在财务资本稀缺的情形下。如果企业家面临的最大发展障碍是缺少财务资本，则谁将成为公司的外部股东都是无差异的，关键是看谁拥有雄厚的出资实力。在外部股东入股前的谈判中，企业家总是处于相对劣势。因此在这种情形下，"资本雇佣企业家"成为一种常态。

（2）在财务资本并不稀缺的情形下。如果企业家面临的最大发展瓶颈是各种非财务资源，则谁将成为公司的外部股东是有差异的，企业家不仅要看潜在外部股东的财务出资实力，更要看潜在外部股东所拥有的其他资源以及合作意愿；反过来，潜在外部股东也需要考察企业家自身的资源禀赋（如正直诚实、管理能力、技术优势等）。

因此，企业家放弃部分股权是为了将公司"蛋糕"做大，而选择具有多种资源的外部股东是为了使这一过程更有效率；同样，外部潜在股东在投资入股时也是基于自身价值增值的考量，即利用企业家所拥有或控制的要素资源来放大其资本的收益功能。如此看来，在财务资本并不稀缺的情形下，企业家与外部股东之间的合作是一种双向选择式的合作，这一选择过程既体现"企业家雇佣资本"，也体现"资本雇佣企业家"，而决定其各自选择的前提是：第一，各自都具有一定的资源禀赋；第二，各自都具有合作发展的意愿，并保证利益目标的一致性；第三，股权定价、治理结构及合作谈判的基础取决于各自的资源相对价值或比较优势。

二、股东资源的概念

在财务资本并不稀缺的今天,外部股东并不是一个具有绝对比较优势的群体。股东作为风险投资者,如果没有拥有或控制除财务资本以外的其他资源,没有将其他资源投入公司的意愿,就不可能被创业阶段的企业家选择并成为公司股东。也就是说,在财务资本稀缺的情形下,股东还能以其出资能力及比较优势控制公司,而在财务资本并不稀缺的当下,股东不可能仅仅是纯粹意义上的财务出资者(capital provider)(此与借贷者行为无异),而更应是拥有独特资源并可随时投入于公司的资源提供者(resource provider)(葛永盛和张鹏程,2013)。

通常,资源被定义为组织用以构建和实施其战略的有形资产和无形资产(Wernerfelt,1984;Rumelt,1984;Barney,2001)。借助这一定义,我们将股东资源(shareholders' resources)定义为:股东个体所拥有并投入公司用以提升公司竞争优势与价值的所有要素或资源禀赋,具体包括财务资源,以及社会资本、人力资本、技术资源、市场资源等非财务资源(Burt,1995;Shum & Lin,2010)。可见,股东所出的"资"是一个复合概念:股东在向公司投入财务资本的同时,还会连带投入独具价值的其他资源。如创始股东拥有公司管理、生产技术等方面的优势资源,战略性股东拥有市场声誉、知识与经验、营销网络等优势资源。

在资本市场高度发达、财务资本并不稀缺的今天,股东所出的财务资本是"表",对公司未来发展独具价值的其他资源则是"里"。股东对公司的投资,是其股东资源的投入,是由表及里、表里合一的投入。

由于股东资源的异质性,如不同股东在政企关系、市场资源、融资能力、治理或管理经验等不同的资源占有上各有所长,不同类型的股东聚合能给公司带来不同的资源组合,并构成不同的股东群体和股东关系。例如,创始股东在公司首次公开上市(IPO)时对发起人的选择,极有可能是为了聚合具有特定资源优势的股东,以增加公司IPO成功的概率(Barclay & Smith, 1995; Chirinko & Singha, 2000; 葛永盛和张鹏程, 2013)。同样,外部股东之所以愿意出资给创业企业,除满足其盈利目标外,更看重创业企业的行业背景、市场前景、创新技术,以及创始股东的个人能力及其资源禀赋等。可见,股东关系的形成是一个动态的且需事先规制和选择的过程,而决策的核心在于股东自身的资源禀赋、对其他股东资源的需求以及各股东所能提供的资源类型与数量。

上述定义表明:(1)股东资源是股东能力和实力的基本表征,即股东资源=股东财务资本+股东拥有或控制的其他独特资源(王斌和宋春霞, 2015);(2)股东只有向公司实际出资后,其拥有或控制的资源禀赋才有可能显性地表达为对公司有用的生产要素;(3)通常大股东是股东资源的所有者或控制者,由此大股东也可定义为资源型股东(resourceful shareholder),如中国公司的各类大股东、高科技公司的创始股东等,均属于资源型股东。

股东资源概念的提出受到管理学资源基础理论的影响。在资源基础理论看来,公司核心竞争力来自其所拥有或控制的各种独特资源,公司正是借助这种独特资源优势才得以将其动态转化为现实竞争力(Wernerfelt, 1984; Barney, 1991)。同时具有价值、稀缺性、不可模仿、不可替代等属性的资源称为竞争性或战略性资源。

尽管学者对竞争性资源的分类众说纷纭,但从战略管理角度,有形资产（tangible assets）、无形资产（intangible assets）和组织能力（organizational capabilities）这三大类的划分已成基本共识（Collis & Montgomery, 2005）。其中，有形资产是最易评估的资源，它是可以在公司资产负债表中体现的唯一资源；无形资产是公司声望、品牌、技术知识、专利商标以及日积月累的管理知识和经验，而且这类资源不会在使用中被消耗（反而可能获得增长）；组织能力是资产、人力和组织投入产出过程的复杂结合，它决定了公司活动的有效性，主要体现为公司治理优势（如决策的有效性）和组织管理能力。

三、股东资源的类别

股东资源是构建公司竞争性资源过程中最核心的初始资源。借用资源基础理论，我们将股东资源细分为以下三类。

（一）财务资本

它直接体现为股东对公司的出资额并直观反映在资产负债表的所有者权益中。财务资本具有同质性（无论是货币出资还是实物对价，都可以进行评估）。需要注意的是，股东出资额的大小并不直接与股东的持股比画等号。以创业企业为例，先期投入的风险投资，其出资额为100万元，可能会占到公司30%的权益比例，而后期私募股权投资（private equity, PE）或 Pre-IPO 时投资者投入的1 000万元，也许还占不到公司权益的10%。

（二）无形资源

股东所拥有或控制的无形资源直接体现为股东的社会身份（socialized identity）及其各种独特的软实力，具体包括：(1) 股东社会资本。股东的身份、背景及社会声誉，创始股东的社会影响力等，这些都属于对公司未来运营产生重大影响的股东资源。(2)股东独特资源。它主要包括股东所拥有或控制的营销网络资源、供应商资源、研发优势与资源、资本市场运作资源、数字资源、品牌资源等。股东投入的这些无形资源无法直接体现在公司的资产负债表中。

(三)组织资源

它是指股东参与治理、管理时所拥有的能力资源,如公司治理能力、运作良好的管理制度等。

股东是股东资源的所有者。公司正是由于集合了各类股东资源,才为未来的价值创造提供了核心的资源基础,并凸显出资源型股东的经济价值。

四、股东资源的基本属性

从逻辑上看,股东资源具有以下基本属性。

(一)权益独立性

除财务资本外,某一股东所拥有或控制的无形资源总是与该股东自身的资源禀赋关联在一起,也就是说,该股东资源无论是在股东投入公司之前,还是在投入公司之后,它们都是独立于公司而存在的。除非通过无偿或有偿(如通过合理作价或合作协议)等制度安排,将其产权或使用权嫁接给公司。

可见,权益独立性并不排除公司对各方股东资源的充分利用,正是因为权属明确,才为公司利用股东资源提供了制度保障。进一步,股东财务资本的投入,为公司利用股东资源、锁定股东与公司之间的利益与风险关系、增强股东之间及股东与公司之间的相互信任等,提供了财务基础。需要进一步讨论的是,除财务资本之外的其他两类股东资源的利用方式。

（1）无形资源。通常股东所拥有的无形资源是其经年累月所形成的商业资源，具有很高的商业价值。因此，当公司使用这些股东资源时，一般是有偿的，股东以合作协议、开设合营公司等方式进行资源嫁接，以使公司共享各方股东资源。例如，股东所拥有的技术资源，可以通过技术作价转让的方式让渡给公司，以使公司真正分享股东资源，降低重复研发所带来的高成本、高风险。

（2）组织资源。这类股东资源主要涉及组织治理与管理等问题，主要通过组织学习、知识分享等形式，被公司借鉴和无偿使用。应该看到，组织资源被公司无偿使用，并不意味着这类资源没有价值（相反，它们具有很高的潜在价值），而是意味着通过知识扩散、组织资源分享，可以更好、更一体化地彰显股东与公司之间的商业伙伴关系、协作关系，从而激活、加快股东的无形资源向公司的商业嫁接，提高股东资源的使用价值。

（二）异质性

股东各异，其资源禀赋也各不相同，一些股东拥有管理能力（如创始股东），另一些股东则拥有强大的社会资本（如大型产业集团公司、某行业内知名的投资公司或基金公司等），正是由于资源异质性才产生了股东资源之间的互补，公司本质上成为基于股东资源集聚的股东联盟体（coalition），形成不可模仿、无法复制的资源配置模式。

异质性是股东资源的核心特征，正是资源的异质性，才可能使资源间的互补性（complementarity）及协同（synergy）增值效应显现出来，并在某种程度上有助于解释组织之间的绩效差异。或者，理论上可以预测：与目标资源互补性较低的公司相比，具有较高互补性的公司能够在与该资源的结合中创造更大的超常收益，而这正是管理学的资源基础理论所预期的。

（三）增值性

任何资源都被期望能带来价值增值。资源基础理论认为，组织的超常收益是各种异质性、互补性资源的合理配置所带来的，这些资源是有价值的（valuable）、稀缺的（rare）、不可模仿的（inimitable）和不可替代的（non-substitutable）（Barney，1991；Peteraf，1993；Peteraf & Barney，2003）。这就是资源的增值特性。

从财务学常识或逻辑上看，任何组织的超常收益都可以定义为因资源占有和使用而获得的超常收入与资源获取成本之间的差异。

（1）从收入端看，超常收入是指公司因独特资源的有效使用所带来的超出同行业的额外持续性收入，它是公司独特竞争优势的财务体现。

（2）从资源获取成本端看，在战略要素市场充分竞争的条件下，股东资源获取成本几乎与其自身的内在价值相当，因此，公司很难因这些股东资源而取得超额的经济租金。相反，如果战略要素市场并非完全竞争，则股东资源的获取成本极有可能出现两种情况：一是获取成本极高，二是获取成本极低。对于前者，这些股东资源并不具有潜在增值的能力；对于后者，则完全基于市场不确定条件下捡漏时的"好运气"，或者是企业对该资源进行价值预估时有更高的预期、独特的眼光和精准的判断能力。[①] 这被认为是投资家、企业家的某种能力体现（Demsetz，1973；Ahuja et al.，2005）。

[①] 从另一方面看，也可以说是现有要素资源在目前管理状态下，其内在价值并没有充分发挥。因此，与其说是他人幸运地低价捡漏，倒不如说是他人有独特的眼光发现其内在价值，而且有预期和能力将其内在价值转换为外在价值。对于该资源的现在拥有者而言，何乐而不为呢？这也是股东之间开展合作的机会和动机！当然，所有的这些都属于事前的判断，而不是事后的结果。

需要重点关注的是，无论是收入端还是成本端，股东资源的潜在价值实现都以其能被有效使用为前提。可见，拥有资源并不等于实现价值，从资源拥有到价值实现的"惊险跳跃"，需要组织提供包含治理、整合、吸附其他资源等在内的各种管理活动和能力，以便将存量资源真正转换为可持续竞争力，最终实现价值增值。

（四）资源定价动态性

从逻辑上看，股东资源的价值取决于它们帮助公司构建和实施与其所在市场相适应的战略的能力，及预期取得的超常收益。由此，股东资源的价值是动态可变、状态依存的，它在很大程度上反映了资源的稀缺性、不可替代性等特征的价值。具体来说，股东的财务出资额并不完全代表其所拥有的公司权益份额，两者之间的差异主要体现为对股东资源中无形资源的估值和定价，而这些估值和定价在某种程度上受各类资源的重要程度（或稀缺程度）及公司对其依赖程度的影响（张伟华等，2016）。比如，VC定价之所以高于PE，其关键变量是时间先后顺序不同（VC投资在前，PE投资在后），其在本质上则体现为公司创办初期财务资本严重短缺，因此创始股东在入股定价谈判中处于相对劣势，同时也说明早期介入的VC可能承担更大的商业风险，因此需要更高的预期回报。相反，后续介入的PE无论是商业风险承担还是财务资源的相对价值，都不可与VC相提并论。

（五）长期投入性

股东资源的一个重要维度是其投入的长期性。唯有如此，才能保证资源效应的发挥。对非财务资源而言，股东将资源投入公司后，需要将其嫁接到公司的经营、管理等具体活动中，这一过程并非一蹴而就的。如果股东只是短暂进入后便退出公司，势必会影响资源的整合和价值的发挥。尤其是一些无形资源和组织资源，其长期积累的特性决定了其价值发挥的递增效应，即投入公司的时间越长，积累越多，价值效用越大。

即使是对可"即取即用"的财务资源而言，保持其长期投入或股东持股时间的长期稳定也同样重要。财务资源投入的长期性意味着股东结构的稳定性，这一方面可以降低公司来自资本市场的压力（如避免股东的短视和急功近利，从而促使公司保持其应有的战略定力，保证公司经营的长期性、稳健性及提高股东的风险承担意识，为股东资源的长期利用提供时间、效益等各方面的合理预期），激发其进行长期的战略性投资；另一方面，也向资本市场传递公司发展的良好预期，为吸收其他拥有战略性资源的潜在股东发出了积极信号，例如，耶鲁大学基金会对格力电器的长期持股，带动了摩根士丹利等大型机构投资者的跟投。

五、从股东个体的股东资源到公司整体的股东资源

股东资源的概念主要针对单一股东所投入的资源。现实中，除国有独资公司之外，只有极少数公司是单一股东型，多数公司是由多个股东聚合而成的。当多个股东将其个体资源投入公司时，即形成整体股东资源（或称为公司股东资源）。其中，个体股东资源是指由某一股东所拥有并使用的股东资源，该股东可以将其资源投入 A 公司，也可投入 B 公司，因此具有产权意义上的排他性；整体股东资源是指各股东将其资源投入公司所形成的股东资源集合，这一资源集合的名义产权为各股东个体所拥有，但实际为公司所控制和使用。

之所以进行这样的区分，就在于个体股东资源要转化为整体股东资源并发挥资源聚合效应，是以各股东愿意并实际出让其资源使用权为前

提的，或者说，在法律上股东有实际出资形成财务资本的义务，但法律并未强制规定各股东必须出让其无形资源使用权的义务。进一步，如果公司在各股东在入股前（事前）对其资源的定价相对公平合理，则有助于促成这一出让意愿，反之如果对其资源的定价并不公平合理（如出于行政行为的股权转让，或非商业性的胁迫入股等），则各股东很难将其无形资源拱手让予公司并让其免费使用，让其他股东共享并受益。可见，个体股东资源之和并不等于整体股东资源，要发挥股东资源的聚合效应，公司应当保证各股东出资时对其资源的合理定价，或者在事前入股协议中明确各股东的权益份额（如投票权、收益权等）及其无形资源的出让义务、使用规则，否则极易产生控制权争夺（张伟华等，2016）。

第四节　股东资源视角下的公司：商业常识

传统公司的最大优势在于集聚股东的财务资本，并将公司控制权集中在一个具有共同利益的集团[①]手中（Hansmann，1996）。

进入 21 世纪以来，以信息技术、创新、数字经济等为代表的新经济，在经济社会发展中的地位日益凸显。然而，创新经济时代的商业组织运作在很大程度上不同于大工业时代的公司运作（周小兰，2009），企业尤其是高新技术企业的价值，越来越依赖于其核心知识、技术、人力资本与社会资本等独特性资源要素。以人力资本为例，具有知识、技

---

① 从根本上看，这一具有共同利益的集团在某种意义上是抽象的，即全体股东，但是全体股东作为一个完整集合体，难以体现其集体意志同质化。也就是说，从具象意义上，公司股东是由不同的股东个体组成的，且这些具象的股东个体因其条件、能力而体现各异的投资动机，出资后因持股比例不同而产生行为差异（长期持有或短期投资）。由此也可看出，与其讨论抽象的股东整体，不如详细分析不同的股东个体；与其讨论全体股东，不如分析在一定程度上能体现全体股东意志的大股东或大股东联盟。

术的新型员工及其人力资本价值得到社会的广泛认可（Zingales，2000）；新型员工不仅将知识、技能等用于企业并成为企业独具竞争力的人力资源，还可能（甚至是必然）要求参与组织剩余利益的分配。员工及其人力资本在公司中的话语权、谈判地位等日益接近（甚至超越）财务资本所有者，因此不能无视新型员工及其人力资本的存在价值。

事实上，以高科技公司为代表的创新型企业，公司控制权配置并非以财务持股比为基础，也就是说，公司同质化的、账面意义上的股权结构并不能反映公司股东的权力结构（典型代表如阿里巴巴[①]）。

可见，当依附于股东的各种非财务资源（如人力资本、管理能力、社会关系资本等）被捆绑于财务资本并投入公司时，股东就不再只是财务资本的提供者。或者说，公司作为由各类股东聚合而成的组织，其形成并不仅仅基于财务资本的所有权契约。

一、股东资源视角下带来了什么？

（一）股东的"人合"属性及其角色互补

股东资源视角下的公司不再单纯具有"资合"属性，而是更有一定的"人合"属性。或者说"资合"不能再单纯地被理解为资本的聚合，而应被理解为资源的融合。而且其"人合"属性不仅体现在股东资源的异质性与互补性方面，更体现在资源所有者（股东）的行为模式上。那些具有特殊资源的股东的加入，必将影响公司资源的可得性和稳定性，更会对公司内部权力配置的复杂性产生重大影响。这一切都促使我们关注资本背后的"人"，并进一步关注"人"背后的资源，从股东资源异

[①] 阿里巴巴股权结构解读．[2014-09-18]. http://it.sohu.com/20140918/n404430420.shtml.

质性的角度来分析股东的异质性行为模式,包括其在公司治理中的态度、角色与能力等。

拥有不同资源的股东在公司中所扮演的角色不尽相同,并形成互补关系。正是股东资源的多样性及互补性,为公司构建竞争优势、价值最大化提供了前提和基础。可见,股东并不是游离于公司治理或运营管理之外的旁观者,而是深入公司内部、聚合资源并发挥其优势的黏合者、发酵者,是公司价值创造的推动者。但是由于股东资源的特征不同、资源租金的预期不同,提供不同资源的股东参与公司治理的积极性也不同,进而对公司治理的影响力也不同。比如,创始股东集股东和管理者角色于一身,依靠创业过程中积累的独特的人力资本与关系资本(包括家长权威、团队信任、差序格局等),在公司中具有不可替代的作用,是公司战略制定、公司经营与治理的决定性角色。外部财务股东所投入的财务资本具有较强的流动性,可采用"用脚投票"的方式退出不满意的低质量公司,因此,大多数财务股东一般都奉行不控股、不参与公司日常经营管理的投资理念,在公司治理中扮演监督者的角色。而外部产业股东所投入的产业资源具有较强的专用性,会比较积极地参与被投资公司的治理,并对其战略选择产生重要的影响。

(二)公司权力配置基础的改变

将股东当作股东资源互补优势的黏合者、公司价值创造的推动者,比单纯作为收益回报的监督者更有意义,也更符合经济现实。股东在提供不同资源的同时,因各自投入资源的重要程度不同,在公司中的话语权不同,控制权自然也不同,拥有重要资源的股东会获得较大的控制权。这种控制权配置并不是同质性的持股比所能解释的。

可见,将对股东投入的理解由财务资本拓宽到股东资源,为股东在公司中的治理角色、权力配置等方面的研究提供了全新视角。尽管交易成本经济学和产权理论对股东控制权研究领域做出了诸多贡献，但它们忽略了对控制权来源的深入挖掘（朱国泓和杜兴强，2010）。交易成本经济学与产权理论的已有文献均认为公司控制权来自可设计的最优契约，权力配置应以效率最大化为最终标准（为降低代理成本、避免机会主义行为而将控制权配置给专用性资产投资者）。

然而基于股东资源的分析视角，能够更合理地解释股权融资契约参与者（股东）权力的真正来源，这是因为：(1) 依赖产生权力。Emerson（1962）直接将权力定义为依赖性，并认为依赖关系的非均衡导致权力的不对称。这种权力来源在资源依赖理论（resource dependence theory, RDT）中已达成共识。资源依赖理论认为，某种资源越重要（稀缺、有价值、不可替代、不可模仿），组织对这种资源的依赖性越强，拥有该资源的组织或个人在组织中的权力就越大（Barney，1991）。不同组织在资源的重要性和稀缺性方面的不对称性决定了组织权力的产生与配置状况，进而决定了组织在相互关系中的地位（Thompson & McEwen, 1958; Pfeffer & Salancik, 1978; Donaldson, 1995）。(2) 资源依赖的观点同样适用于组织内部的权力配置，Pfeffer & Salancik（1978）认为能够提供关键资源的组织成员显然比其他成员更加重要，也自然拥有较大的控制权。卢周来（2009）以资源要素的重购成本来代表资源的可替代性，建立了资源替代性、谈判能力与公司控制权分配的理论模型，证实重购成本越高、越不可替代的资源，其所有者在公司内部拥有越大的控制权。[①]

[①] 在股东群体中，权力顶端是最不可替代的资源，底层的是在要素市场上随时都能被低成本替代的资源，拥有核心资源且外部依赖性较低的股东获得较大的实际控制权。

上述研究为基于资源角度探讨公司内部股东关系与股东权力配置提供了思路，表明：股东关系的形成基于股东资源相互依赖性，股东控制权配置是在缔约过程中不同的资源要素凭借各自的市场地位和谈判力自发形成的，因此具有内生性（Rajan & Zingales，1998；2000）。同时，市场赋予了对公司来说依赖程度高、供给短缺的要素更大的讨价还价能力，它们拟借市场化退出要挟公司，从而获得更多的内部控制权与剩余分配权。因此，不同的股东资源禀赋及其资源属性，决定了不同公司、同一公司不同时期等内部权力配置的复杂性，进而有助于解释公司治理规则在现实公司运作中的多样化、复杂性。

二、公司大股东：积极的一面

如前所述，20世纪90年代之后，受大股东在公司中普遍存在这一事实的影响，人们将研究重点放在大股东与中小股东之间的代理问题上。控股股东、持股比（股权集中度与制衡度）、两权分离度[①]、大股东"掏空"效应等，成为研究的关键词。然而，有关大股东在公司中角色作用的研究，历来是两方面的，即要么是有效监督，要么是利益输送，而且两者的立论前提与假设不同，结论不一。

然而，从股东资源视角看，上述两种假说都很难成立，这是因为：

（1）有效监督观。在这一视角下，大股东被看作在公司"只看不做"的局外人，他们远离治理决策与管理过程，隔岸观火，成为"名不

[①] 在传统代理理论中，两权分离指全体股东拥有的所有权与经营者所控制的经营权分离。而在大股东与中小股东的代理模型中，两权分离则是从控股股东的角度来讨论的，意即控股股东拥有的投票权（控制权）与现金流权（分红权）之间的分离，即控股股东通过构建金字塔股权结构、交叉持股、优先表决权、一致行动协议等制度安排，拥有超过现金流权的额外控制权。在理论上，投票权与现金流权的差异被定义为两权分离度。

副实"的大股东。事实上，如果是这样，那么大股东的监督最多也只是一种事后监督，即一种在出事之后的追责监督，对其股东权益的保护是完全无益的。

（2）利益输送观。在这一视角下，大股东不顾公司整体利益（尤其是中小股东利益），或者他们对自己在公司所付出的所有资源、精力、时间等沉没资源的价值全然不顾。显然，如果是带着这种动机去治理与管理公司，就会如人们所预测的那样，资本市场的分析师、中小股东一眼就能看出他们的动机，那么还为什么要跟进大股东而投资于公司呢？

可见，任何一种逻辑都需要重新审视。在股东资源观下，需要重新定位大股东的角色，并合理判断大股东存在的价值及其对公司、社会的贡献。

第三章/Chapter Three

股东资源与公司财务理论框架

如第二章所述,中国改革开放的成功经验证实了一点:资本向来不是单纯意义的生产要素,它往往是其他多种要素的流动载体(江小涓,2019)。也就是说,资本作为生产要素,承载着技术、人力资本、国际市场渠道、管理经验等其他要素的流入。从外商投资的角度看,如果没有改革开放,没有在投入纯粹资本时连带投入其先进技术、管理能力、国际市场渠道、人力资本等其他资源要素,就不可能在中国这片热土上找到其资本赖以生存的机会,更不用说实现其逐利性目标。同样,从接收外商投资的中国企业及中国经济看,没有改革开放和吸引外商投资,就不可能从外商投资企业的先进治理理念与管理机制中,真正领悟我们在技术、管理能力、营销策略、人力资本培养等各方面的极大差距,并通过这几十年的努力迎头赶上(林彤,2017)。

本章将以中国公司普遍存在大股东这一现象为基本背景,进一步分析具有多种要素的流动载体性质的股东资源概念,并以此剖析股东在公司价值创造中的核心作用机理、财务逻辑。

第一节　不同发展阶段的股东结构：分类

一直以来，财务理论界对股东概念的理解大多是单维的，即股东是向公司投入财务资本的东家、主人。由此，在股东分类上也是基于各股东所占公司权利份额的多少，将这一群体按两分法逻辑分为大股东、中小股东，并且在理论上先验地假设（或过于强调）这两类股东之间的代理矛盾甚至非此即彼式的对立冲突。

从股东资源观看，财务理论上的这种假设甚至事后证实都带有某种研究设计的成分。试想，如果各股东在投资公司的初始阶段，就离心离德地认为A股东（大股东）将会掏空B股东（中小股东），那么B股东是否真的愿意出资？反过来说，如果A股东原本是以掏空他人利益为目的来"充当"大股东的，那么他的动机难道不能被市场识破吗？现有理论大多从信息不对称性来假定大股东掏空逻辑的存在，并从事后来验证其假说，但是，也有大量实证研究事后验证了大股东对公司的支持行为（王亮亮，2018）。可见，这类研究设计本身具有某种道德审视、机制预防的意味，对大股东的认知存在某种偏颇或负面倾向，或者至少可以认为，研究者没有全面透视股东（尤其是大股东）在公司中承担或扮演的重要角色。如此看来，研究者需要根据特定的语境，对股东概念进行再分类。

一、基于创业企业语境：创始股东与外部大股东

创业企业是当下最热门的企业组织。这类企业大多与数字经济（如大数据、人工智能、移动互联网和云计算等）、高新技术研发与应用、

平台经济等相关,通常由创始股东(一个或多个创始人)组建而成,并在发展过程中不断吸收(多轮融资)各具行业特征和专属能力的外部机构投资者加入,从而形成"创始股东+外部机构投资者"格局的股东构成。然而,创业企业这一概念是广义的,它并不是数字经济时代所独有的名词,任何企业都经历过初始创立、稳步发展等不同阶段。因此,广义上的创业企业其实是指初创及发展阶段的企业。在这一语境下,企业股东可细分为以下类型。

(一)创始股东

创始股东作为发起人,既是出资者也是企业实际控制人、管理者,他们兼具双重身份(股东兼企业家),并具有某种独特品格、资源或能力(如技术研发能力、管理能力等)。

(二)外部股东

它是创始股东的对称,主要指创始企业面临资源瓶颈(尤其是财务资本短缺)时,择机向创业企业注入各类资源的外部投资者。出于不同的研究意图,对外部股东的分类并不一致。

(1)公司类投资者(company venture capital,CVC)、独立的风险投资者(independent venture capital,IVC)。Chemmanur et al. (2014)将外部股东分为上述两类,并认为公司类投资者通常是指具有资本、资源等实力的大公司,他们投资设立子公司或分支机构,以满足集团整体战略或产业发展的布局;独立的风险投资者则是指专门从事风险投资的各类投资机构(如 VC 或 PE 等),它们构成了创业企业外部股东的大多数。从股东资源角度看,大型产业集团或公司类投资者在投资入股某家公司时,可能具有社会资本优势、市场和行业运作能力、营销能力等;而独立的风险投资者则借助于财务资本优势、资本市场运作和监督能力、社会声誉等，以 VC/PE 方式投资于公司，具备帮助公司规范治理、吸收他人再投资等方面的附加功能或能力（Park & Steensma，2012；Pahnke et al.，2015）。VC/PE 管理人的投资知识、运营经验与其财务资本一样，对创业企业而言都是无价的（Zider，1998）。

（2）公司类投资者、政府类投资者、风险类投资者。Pahnke et al.（2015）将外部股东分为上述三类，并认为政府类投资者是出于国家及产业发展等而对公司进行投资，且具有完全不同的投资理念与约束（如对收益回报率没有强制性要求，对投资失败具有较高的风险容忍度等）。与人们普遍认知不同的是，在美国资本市场中，这三类股东依其投资于新设企业（startups）财务资本金额的高低进行排序，分别是公司类投资者、政府类投资者、风险类投资者，而且风险资本主要用在新设企业的商业化阶段，而不是研发及创新初始化阶段（Zider，1998）。原因就在于，风险资本大多并不属于长期资本，其初衷在于投资相对成熟或商业化的创业企业后，在投资银行的帮助下借公司上市等方式退出并获利，所有的这些都是由 VC/PE 背后的股东，即退休基金、非银行金融机构、保险公司、大学基金会（university endowments）等决定的，任何对某单一企业的股权投资都只是这些大型机构投资组合的一部分，追求可接受风险水平下的充足收益（sufficient returns at acceptable risk）是其投资的价值取向[1]，从而有别于政府类投资者、大型企业集团的公司类投资者。

（3）财务投资者和产业投资者（战略投资者）。在王斌和宋春

---

[1] 近年来，VC/PE 等在选择被投资企业时，虽然看中创业家的人品和创意（good people and good ideas），但更看中公司所处的产业（good industries）。原因在于正确选择了高增长产业，比正确选择了人，更能让投资增值。可见，风险投资者奉行的是先选产业后选人的投资原则。

霞（2015）的研究中，财务投资者是指投入公司财务资本并以获取投资回报为目的的投资机构或个人，如 VC、PE 等。产业投资者则具有以下基本特点：第一，具有与被投资企业相关的产业背景；第二，谋求企业长期战略发展；第三，股东与被投资企业的业务往来密切或互补性较强；第四，长期持股、持股比例较大。从上述定义可以看出，产业投资者是真正意义上的战略投资者。符合产业投资者（战略投资者，下同）的机构主要包括产业投资基金、产业投资公司等。

公司总是以不断吸收各类外部股东的股东资源而逐步成长的，这一成长过程是经过多轮（如 A、B、C 轮等）的投资入股和相互合作完成的。而且，创业企业的创始股东与外部股东的"联姻"，并不是"一厢情愿"或投资冲动，其在本质上体现为各类异质性资源集聚的市场行为（Dushnitsky & Lenox, 2006）。

二、基于上市公司语境：发起人、公司型股东、机构股东及散户

与一般意义上的公司不同，股份有限公司是一个独特的法律实体。通常这类公司均有其发起人，在 Pre-IPO 阶段均有大量股东投资入股，公司上市后，也会通过公开募集方式进行融资。

（一）发起人或大股东联盟

公司在 IPO 前有各类发起人，具体表现为公司完成股改并召开创立大会时所体现的股东群体，既包括控股股东，也包括其他发起人。其他发起人是指公司创立大会召开时除控股股东之外的其他大股东，这些大股东既有从事财务投资的各类机构，也有从事实业经营的其他投资人。中国公司的实践表明，在 IPO 之前，各发起人股东合并拥有公司全部股份，在 IPO 之后他们合并拥有公司最大的股份，从而形成中国

上市公司独有的大股东联盟或群体。

（二）公司型股东

IPO之时或之后，新加入的公司型股东（corporate ownership）有两类：一是公司上市时或上市后（再融资，尤其是非公开发行股票）吸纳的公司型大股东；二是并购交易中以换股合并方式并购其他公司时新增的股东。从根本上看，公司型股东都属于资源型大股东，它们以拥有公司所需的各类资源，而与公司产生互补性，并在公司未来发展的不同阶段预期发挥各自的资源效应。

（三）机构投资者

机构投资者（institutional investors）主要指在一级市场申购或二级市场交易时，以获得资本利得、分红收益为目的而从事投资的各类机构，如各种投资基金（如社保基金、信托基金等）。当然，在中国公司上市前，也存在大量机构投资者作为公司发起人的情形，它们投入资本、注入资源、规范治理、助力上市、适时退出、谋求收益。显然，从股东资源角度看，机构投资者（尤其是在Pre-IPO阶段及一级市场）以其资本实力、行业认知能力、声誉及品牌影响力（社会资本）等，为公司融资和未来发展提供了大量所需的资源，属于资源型股东（有时甚至属于大股东之列）。

从公司上市后及二级市场角度看，大量的机构投资者则属于有影响力的财务投资者，但其在投资动机、投资行为及股东资源提供意愿等方面，与普通散户无异。

（四）散户

散户投资者（retail investors）是二级市场的交易者，也是难以拥有并给公司注入股东资源的投资者群体。

三、上市公司的股东结构：中美公司简要比较及说明

（一）美国公司的机构投资者与散户

在西方，机构投资者主要由退休基金、共同基金、保险公司、投资银行、信托基金、捐赠基金、对冲基金，以及一些私人股本投资者等组成。

从资本市场及交易角度看，机构投资者是资本市场上的"大象"。据统计，机构投资者约占纽交所交易量的3/4，并对股票市场走势有巨大影响。由于机构投资者所使用的资金实际上并不是机构自己的资金，而是替他人投资的资金，因此机构投资者同样面临信息不对称所产生的治理风险。从市场角度看，机构投资者因其资金量大、信息收集分析能力强、专业投资经验丰富等，而较少受证券监管部门的保护性监管。

与机构投资者相反，散户是指所有通过证券公司经纪人、银行等买卖债务、股权或其他投资的个人。这些投资者并不代表他人投资，而是用自己的资金进行投资，且相对而言，大量散户并不是老练的投资者，因此更易受到证券监管部门的保护（如被禁止进行某些高风险、复杂的投资）。

上述这两类投资者因体量不同，在市场上的话语权不同，对公司的影响也不同。

（二）中国上市公司的股东构成：以A股为例

"扫描"中国资本市场上市公司的投资者结构，不难发现：无论是国有企业还是民营企业，上市公司股东均主要包括一般法人、境内机构投资者、个人投资者、境外机构投资者四大类。

（1）一般法人：具有产业资本属性的法人单位，具体包括一般法人

团体和非金融类上市公司。

（2）境内机构投资者：根据中国证券投资基金业协会的数据统计框架及投资管理机构的类型，可细分为公募基金、私募基金、证券机构、保险机构、社保基金、信托机构、其他机构（基金专户、期货公司资管、财务公司、银行等）七种类型。

（3）个人投资者：除一般法人和境内外机构投资者之外的投资者均被纳入个人投资者范畴。

（4）境外机构投资者：包括以合格境外机构投资者（QFII）、人民币合格境外机构投资者（RQFII）和陆股通（如沪港通、深港通等）渠道进入A股市场的境外投资者。

上述投资者结构类型如图3-1所示。

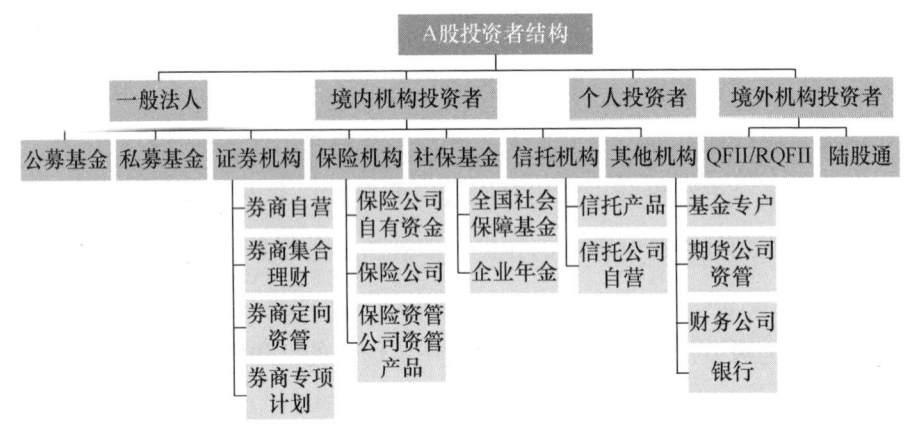

图3-1 中国上市公司A股投资者结构类型

根据国金证券研究所的统计分析，截至2020年第一季度，A股上市公司的总市值约为61万亿元，其中，流通股本的总市值约为45.67万亿元。需要注意的是，总市值与流通股本总市值之间存在差异（流通股本总市值/总市值大体为75%），原因在于股本的计算口径不同，前者是总股本，后者是流通股本。两个口径计算所得的股本之差即为未流通股本。通常，未流通股本是指上市公司不能在交易市场上自由买卖的股票。具体来说，在 IPO、增发股票等情形下对相关股东有约定的解禁期，在解禁期未到之前，这些股东所持有的股票即为未流通股票，如 IPO 时发起人（包括法人和自然人）的股票、向特定对象非公开发行的股票、实施股权激励的股票等。除流通权外，这类股票与流通股票在其他权利、义务方面是完全一致的。

在 A 股的流通股本总市值这一口径下，投资者总体类型及结构如表 3-1 所示。

表 3-1　A 股上市公司投资者总体类型及结构（2020 年第一季度末）

类型	流通股本总市值（万亿元）	占流通股本总市值之比	说明
一般法人	22.90	50.14%	具有产业资本属性的法人单位（如控股股东）、其他发起人、各轮风险投资者
境内机构投资者	7.78	17.04%	其中，公募基金、保险机构、社保基金等持股比最高，占比分别为 9.15%、3.41%、2.05%
境外机构投资者	1.89	4.14%	QFII、RQFII 等
个人投资者	13.10	28.68%	散户
合计	45.67	100%	公司是资源型股东与非资源型股东的集合体

资料来源：国金证券研究所总量研究中心．策略专题研究报告：A 股投资者结构专题．2020．

四、案例说明：特斯拉中的大股东名单

无论是国内还是国外上市公司，都存在一个相对庞大的股东群体，

即机构投资者。这是一个经常让人疑惑的群体。什么是机构投资者？中国的机构投资者与国外的机构投资者在概念的内涵与外延上有差异吗？如何细分机构投资者以更好地分析它们各自的资源形态，从而看清不同机构投资者对公司治理、管理的意义？等等。为了进一步地理解其中的概念，我们先看一看风头正盛的特斯拉。

特斯拉主要从事两项核心业务：一是电动汽车的设计、开发、制造和销售业务，二是太阳能的发电及储能产品业务。该公司于2010年6月在纳斯达克（NASDAQ）挂牌上市，IPO价格为17美元/股。

（一）NASDAQ对股东的分类：登记股东与实益股东

登记股东（stockholders of record），是指以投资者个人（或附属机构）的名义在股票转让代理公司注册登记其股份的股东。实益股东（beneficial holders 或 beneficial owners），是指"穿透"银行、经纪商或其他金融机构等投资机构背后所确指的最终受益人股东（ultimate beneficial owner）。通常，投资机构是替代他人投资理财，因此只是公司的名义投资者；又由于公司向这些投资机构寄送材料的地址是其所在地（某街某号），因此这些名义投资者也称为街名（street name）股东。如持有公司7.6%股份的Baillie Gifford & Co. 就是这样一家典型的风险投资机构（它也是腾讯的大股东）。应当说，各类实益股东是合计持股比最高的股东群体。

通常，上述两类股东对公司的作用或影响可通过投票权机制上的差异来解释：（1）登记股东是指直接实名登记的各类投资者（包括个人、专业投资机构等）。从投票权安排看，登记股东可以自行投票，也可以委托公司或第三方行权投票。（2）实益股东中的最终受益者是散户个人，但是，这些受益者并不直接拥有公司的投票权，他们往往通过影响其所在的基金公司，由这类基金公司来行使投票权。显然，受益者范围如此之广，没有多少实益股东会在意或对公司施加其影响，因此，基金公司等作为实益股东的中间商，也就不会对公司施加实质性影响：既不派出董事、高管，也很少在股东大会上提出相关议案或进行投票。其影响公司的方式只有一种：在二级市场上进行买入—持有—卖出股票的决策，进而通过股价波动来间接影响公司发展。

（二）大股东：机构、基金与持股高管

（1）机构投资者：主要是从事股权投资的资产管理公司、有限责任公司或类似的投资机构。

（2）基金投资者：主要是持有公司股票的各种指数基金、投资基金、成长基金等。

（3）持股高管：是除 CEO 之外，持有公司股份的各级管理层。

特斯拉 2019 年底发行在外的普通股共有 181 062 086 股，均为无限售流通股份，同时公司未发行优先股。据公司 2019 年年报（Form 10-K/A），马斯克个人股份大体由两部分构成：一是 2003 年 7 月以其个人名义登记并设立的信托计划（即 Elon Musk Revocable Trust）所持有的 34 098 597 股；二是因股权激励计划行权而持有的新增股份，如 2020 年 6 月因激励计划而新增的个人股份为 6 261 780 股，至此，其个人总股份达约 4 000 万股。另外，该公司于 2020 年 8 月 11 日发布公告，将发行在外的普通股按 1∶5 进行拆分，由此，公司发行在外的普通股的股数由原来的 1.863 亿股，变为除权日（2020 年 8 月 31 日）后的 9.34 亿股。到 2020 年底，马斯克的个人股份也因拆分变为 2.01 亿股，占公司总股比为 18.77%。特斯拉 2019 年度股东情况如表 3-2 所示。

表 3-2　特斯拉 2019 年度股东情况表

\multicolumn{5}{c	}{Panel A：大股东（持股比超过 5% 的股东）持股情况}
序号	股东名称	持股（万股）	比例（%）	股东性质
1	Elon Musk	3 865.87	21.35	自然人
2	Baillie Gifford & Co.	1 382.70	7.64	机构投资者
3	Capital Ventures International	1 213.45	6.70	VC
4	Capital World Investors	1 073.93	5.93	机构投资者
合计		7 535.95	41.62	
\multicolumn{5}{c	}{Panel B：董事会成员持股情况}
序号	董事姓名	持股（万股）	比例（%）	头衔
1	Robyn Denholm	16.51	0.09	董事长
2	Elon Musk	3 865.87	21.35	董事/CEO
3	Ira Ehrenpreis	13.89	0.08	独立董事
4	Antonio Gracias	42.65	0.24	独立董事
5	Stephen Jurvetson	5.55	0.03	独立董事
6	James Murdoch	6.43	0.04	独立董事
7	Kimbal Musk	16.18	0.09	独立董事
8	Kathleen Wilson-Thompson	2.40	0.01	独立董事
9	Lawrence J. Ellison	301.94	1.67	独立董事
10	Hiromichi Mizuno	0.00	0.00	独立董事
合计		4 271.42	23.60	
\multicolumn{5}{c	}{Panel C：高管持股情况}
序号	高管姓名	持股（万股）	比例（%）	头衔
1	Elon Musk	3 865.87	21.35	CEO
2	Zachary J. Kirkhorn	4.59	0.03	CFO
3	Jerome Guillen	8.71	0.05	总裁（汽车）
4	Andrew Baglino	3.10	0.02	高级副总裁
合计		3 882.27	21.45	
\multicolumn{5}{c	}{Panel D：机构投资者持股情况（仅详细列示前十大机构投资者）总括：共 902 家机构投资者，持股数量为 9 763.24 万股，占比为 53.92%}
序号	机构投资者名称	持股（万股）	比例（%）	股东性质
1	Baillie Gifford & CO.	1 382.70	7.64	机构投资者

续表

序号	机构投资者名称	持股（万股）	比例（%）	股东性质
2	Capital World Investors	1 069.44	5.91	机构投资者
3	Vanguard Group Inc.	840.53	4.64	机构投资者
4	BlackRock Inc.	670.59	3.70	机构投资者
5	FMR LLC.	527.23	2.91	机构投资者
6	Renaissance Technologies LLC.	393.81	2.17	机构投资者
7	Jennison Associates LLC.	391.19	2.16	机构投资者
8	State Street Corp.	299.52	1.65	机构投资者
9	JP Morgan Chase & CO.	253.76	1.40	机构投资者
10	T. Rowe Price Associates，Inc.	171.56	0.95	机构投资者
合计		6 000.33	33.13	

资料来源：根据同花顺 iFinD 相关数据整理而成。

第二节　公司不同发展阶段的股东：资源投入及利益诉求

任何股东都有数量不一的股东资源，只不过大股东表现得更为充分。如果从公司的发展阶段来分析，可以发现不同时期不同股东对公司的资源投入并不相同。以上市公司为例，其大体经历以下三个阶段：IPO 之前、IPO 之后以及再融资与并购。

一、IPO 之前

在这一时期，公司的大股东，无论是法人单位（如国有或民营法人单位）还是创始股东个人，都需要通过吸收其他发起人，发起设立拟上市的股份有限公司（俗称改制）。在这一过程中，其他发起人大多是主要发起人（公司的控股股东）的关联法人或关系人（或关联交易的对象等），或者是公司急需创业资本时所吸收进来的各类产业投资基金、股权投资基金（如 VC 和 PE 等），它们因此成为上市公司的共同发起者。无论是创始股东个人、发起设立时的法人单位（控股股东），还是吸收进来的其他发起人，之所以能够走到一起共同发起设立公司，是因为其均有各自的财务目的，如各类投资基金期望公司能上市，并在上市解禁期满后在二级市场套现以取得高额回报。无论如何在事后讨论其动机、目的，有一点却是肯定的，即在事前，各发起人在投入财务资本的同时，连带投入了公司上市所需的各种资源，以及在未来上市后所需的其他资源，如战略规划能力、品牌运作、内部管理能力等。因为只有这样，才有可能保证发起人的共同目标预期得以实现。

为了实现上述目标，各发起人的股东资源，不管是一次性投入还是分期投入，都必须以股东资源的异质性与互补性为前提。

二、IPO 之后

一旦公司顺利上市，为维护公司的可持续发展与价值增值，也为给 IPO 之前入股的各风险投资者提供预期合理的回报，公司必须尽心尽力做好治理与管理，并不断吸收其他外部股东的资源，以弥补因其他发起人的退出所产生的资源不足，或者保证可持续发展所需要的其他更为重要的股东资源。

股票增发（尤其是非公开发行，也称定向增发），是 IPO 之后公司取得所需股东资源的重要财务方式。

三、再融资与并购

上市公司再融资的方法有很多,如增发股票、发行债券和可转换债券等。从公司发展角度,尤其是针对非公开发行股票,增发股票与其说是一种财务融资策略,倒不如说是公司对股东资源的再吸纳行为。在这一过程中,原先有用的股东资源,其边际效应可能在递减,而公司又需要新的股东资源投入,因此向特定对象进行股权融资,在一定程度上是动态调整公司股东结构、重新吸纳股东资源的战略行为。从这层意义上,定向增发是一种吸收战略投资者的重要举措。

同样的道理,当公司进行并购,尤其是进行换股并购从而增大公司股本规模时,在很大程度上也是为了公司的未来发展,而吸附其他的大股东投入其股东资源。这是一种在社会范围内的股东资源聚合,并购是手段,产生股东资源的聚合效应则是各方股东的根本目的,如图3-2所示。

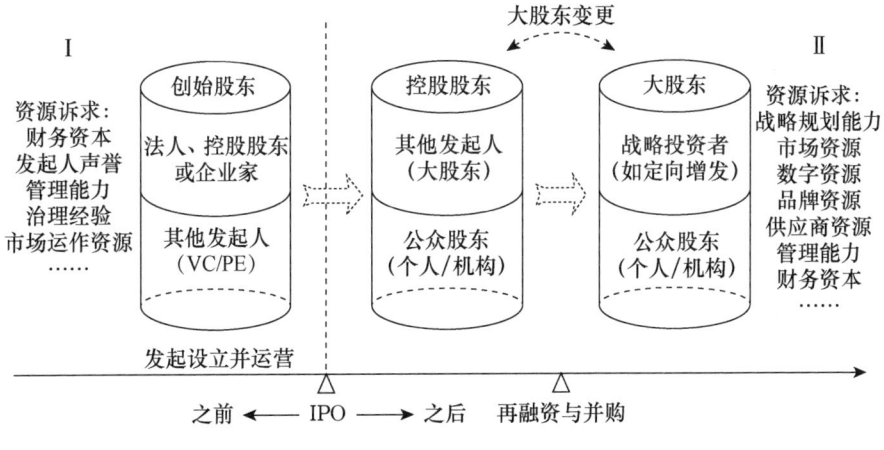

图3-2 公司不同阶段的股东构成及股东资源诉求

显然，股东及其资源投入总是与公司发展的阶段动态相关。在 IPO 之前，公司主要由控股股东、其他发起人及公司设立之前的其他股权投资基金（VC、PE 等）等提供股东资源。在 IPO 之后，随着公司的上市，一方面因 VC、PE 等发起人或大股东的退出，公司会产生新的资源不足（如对公司的监管功能等），但另一方面公司也因上市而自动补充了这些资源（如二级市场中的机构投资者，会加大对公司治理与业绩方面的监督）。更重要的是，随着公司规模越来越大，公司面临的行业或市场环境的不确定性越来越强，为追求可持续发展，公司就需要补充所需的其他新资源，促使公司通过资本市场的再融资、并购和换股投资等方式，重新蓄力并迸发。

但是，从上市公司投资者结构（静态）看，除控股股东等一般法人股东（均属于大股东）之外，其他股东如个人投资者、机构投资者（无论其是在境内还是在境外）在公司中并不会投入更多的资源，其对公司的影响也主要是通过"用脚投票"，尤其是散户投资者。因此，如果要对公司的股东结构就其资源进行分析，不难发现，资源型股东主要是指公司的主要大股东，或者说是大股东联盟，如表 3-3 所示。

表 3-3 上市公司的股东结构、股东资源及作用机理

类别	是否具有股东资源	作用机理说明
一般法人股东（具有产业、业务、能力等协同性的大股东联盟体）	拥有公司所需的股东资源	全方位资源投入，全面参与治理、管理与运营
机构投资者（包括境内和境外的大型投资基金、自营券商等）	部分拥有品牌/治理资源与能力	"用脚投票"，二级市场增减持以表达机构投资者意志；"用手投票"，积极参与治理，提供监督资源
个人股东	—	—

第三节 再融资新规与战略投资者：基于股东资源观的分析

从资本市场特别是权益资本融资角度看，股东都是以财务资本提供者（出资者）的身份，作为一个整体（全体股东）概念出现的。但是，从公司股东结构看，一旦涉及股东个体、类别层面，股东从来都不是抽象的，而是具象的。

从股东资源的逻辑看，战略投资者为拥有或控制公司所需战略要素的股东。借用资源基础理论，战略要素是战略要素市场理论的核心（Barney，1986），尤其是在非完全竞争市场条件下，谁拥有核心的战略要素，谁就有可能在未来竞争中获胜。可见，资源型股东都是指拥有或控制战略要素或资源的股东。在财务资本并不稀缺的情况下，财务资本不一定是战略资源，相反，关键技术储备和研发实力、有影响的品牌号召力、组织管理能力、数字资源、经营者在业界的声誉等，都可能成为大股东拥有或控制的战略资源，这些大股东也就成为真正意义上的资源型股东或战略投资者。

一、什么是再融资？为什么要讨论再融资？

再融资是公司在 IPO 之后根据发展及融资需要，通过增发股票（含非公开发行和公开发行）、配股、发行优先股和可转换债券等直接融资方式从资本市场融资的财务行为。之所以讨论再融资，是因为：（1）对于上市公司而言，再融资不同于 IPO，其所用的融资方式更多样化；（2）从我国资本市场再融资的结构看，股票的定向增发是再融资的主要方式。2010—2020年的统计数据表明沪深两市的定向增发规模约占再融资规模的78.24%，具体数据如表3-4所示。

表3-4　2010—2020年沪深两市再融资募集资金完成情况　　单位：亿元

	年度	公开增发	定向增发	配股	可转换债券	优先股	合计
深市	2010	35.71	1 340.32	22.49	37.60	0	1 436.11
	2011	250.18	1 562.00	43.59	26.50	0	1 882.28
	2012	53.70	1 298.30	28.74	6.50	0	1 387.24
	2013	55.40	1 522.02	73.80	42.81	0	1 694.04
	2014	0	3 745.28	37.66	49.79	0	3 832.72
	2015	0	6 272.43	35.05	14.00	48.50	6 369.98
	2016	0	9 969.74	83.61	40.86	245.00	10 339.20
	2017	0	6 155.29	145.57	391.65	0	6 692.51
	2018	0	3 279.68	57.75	328.86	124.76	3 791.04
	2019	6.50	4 097.02	97.98	835.59	0	5 037.08
	2020	5.80	4 050.50	192.01	1 325.65	34.20	5 608.16
	合计	407.29	43 292.58	818.25	3 099.81	452.46	48 070.36
沪市	2010	341.43	1 959.77	1 465.13	266.00	0	4 032.34
	2011	38.60	2 026.27	328.96	386.70	0	2 780.54
	2012	61.77	2 142.25	110.77	157.05	0	2 471.84
	2013	14.75	2 075.08	383.42	502.00	0	2 975.25
	2014	3.65	3 160.63	107.61	209.80	1 990.00	5 471.68
	2015	0	6 197.54	122.58	84.00	1 298.00	7 702.12
	2016	0	7 242.18	92.33	171.66	1 249.00	8 755.16
	2017	0	6 413.30	56.93	553.61	775.00	7 798.84
	2018	0	4 361.67	131.03	445.90	650.00	5 588.60
	2019	83.00	2 652.20	70.16	1 853.75	3 000.00	7 659.11
	2020	19.91	4 283.24	434.73	1 448.84	180.00	6 366.73
	合计	563.11	42 514.13	3 303.65	6 079.31	9 142.00	61 602.21
两市合计		970.40	85 806.71	4 121.90	9 179.12	9 594.46	109 672.57

资料来源：根据同花顺iFinD数据整理而成。

二、中国资本市场再融资的制度演进

再融资为上市公司的可持续发展提供了全面的财务支持,这也是当下中国资本市场"脱虚向实"的必然要求。理论研究及经验证据表明,发达的金融系统能够有效缓解企业面临的外部融资约束,金融发展是影响经济增长的重要机制[①](Ross,2005)。而且正如 Schumpeter（1912）所言,金融在促进经济增长的过程中,"银行家并不仅仅是主要中间人……而是他授权人们以社会名义进行创新"[②]。

通常,中国资本市场再融资可以分为以下几个阶段:

(1) 探索起步阶段（1990—2006 年）：在这一时期,再融资行为的政策导向强,且以配股、可转换债券及增发等形式为主,其主要制度安排体现为 2006 年发布的《上市公司证券发行管理办法》。

(2) 快速发展阶段（2006—2012 年）：在这一时期,证券监管部门先后发布了各项基础性规则,如 2007 年发布的《上市公司非公开发行股票实施细则》。

(3) 非公开发行爆发阶段（2012—2016 年）：在这一时期,定向增发成为再融资的主流形式,且市场乱象丛生,如定向增发中的套利行为。

(4) 再融资政策收紧阶段（2017—2019 年）：针对上市公司的定向增发等再融资乱象,证券监管部门于 2017 年修订并发布了《上市公司

---

① 就金融体系对经济增长影响的程度而言,正如作者所指出的,我们当下需要更全面地了解什么决定了金融发展,或者说产生发达金融系统的决定因素到底是什么。后续的研究将影响或决定金融系统运作效率的因素归为两类：一类是法律法规和宏观经济政策；另一类是影响金融发展的政治、文化甚至地理背景等软环境因素。

② 英文原文为：The banker, therefore, is not so much primarily a middleman… He authorizes people in the name of society… (to innovate).

非公开发行股票实施细则》，并于2018年修订了《发行监管问答——关于引导规范上市公司融资行为的监管要求》。

（5）再融资新规阶段（2019年至今）：这一阶段的核心在于重新激发市场活力，证券监管部门于2019年发布《再融资业务若干问题解答》，明确了再融资的审核标准；之后，为深化金融供给侧结构性改革，完善再融资市场化约束机制，增强资本市场服务实体经济的能力，助力上市公司抗击疫情、恢复生产，证券监管部门又重点修订了《上市公司证券发行管理办法》《创业板上市公司证券发行管理暂行办法》《上市公司非公开发行股票实施细则》《发行监管问答——关于引导规范上市公司融资行为的监管要求》等制度安排。

三、再融资审核标准及新规内容提要

公司再融资时，除了要满足公开发行证券的一般条件以外，还需针对不同的融资品种，明确其审核标准，具体制度汇总如表3-5所示。

表3-5 再融资证券发行的主要审核标准

再融资品种	主要审核标准
优先股	（1）最近3年现金分红符合规定要求； （2）已发行的优先股不得超过总股本的50%，且融资金额不得超过发行前净资产的50%； （3）最近3个会计年度连续盈利。
公开发行股票	（1）最近3年平均净资产收益率在6%及以上； （2）持有的金融资产符合相关要求； （3）具有发行价格要求。
非公开发行股票	（1）无盈利能力等财务指标要求； （2）以禁止性要求为主。

续表

再融资品种	主要审核标准
可转换债券	（1）最近 3 年平均净资产收益率在 6% 及以上； （2）累计债券余额不超过净资产的 40%； （3）最近 3 年平均可分配利润不低于公司债券一年的利息； （4）符合转股价格要求。
配股	（1）配售数量不超过总股本的 30%； （2）具有控股股东承诺认购股份的数量要求； （3）采用代销发行方式。

再融资新规中变化最大的是非公开发行股票制度，旨在支持上市公司引入战略投资者，其核心变化如表 3-6 所示。另外，依据新规，通过非公开发行取得的股票，其减持不适用《上市公司股东、董监高减持股份的若干规定》要求。非公开发行时，上市公司、控股股东、实际控制人、主要股东等不得向发行对象做出保底收益或变相保底收益的兜底承诺，且不得直接或通过利益相关方向发行对象提供财务资质或补偿。

表 3-6 非公开发行股票的政策变化对比表

项目	政策修订前	政策修订后
发行价格	基准日前 20 个交易日股票均价的 90%	基准日前 20 个交易日股票均价的 80%
定价基准日	非公开发行股票的发行期首日	非公开发行股票的董事会决议公告日、股东大会决议公告日或者发行期首日
发行对象	不超过 10 名	不超过 35 名
限售期	36 个月（控股股东、实际控制人及其控制的企业）和 12 个月（其他投资者）	18 个月（控制股东、实际控制人等）和 6 个月（其他投资者）
发行规模	不超过发行前总股本的 20%	不超过发行前总股本的 30%

四、再融资新规中的战略投资者：拥有战略性股东资源的投资者

在 2020 年 3 月 20 日发布的《发行监管问答——关于上市公司非公开发行股票引入战略投资者有关事项的监管要求》中，中国证监会首次对非公开发行股票引入战略投资者做出了明确说明。

（1）战略投资者的基本定义。它是指具有同行业或相关行业较强的重要战略性资源，与上市公司谋求双方协调互补的长期共同战略利益，愿意长期持有上市公司较大比例股份，愿意并且有能力认真履行相应职责，委派董事实际参与公司治理，提升上市公司治理水平，帮助上市公司显著提高公司质量和内在价值，具有良好诚信记录，且最近 3 年未受到证监会行政处罚或被追究刑事责任的投资者。同时还应当符合以下情形之一：第一，能够带来国际国内领先的核心技术资源；第二，能够带来国际国内领先的市场、渠道、品牌等战略性资源。

（2）非公开发行股票引入战略投资者的决策程序。主要包括：第一，上市公司应当与战略投资者签订具有法律约束力的战略合作协议，内容包括：战略投资者具备的优势及其与上市公司的协同效应，双方的合作方式、合作领域、合作项目、合作期限、拟设购股份的数量等。第二，董事会将引入战略投资者的事项作为单独议案审议，并提交股东大会审议。独立董事、监事会应当对议案是否有利于保护公司和中小股东权益发表明确意见。第三，股东大会应当就每名战略投资者单独表决，且须经出席会议的股东所持表决权的 2/3 以上通过，中小投资者的表决情况应当单独计算并披露。

（3）引入战略投资者的信息披露要求。包括：第一，董事会议案应当充分披露引入战略投资者的目的、商业合理性、募集资金使用和安

排、战略投资者基本情况、穿透披露股权或投资者结构、战略合作协议的主要内容等;第二,非公开发行股票完成后,上市公司应当在年报、半年报中披露战略合作的情况与效果。

应该说,非公开发行新规中的核心点之一是对战略投资者概念的全面解读,这在很大程度上强化了对股东概念的理解。股东,尤其是非公开发行股票所引入的战略投资者,在本质上具有以下三个属性:(1)是各类资源的携带者,不但有出资能力(实力),而且拥有诸如国际国内领先的核心技术资源、市场、渠道、品牌等战略性资源;(2)与公司及现有股东之间在资源上存在潜在互补性和未来的协同效应;(3)与公司的合作是战略性的(长期及可实现价值增值的),而不是短期内的资本运作。

由此也可以看出,在上市公司再融资新规中,期待引入的战略投资者本质上是投入其所拥有的资源并与公司建立长期与共关系的关键股东。其不仅是公司权益融资中的财务出资者,更是公司发展中的各类资源提供者、公司价值创造过程中的积极参与者(治理者与管理者)。

五、战略投资者的角色之一:战略性资源的长期投入

战略投资者将资源投入公司的形式,可归纳为两个阶段。

(一)投资入股并取得股权

它是指在战略性资源分析、各股东双向选择等基础上,战略投资者以各种出资方式取得被投资公司的股权。具体方式可细分为:

(1)股票认购。它是指公司以公开、非公开方式对外发行股票(含IPO和再融资等)时,战略投资者出资认购股票而取得股权。

(2)股权收购。它是指战略投资者通过二级市场要约(此为要约收

购），或者通过股东之间的股权协议作价转让（此为协议收购）等方式，取得被投资公司的股权。

（3）注入资产以换股。它是指战略投资者出售各类资产（含实物资产和其他独特资源，如研发、知识产权、品牌等各类资源），换取被投资公司的股权等。

从理论上看，战略投资者无论采取何种方式取得股权，都涉及被投资公司股东结构的重构调整，并涉及投票权与现金流权的协商、谈判及制度安排等问题。投资入股是战略投资者进入公司的第一步，这一步能否迈出，主要视公司资源需求与投资者异质性资源提供之间的关系而定，即资源是否存在互补性、适配性，能否提升公司的价值增值能力。显然，潜在股东之间从相互试探到最终选择结盟，并非一厢情愿。

（二）战略性资源嫁接

战略投资者一旦完成投资入股，成为公司大股东之一，下一步将是与控股股东、公司等联手，将其所拥有的股东资源嫁接到公司的业务经营、管理等具体活动中。如果说投资入股是战略投资者迈出的第一步（取得合法的大股东身份），战略性资源嫁接则是其战略投资的根本。战略投资者所嫁接的各类资源主要涉及产品或服务的供应链（supply chains）、研发（R&D）、生产制造（manufacturing and production）、营销（marketing or distribution）、授权（licensing）与技术共享（technology sharing）等各项具体的商业运作与管理活动。

进一步分析，战略性资源嫁接可分为两大类型：

（1）全面嫁接。即在公司层面，战略投资者全面或部分介入公司战略调整、产业布局等战略性活动，对接提供相关的股东资源，如融资便利、研发能力、市场机会、营销网络资源、管理制度及激励机制等，从而激发公司动能，促进公司变革。

（2）局部嫁接。即在公司的某个产业或业务单元、某一产品或区域市场、某项具体研发活动等层面，以战略联盟（strategic alliance）、合营公司（joint venture）设立等多种方式，将战略性资源投入公司。比如，公司营销网络、数字资源等战略性资源短缺，战略投资者凭其在这方面的优势和能力，与公司、控股股东或下属经营单位等，合作成立营销公司或数据公司等独立法人，开拓新产品、新业务、新市场、新客户，做大做强公司，并通过组织内部的知识学习、经验交流、能力扩散等辐射全公司，提升公司整体的业务发展能力、管理能力及价值增值能力。

六、战略投资者的角色之二：治理参与（董事会功能的定位）

战略投资者的资源投入能否取得预期效果，以其在公司"治理-管理"框架中能否真正发挥积极作用为基础。作为积极股东和商业伙伴，战略投资者从来不会游离于公司之外，而是处于"治理-管理"框架的核心。

理论上，要素市场及机制作用的有效性会直接影响、约束行为主体的良序治理。例如，人力资本市场、高管声誉机制、并购市场等均有助于抑制管理团队的败德行为，促进"股东-经营者"的目标一致性。但现实也表明，外部治理仍然是外生的、有条件的，大股东联盟下的内部有序治理仍然是人们关注的焦点。

从内部治理角度看，以控股股东、战略投资者等主体所形成的大股东联盟为基础，相互支持、相互制约，并且寓权力制衡于管理之中的大股东协同治理（Jiang et al., 2018；王斌，2021），是公司治理的发展趋势。这种"支持-制约"型协同治理关系，要求战略投资者不仅有"权位"，而且有"作为"。如何做到？其一，战略投资者凭借其股东资源的相对价值及比较优势，在股东大会的表决、董事会席位安排等方面，取得与其财务持股比并不相称的"权位"，体现制度安排上的合法性、正当性。其二，战略投资者及其代理人都是某行业、某领域的专家，能以独到的战略眼光、投资逻辑、价值判断能力等，在"战略规划—决策执行—管理监督"等各层面，为公司提供全方位的增值服务（Dushnitsky，2012），从而体现其能力上的匹配性。可见，战略投资者与控股股东、其他大股东等形成的大股东联盟协同治理，强调的是协同合作、共生共赢，从而有别于传统意义上权力制衡式治理。战略投资者参与公司治理的主要方式有两种。

1. 董事会

战略投资者在董事会中拥有席位并以公司发展利益最大化为目标而行权。这是战略投资者有别于财务投资者的重要标志。其在公司董事会中的作用机理主要包括两方面：一是通过其席位与相应的权利安排，保证各大股东对公司股东资源的及时、充分、长期投入，并为公司长期所用；二是出于对股东资源利用效果的预期，强化对公司股东资源使用中的过程监督，以保证资源效应的真正发挥。显然，在这一视角下，作为公司治理核心机制的董事会（除独立董事外，其他成员由大股东、战略投资者等的产权代表构成），其职能也将发生些许改变，即由原来的"战略制定＋执行监督"转向"资源提供＋战略制定＋执行监督"。

2. 股东大会

战略投资者参与公司治理的方式，还包括在股东大会这一层面。事实上，如果某一战略投资者在公司董事会中尚未谋得其应有的席位（出于各种原因，如未到期换届），还可以通过股东大会机制来行使其应有的权利（包括提案权、临时股东大会的召集权等）。

七、后续跟投效应：战略投资者群体与股东生态圈

某一战略投资者的投资入股行为在一定程度上会形成跟投效应，即吸引其他战略投资者的股东资源投入。由此，公司将形成新的股东生态圈。

现代企业所处的环境是生态式的、共生性的，没有任何一家公司能独立于其他组织而超然存在（Adner，2017）。在企业计划—研发—采购供应—生产制造—营销—售后（服务）等产业链、价值链的发展过程中，包含无数环节的共生状态。以研发活动为例，为满足客户需求，公司需要与客户（甚至是客户的客户）、同行业其他企业、外围研发机构等共同研发新产品，这样就形成了围绕核心业务、核心客户、核心产品等的研发活动生态圈。根据经济学逻辑，维持企业各种生态圈关系的方式有两种：一是纯粹市场交易关系（arm-length transactions），以公允交易达成合作关系；二是通过股权投资维持交易各方的合作伙伴关系（从参股到控股）。理论上，相对于纯粹市场交易，基于诸如股权投资等纽带所形成的合作关系，将大大降低交易各方的市场风险（Williamson，1985）。

围绕公司的产业链、价值链等，吸收上下游及产业关联方等对公司的股权投资，并形成股东生态圈，是公司股权结构调整、股东结构优化的基本趋势与发展格局。在股东生态圈的发展过程中，我们往往发现，当公司引入战略投资者时，所引入的可能不仅仅是一个投资者，而极有可能是理念相配、资源互补的战略投资者群体，从而形成股权资本市场的跟投效应。从根本上看，这些不同的战略投资者的集体亮相、集中跟投，形成各具特色的股东生态圈，一方面表明其看中了被投资公司的发展

前景和价值潜质；另一方面也表明，众多投资者的跟投在很大程度上是各类战略投资者的战略性资源的市场式、自我式组合，旨在促进股东资源的高效利用，降低投资风险，提升公司价值创造能力，共享公司价值。

可见，能否围绕产业链、价值链等构建多元式、共享化的股东生态圈，是战略投资者投资布局所要考虑的核心因素，甚至是投资与否的决定因素。

八、战略投资者的治理能力资源：再讨论

（一）美国机构投资者的积极主义（CalPERS 效应）：治理能力资源

从世界范围看，作为一个庞大的投资群体，机构投资者对公司的影响也经过了由消极的华尔街准则——"用脚投票"到积极的"用手投票"这一过程。作为公司的"另类"大股东，机构投资者在对公司业绩不满或对公司治理有不同意见时，不再是简单地把股票卖掉，"逃离劣质公司"，而是开始积极参与和改进公司治理。导致这一转变的主要因素是"用脚投票"远远无法避险（机构投资者的持股规模通常较大且无法一时退出），唯有"用手投票"——积极参与公司治理、管理监督，甚至争取在董事会的席位等，才能校正公司行为（尤其是并购中的不良行为[①]），保护其自身权益。

[①] 市场上主要有两种不良的并购行为：一种是因管理层的自大心理等而进行高溢价并购，产生大量商誉；另一种是管理层因担心失去自己的位置，而阻止、排挤一些对现有股东而言是"好"的并购事项，如通过设计实施"毒药丸计划"阻止敌意并购。管理层的这些反并购措施本质上剥夺了现有股东接受并购投资者愿意出高价购买其股票所得到的盈利机会、股东权利。在并购交易中，主并方为什么通常要付高溢价？Damodaran（2005）归纳了以下三点原因：一是估值偏差（尤其在中介介入时，往往会高估并购价值以期获得较高的中介费）。显然来自灵魂的发问是：中介是应该根据交易完成情况收费，还是根据交易本身是否有价值收费？答案不言而喻。二是管理层自大，为此 Roll（1986）对其进行了深入的解释。此后，Hayward & Hambrick（1997）用媒体美文、相对权力（薪酬）等来刻画"自大性"，且发现媒体每刊发一篇称赞 CEO 的美文，公司就会多付 1.6% 的溢价。三是对协同效应没有做好规划，以为"写在纸上"就能自动"落到兜里"。我个人认为，第三个问题应该是中国目前高溢价并购中一个非常值得关注的严肃问题。

在美国，促使机构投资者采取积极行动的一个重要动力来自投资规模庞大的退休基金、养老基金等，尤其是加利福尼亚州公务员退休基金（The California Public Employees' Retirement System，CalPERS）。作为一家规模庞大的资产管理公司，其按照自身确立的治理标准，对市场上的各类公司进行打分和设立关注名单等，以此为自身的投资组合提供依据，在投资界产生了巨大的 CalPERS 效应（CalPERS' effect）。这也表明，机构投资者具有强大的治理资源和能力，能帮助资本市场及各类参与者重点关注"关注公司"，从而间接提高公司的治理水平与能力。

（二）中国资本市场的机构投资者治理能力资源：以格力电器为例

中国资本市场中的机构投资者将成为一股越来越强大的力量。机构投资者，无论是在公司上市前进入的（一级市场），还是在公司上市后投资进入的（二级市场），都在公司发展中起到非常重要的作用，尤其是在挖掘公司潜在价值、打通上市通道、规范公司治理、监督公司运作管理、提高公司透明度等方面。这些作用的发挥在很大程度上源于机构投资者自身的投资理念（如长期价值投资）、资本实力、市场声誉、治理能力、风险管理策略等，所有的这些都是作为股东的机构投资者所拥有的股东资源。

其中，治理能力资源历来被多数机构投资者及资本市场忽略。即使是在公司业绩不佳时（如业绩远低于市场预期），机构投资者也很少介入公司的治理活动中。2012 年 5 月发生的格力电器董事会换届选举的案例，在很大程度上颠覆了人们对机构投资者的传统认知，凸显了机构投资者的治理能力资源及对公司行为的影响。这一事件在机构投资者参与中国上市公司治理的历史上无疑具有里程碑式的意义。[1]

---

[1] 格力电器董事会选举：机构投资者"完胜"大股东. [2012-05-28]. https://finance.qq.com/a/20120528/000992.htm. 由基金推选董事，开创了机构投资者主动参与公司治理的先河。

格力电器是一家世界知名的以空调为主打产品的家用电器制造商。在2012年5月公司召开的2011年度股东大会上，由机构投资者耶鲁大学基金会、鹏华基金联合推选的董事冯继勇，在董事会换届选举中顺利进入格力电器董事会。显然，与人们对机构投资者的过往印象不同（大多数情况是，机构投资者在与大股东出现意见分歧时，只能选择"用脚投票"、出货离场），在本次格力电器的董事会选举中，以基金、QFII、券商等机构投资者为代表的中小股东"完胜"大股东，这在中国资本市场还是第一次。

这一事件的发起者是耶鲁大学基金会，这是一家历史悠久且业绩突出的机构投资者（QFII），在2012年新进持有格力电器股份时，就格外关注格力电器的发展，在格力电器的股东结构中具有重要地位。表3-7是2012年3月31日格力电器的前十大流通股股东的持股结构。

表3-7 格力电器前十大流通股股东的持股结构

股东	持股比（%）	持股数（万股）	变动情况
珠海格力集团有限公司	18.22	54 812.78	不变
河北京海担保投资有限公司	9.38	28 209.95	增持
耶鲁大学基金会	1.76	5 280.85	新进
摩根士丹利	1.58	4 765.99	增持
中国工商银行-易方达价值成长混合型证券投资基金	1.39	4 181.00	增持
海通-汇丰-美林	1.31	3 947.58	新进
瑞银集团	1.29	3 873.66	新进
中国银行-易方达	1.18	3 542.32	增持
珠海格力房产有限公司	1.15	3 445.24	不变
花旗集团	1.11	3 344.01	新进

股东结构显示，格力电器是一家股权结构相对分散的上市公司，当时具有国资背景的珠海格力集团有限公司①，以18.22%持股比成为相对控股的第一大股东。而耶鲁大学基金会作为一家新进的机构股东，持股占1.76%，为公司的第三大股东。为规范公司治理，提高董事会的决策能力与决策效率，耶鲁大学基金会联合其他机构投资者，推选董事人选并成功当选。据报道，有大型基金公司投资总监用"震惊"一词表示自己的感受："我们之前没有想到用推荐董事的方式来介入公司，因为在现有的体制下，基金公司不能派自己的人作为董事进入上市公司董事会，在外面找的人又可能了解不够，如果我们推选的董事出了什么道德问题，我们会面临很大压力。"他承认："在参与公司治理方面，QFII的确比我们成熟。"

耶鲁大学基金会对公司的长期投资。资料显示，从2012年初，该基金会就投资入股格力电器，其持股比一直位于前十大流通股股东之列，直至2016年减持退出前十大流通股股东。具体情况见表3-8。

---

① 珠海格力集团有限公司一直持有格力电器18.22%的股份，为公司的第一大股东，也是最具资源优势的控股股东。2020年初，珠海格力集团有限公司通过协议转让方式，将其持有的绝大多数股份（计90 235.96万股）转让给了珠海明骏投资合伙企业（有限合伙）。截至2020年12月31日，在公司股东结构中，珠海格力集团有限公司持有格力电器3.22%的股份（为第四大股东），珠海明骏投资合伙企业（有限合伙）持有公司15%的股份，成为公司的第二大股东。至此，格力电器成为股权结构相对分散的无实际控制人公司。2020年相关信息显示，格力电器第一大股东是一家名为香港中央结算（代理人）有限公司的法人单位，持股比基本处于15.27%～17%之间。需要注意的是，香港中央结算（代理人）有限公司作为一家中介机构，其所持有的公司股份为其代理的在香港中央结算（代理人）有限公司交易平台上交易的H股股东账户的股份总和，这些股份的最终权益归众多的个人投资者所有，因为它是各类交易性（中小）股东的结算、登记、代持机构。从公司股权穿透角度看，这些中小股东是这类中介机构的终极受益股东。研究者在分析公司股东结构及股东资源时，要注意：尽管有些机构可能位列公司前十大股东甚至是第一大股东（如格力电器的案例），但这些机构并不能够给公司带来任何股东资源，它们属于地道的财务投资者——非资源型股东。

表 3-8　耶鲁大学基金会的持股比、流通股股东排名及变化情况

时间	持股比—（第 * 大股东）	持股数（万股）及变动说明
2012-03-31	1.76%—(3)	5 280.85
2012-06-30	1.54%—(4)	4 642.81 减持 638.05
2012-09-30	1.54%—(5)	4 642.81
2012-12-31	1.66%—(6)	4 984.35 增持 341.55
2013-03-31	1.75%—(5)	5 273.69 增持 289.34
2013-06-30	2.12%—(3)	6 382.30 增持 1 108.61
2013-09-30	2.12%—(6)	6 382.30
2013-12-31	2.12%—(6)	6 382.30
2014-03-31	2.12%—(5)	6 382.30
2014-06-30	2.12%—(5)	6 382.30
2014-09-30	2.12%—(5)	6 382.30
2014-12-31	2.12%—(5)	6 382.30
2015-03-31	2.12%—(3)	6 382.30
2015-06-30	1.05%—(7)	3 158.18 减持 3 224.12
2015-09-30	0.95%—(7)	5 720.43 增持 2 562.25
2015-12-31	0.95%—(7)	5 720.43
2016-03-31	0.83%—(7)	4 981.37 减持 739.06
2016-06-30	0.83%—(7)	4 981.37
2016-09-30	0.83%—(7)	4 981.37
2016-12-31	退出前十大流通股股东	具体不详

资料来源：根据网易财经个股行情的相关信息整理而成。

机构投资者对公司治理、战略管理等各方面的持续影响。耶鲁大学基金会作为公司的大股东之一，重仓格力电器后，也带动了一些国际著名的专业投资机构对该公司的投资持股，如摩根士丹利、美林、瑞银集团、花旗集团等，如在 2012—2017 年，上述专业投资机构均在不同时间点投资于格力电器，并成为位列前十的流通股大股东。境内外机构投资者对格力电器的投资，具有以下启示：第一，这些境外投资者对格力电器的未来市场价值是看多的，这些机构的投资加持在一定程度上提高了格力电器的国际知名度和市场影响力；第二，正是由于这些机构的投

资，进一步提高了投资者对公司的关注度。也就是说，从二级市场的影响力角度看，其给格力电器带来了全方位、持续性的影响（即持续关注压力），且这种持续影响力或压力在短期内不会因境外机构投资者的退出而削弱。例如，格力电器在 2016 年 10 月召开的第一次临时股东大会上，有多项重大议案被否决，即充分体现了境内外机构投资者的治理能力资源对公司重大战略决策的影响力。①

第四节　股东资源、大股东联盟与财务研究范式的转变

传统意义上，人们将公司视为一个"资合"的法律拟制，各股东投入财务资本形成公司，并依契约规范公司运作。但问题并非那么简单，尤其是在财务资本并不稀缺的现代金融环境中。以信息经济、数字经济、平台经济等为特征的各类新兴行业或企业，其创始股东在吸收外部资本时，并不完全看中潜在股东的财务出资实力，更为看重的是潜在股东是否拥有公司发展所需的其他无形资源，如行业洞察能力、社会资本、治理与管理能力等。如前所述，这是一个双向选择的市场过程。可见，公司股东聚集在一起的背后，是各股东的资源背景以及这些异质性

---

① 格力电器 2016 年 10 月 30 日发布的公告显示，在 10 月 28 日召开的 2016 年第一次临时股东大会上，有多达 15 项议案被否决，如议案 1《关于公司本次发行股份购买资产并募集配套资金暨关联交易符合法律、法规规定的议案》以及议案 4《关于公司募集配套资金的议案》等。其中，被否议案的议案 7《关于〈珠海格力电器股份有限公司发行股份购买资产并募集配套资金暨关联交易报告书（草案）修订稿〉及其摘要的议案》意义更为重大。该草案修订稿显示，格力电器拟以 130 亿元的价格向珠海银隆的 21 名股东发行股份购买其持有的珠海银隆合计 100％的股权，同时，拟向银通投资集团、珠海拓金、珠海融腾等 8 名特定投资者非公开发行股份募资不超过 96.94 亿元，募集配套资金拟全部用于珠海银隆的建设投资项目。显然，该议案是事关公司战略的重大议案。此议案被否决，在很大程度上显示了资本市场中机构投资者对公司战略等的纠错、校正功能。

资源之间的适配性、互补性在起作用，他们谋求的是各股东资源禀赋的整合所预期带来的更大增值潜质、机会和能力（Sirmon et al., 2011）。有研究证实，创业团队的异质性能够提升公司对机会的感知能力（杨隽萍等，2019），跨国并购是获取国内不能积累的资源的重要途径（Rui & Yip, 2008）。在这层意义上，股东聚集于公司在很大程度上具有类似合伙制的"人合"属性。由此，现代公司天然具有"资合＋人合"的双重性质，具有"物以类聚，人以群分"的特征。

一、资源型股东与大股东联盟

公司股东集聚成为公司股东联盟。在这一联盟体中，有些股东处于联盟的核心圈，有些股东则处于该联盟的边缘甚至外围。公司股东联盟中，真正具有影响力并对公司未来发展起决定性作用的是资源型股东，其处于股东联盟中的核心圈。由于资源型股东大多属于大股东，因此，本部分将资源型股东联盟定义为大股东联盟。

大股东联盟是公司股东群体的核心联盟，是公司股东资源的提供者、使用者，是公司治理与管理的直接参与者。

基于股东资源视角，在理论上不难预测："一股独大"的公司（或者第一大股东持股比越高的公司），无论其大股东属性是国有还是非国有，都极有可能是公司整体股东资源相对最匮乏的公司，也极有可能是成长性、发展能力及最终业绩相对不佳的公司。

二、大股东联盟与公司财务理论：研究视角转变

对财务研究者而言，无论是讨论公司战略、公司资源、公司治理还是公司管理等，大股东联盟这一概念都意味着公司财务研究尤其是中国公司治理研究的视角、范式需要做如下重大转变：

(1) 从公司财务研究上看，探究"在事前什么类型的股东会聚集在一起，比事后已聚集在一起的股东都有谁"，更有理论价值和研究意义。

(2) 将研究重点放在大股东联盟这一主体上。在以往的研究中，学者大多将重点放在第一大股东、控股股东或实际控制人上，除非公司真真切切地只存在第一大股东且"一股独大"，否则这类研究的出发点都可能存在主观性、人为设计性，研究结论可能有失偏颇。从目前的研究现状看，已有少数研究对该问题进行初步讨论。如姜付秀等（2018）、刘亭立等（2015）将多个大股东作为研究对象，但出发点仍是大股东之间的制衡性，而没有触及资源这一根本属性。国外的研究，如 Boubaker & Sami（2011）认为多个大股东之间的监督制衡效应有利于增加公司盈余信息含量，Attig et al.（2013）则认为多个大股东的股权结构能够发挥治理效应，降低公司的代理成本。相对较新的研究也未脱离这一主逻辑，如 Jiang et al.（2018）研究发现，相比具有单一大股东的公司，拥有多个大股东的公司能够有效抑制过度投资，提高投资效率；Fang et al.（2018）发现多个大股东与高管超额薪酬显著正相关，特别是当多个不同类型的大股东拥有相同表决权时，这说明多个大股东之间的协调与摩擦有可能会降低监督效率，加剧股东与经营者之间的代理冲突等。

财务资本与股东资源的研究视角如表 3-9 所示。

表 3-9　财务资本与股东资源的研究视角

项目	财务资本视角	股东资源视角
股东同质/异质性	同质	异质
不同语境下的股东分类	大股东、中小股东	上市公司：资源型股东与财务型股东 创业企业：创始股东、外部机构投资者

续表

项目	财务资本视角	股东资源视角
股东角色	资本投入者、风险承担者、收益索取者	要素资源的投入者、公司价值的直接创造者
股东在公司中的作用	第一大股东（控股股东或实际控制人）的治理与管理	资源型大股东联盟治理与管理
股东权利配置基础	股权结构、名义持股比	公司对股东资源的依赖程度
财务研究的逻辑	代理问题：大股东与中小股东之间信息不对称及利益冲突	股东选择与大股东联盟形成、互补资源与公司股东资源的效用发挥

因此，大股东联盟在整合及高效利用股东资源上的动机，比单纯的权力制衡、协调摩擦、公司政治等动机更符合股东投资的初衷和现实，更符合公司的终极目标。因此，基于大股东联盟的研究立意也更为深远。

第五节 基于股东资源观的公司价值创造：财务机理与逻辑框架

一、基本前提：股东至上观

一个不争但确实充满争议的事实是：股东是否为公司生存与发展的根本？之所以不争，是因为人们普遍认为没有股东投入无以产生公司这一组织，同样，在两权分离下的现代公司组织形式中，如果没有股东对其自身利益的持续关注、治理监督以及追加投入（如利润留存于公司），公司也不可能持续发展。正是这一点，在现代公司组织看来，公司目标应该是追求股东财富最大化（maximization of shareholders' wealth），这几乎成了标准化的公司信条。之所以存在争议，是因为如果公司过于强调股东利益诉求，而忽视其他利益相关者（如供应商等商业伙伴、债权人、社区、政府等）的利益，或直接导致其他利益相关者的利益受损，将不利于经济社会的发展。这就是现代公司中的股东与利益相关者之争。

2019 年 8 月 19 日，美国 188 家企业巨头在商业圆桌会议（Business Roundtable）上发表《公司宗旨宣言书》（Statement on the Purpose of A Corporation）[①]，这一宣言特别强调，应更加重视履行企业的社会责任，而不是独尊股东利益。这从逻辑上看并无过多新意，它是近年来从西方兴起的利益相关者论的一个翻版，但不应忽视的是，该宣言最后一条仍然认为，为股东追求其长期价值仍是公司目标，这是因为"股东为公司投资、增长和创新提供了资本"[②]。

可见，信守新古典经济学信条的经济学家（以弗里德曼为代表的芝加哥学派）始终认为，为利益相关者着想、承担公司社会责任等，是实现股东价值增值的必要条件，公司为股东创造价值的这一目标的合法性不应受到侵犯，股东回报仍然是生命线（严学锋和魏宁，2013）。

二、股东资源观下的财务理论：价值创造机理

不可否认，股东是公司运行的"内核"、价值创造的原动力。但在传统研究范式下，股东这一群体及其行为被简单地刻画为股东大会机制，并以各股东持股比或股权结构来简单替代，在财务研究上遵循"股

[①] 美国 CEO 集体重新定义公司：股东利益不再至上，创造一个更美好的社会才是公司的首要任务。网址参见：http://www.sohu.com/a/340921357_267673.

[②] 英文原文为：Generating long-term value for shareholders, who provide the capital that allows companies to invest, grow and innovate。

权结构—公司治理（股东权利及其配置，如董事会及股东剩余控制权、现金流权及其分配）—公司管理—公司价值"这一逻辑链。这一链条所隐含的内在假设是：（1）股东都是同质化的财务出资者。（2）股东对公司的影响主要通过股东大会机制，在股东大会授权体系下将内部治理权交给具有信义义务的董事会，董事会是公司治理机制的核心。（3）股东以其持股比在股东大会行权，并据此取得同比例的现金流权。

这一逻辑的财务研究至少有以下严重不足：（1）研究者的基本出发点不是如何在聚合股东资源下"做大蛋糕"——价值增值，而是围绕持股比如何在并不完善的治理框架下"分匀蛋糕"——价值分配。显然，这一视角与公司追求股东财富最大化目标是不匹配的甚至是对立的。（2）强调股东之间的同质性和无差异性，而不讨论各类具有不同资源禀赋的股东对公司的边际资源贡献，正是由于这种激励不足，直接影响了各资源型股东对公司的无形资源投入，并最终影响公司的价值创造。（3）以代理理论为框架，天然假定公司面临的治理问题要么是"股东-经营者"之间的代理矛盾（股权高度分散情形），要么是"大股东-中小股东"之间的代理矛盾（股权高度集中情形），从而人为设计并实证股东的"无所作为"（前者）或者"胡作非为"（后者），忽视资源型股东在公司治理、管理等方面的积极作用。

而在引入股东资源概念后，大股东联盟（而不是第一大股东或控股股东）成为公司治理、管理的核心，其对公司价值创造的机理得以清晰拓展。具体表现在以下次序的逻辑链条：

（1）个体股东资源的双向选择与初始投入。对于一个创业企业而言，其最初的资源几乎全部是由创业企业家个人投入的，创始股东资源也即企业资源的主要构成要素。在企业发展过程中，有限的资源和创业热情往往迫使创始股东忍受股权稀释的代价吸收新的股东，以获取资本、技术、市场、合法性以及社会关联等外部资源。

（2）整体股东资源的聚合。企业资源集合是支持创业企业成长的关键要素（Wernerfelt，1984；Barney，1991）。控股股东的声誉及其他资源吸收并带动了其他大股东的资源投入（此为跟投效应），从而获取公司发展所需的整体股东资源。在创业公司语境中，创始股东与外部大股东的资源组合及"化学反应"，内在决定了创业企业所需的资源组合，潜在决定了创业企业的长期发展能力、竞争能力与价值增长能力。

（3）整体股东资源对其他经营性资源的吸附能力，为公司业务经营及成长进一步提供了物质基础。应当说，整体股东资源只是公司发展所需资源的核心部分，而非全部。但正是由于这部分核心资源的有效投入，至少在公司业务经营、营商环境等方面，增强了其他外部利益相关者对公司长期发展的信心，为公司与供应商、销售商、银行及其他融资机构、员工、政府相关部门、社区等的全面合作提供了更多机会和可能。供应链更有效、信用状态更良好、融资约束程度更低、政商关系更纯粹宽松等，所有的这些经营性资源都是由整体股东资源衍生而来的，它们为创业企业的生存发展及竞争优势的构建提供了不可替代的物质基础。

（4）大股东联盟下的共同治理、规范管理，将公司资源转化为公司能力和竞争力。客观存在的物质资源能够发挥多大的效用还取决于使用它的人，资源异质性的背后是人的异质性（杨春华，2010）。大股东也不再仅仅被视为各种资源要素的提供者，他们还直接参与资源使用与配置决策，成为公司业绩与公司价值创造的推动者。股东之间关于公司控制权的分配也与股东资源的异质性和相互依赖性密切相关，一方面，股东的实际管理与实力权限的配置取决于公司对其所拥有资源的相对依赖性，其治理角色也受资源背景的影响，一些股东基于资源优势而在事实上取得与其持股比不对等的权力；另一方面，同类资源的所有者在公司管理与治理中的角色重合会导致权力的争夺，因此公司选择获取异质性的资源，并最终构建多样化的、互补的资源组合，有利于构建稳定的内部治理机制，进行更有效的规范管理，发挥资源的组合优势。

（5）通过高效管理提升公司的超额收益能力和价值增值能力。大股东联盟中股东类别的多元化，不仅能提供多元互补的股东资源与经营性资源，更有益于公司内部的学习成长、管理经验分享与决策能力提升。相比单一大股东控制的股权结构和资源结构，多元的大股东联盟及其治理主体、管理主体，显然拥有更敏锐的市场意识、更广阔的管理视角、更规范的管理程序、更财务化的决策标准、更理性的决策判断能力、更尽责的管理团队以及更敏锐的风险感知能力，所有的这些"管理力量"，为有效避免决策错误与群体盲从、提高决策效率与公司资源利用效果、提升公司获取超额收益的能力，提供了全方位的管理基础。

（6）基于股东资源投入分配公司价值。经验研究认为，如果公司治理系统缺乏有效的激励和监督机制，不能督促管理者执行相关行为，那么即使必要的资源已经存在，超额收益也可能无法获得。良好的公司治理保证了资源使用的正确决策。资源使用所产生的经济租金的分配也是被众多资源学者忽略的一个领域（Coff, 1999; Alvarez & Busenitz, 2001）。资源租金的分配同样取决于资源投入方的谈判能力，比如拥有重要、有价值、不可替代资源的一方，在租金分配中必然具有较大的权力，可以获得较高的租金分配。基于资源投入的公司价值分配可能是构建可持续竞争优势的治理制度保证。

(7) 依据公司对股东资源的依赖程度，动态调整已有股东资源、吸收新的股东加入，进而持续创造公司价值。随着公司的发展与外部环境的改变，公司所需的资源也会发生改变，可能出现新的资源缺口，也可能积聚某类资源，资源的相对依赖性会发生改变。比如，熬过创业初期的公司，现金流逐渐稳定与充裕，财务资本相对不再稀缺。而技术的持续更新与发展，使新技术、高端人才等资源越来越重要；国内市场竞争性的增强，使海外市场资源与经营人才成了公司急需补充的新资源。此时，为完善股东资源结构，通过并购、吸收投资等形式引入新的股东就成为必然，这是持续创造公司价值的必经之路。上述逻辑链条可以用图 3-3 来表示。

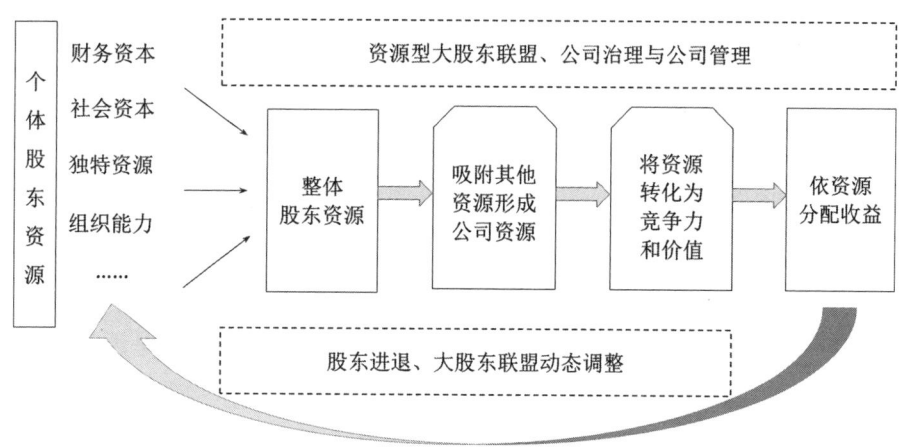

图 3-3 股东资源观下公司价值创造机理：财务理论框架

图 3-3 的财务理论框架说明：

(1) 股东贯穿于公司生存、发展的始终，永远是公司所需各类资源的初始提供者、公司风险的承担者。

(2) 本质上，公司价值创造机理是资源获取以及由此而形成的资源高效使用。具体地说，股东资源的获取与整合、因股东资源优势而对公司产业链及经营活动所需的其他经营性资源（如供应商资源）的吸附，并由此形成公司独特的资源组合优势和利用效率，是公司价值创造的根本。

（3）将公司独特的资源优势转化为市场竞争力和公司价值，离不开管理者的管理能力。

（4）基于大股东联盟体的公司治理是目标一致性基础上的协同控制型治理。也就是说，公司治理的着眼点不在于联盟体内的权力制衡和相互监督，而在于联盟体内的协同合作与有序控制，公司治理（尤其是董事会机制）旨在：一方面促进资源型大股东联盟的形成、股东资源的及时和长期投入（资源的嫁接），另一方面通过治理来保证股东资源的高效利用及过程监督。因此，在"股东资源和公司资源—市场竞争力和公司价值"这一逻辑链条上，公司治理成为介入其中的调节变量。

（5）股东结构、股东资源及公司资源等并非静态的，需要根据外部环境、公司发展战略调整等，适时适地吐故纳新、动态优化。尽管如此，仍然需要强调的是：保持股东结构及大股东联盟的相对稳定、保持股东对股东资源的长期投入，对公司发展而言十分必要。这是因为只有股东结构的相对稳定、股东资源的长期投入等，才能在一定程度上保证公司发展战略的既有定力，才能增强其他利益相关者与公司之间的交易信任及对公司发展的信心，才能在时间上"拉长"资本市场对公司发展的长期预期，才能构建公司所需的财务生态（如资本市场融资、经营性融资的灵活性、银企关系、产业链金融等）。所有的这些都离不开股东结构的相对稳定，离不开股东资源的长期投入。

第六节 股东资源与公司财务理论：主要研究议题

基于上述逻辑，股东资源观的财务理论研究可以在以下方面进行相关拓展。

一、大股东联盟形成的初始机理

公司的创始股东与外部股东是如何进行双向选择的？机理是什么？如何定义股东资源的异质性与互补性？资源依赖理论关注公司之间资源异质性的差异及其对公司竞争力的影响，长期以来，管理学家将公司核心竞争力的来源归为公司存量资源的异质性与不可流动性。虽然资源基础理论将研究领域定位于组织内部，关注公司资源对公司竞争力的影响，但并未深入探究公司资源最初是如何形成的，即大股东联盟的形成与股东资源的初始投入问题。创投双方的资源禀赋与资源需求、各自的行业特点、制度背景都会成为双向互选的考虑因素。

二、个体股东资源出让并形成整体股东资源的激励方式

用何种方式保证各个体股东资源被出让或使用，以形成大股东联盟及整体股东资源？这一话题涉及股东资源的合理定价与股东权利配置等相关激励问题。从已有的理论基础和法律实践看，大股东之间的权利配置规则以持股比为基础，然而由于股东资源价值依公司对其依赖程度而改变，如数字经济的发展、智力资本的重要性等，如何保证核心技术创始人在公司中的控制权，是技术与资本联盟的重要问题。双重股权结

构（王斌和刘一寒，2019）、估值调整机制（对赌）的设计等，成为促进不同类别股东联盟形成并保持稳定的重要制度安排。

三、股东资源对公司运营所需的经营性资源吸附能力的研究

兼具资源提供与治理管理身份的大股东联盟，其异质化、多元化结构有利于公司构建互补的资源结构和相对稳定的治理管理架构，而这种异质性资源结构、相对稳定的治理管理架构将有可能传递给外部市场（产品市场、资本市场等）某种"信号"，公司借此可吸附更多发展所需要的其他资源，如吸引新股东的加入，增强供应商或销售商对公司长期发展的良好预期以稳定各方商业伙伴关系等。从市场表现看，正是由于这一资源吸附能力机理，有结构化、稳定性大股东联盟特性的公司更具溢价能力。

四、公司资源转化为公司竞争力和可持续价值创造能力的研究

Sirmon & Hitt（2003）指出只有对不同内容、不同来源、不同结构的资源进行选择、获取、组合、激活和协调使用，对原有的资源结构进行重组并剥离无价值的资源，才能形成新的核心资源体系以创造与维持其持续竞争优势。一方面，异质与互补资源的统筹使用可能带来协同效应；另一方面，资源的异质性有可能导致整合困难，产生较高的整合成本。从这一角度来看，资源结构对公司绩效的影响作用与资源整合的难易程度存在某种关联。

五、资源型股东及大股东联盟的协同合作型治理的研究

与资源相对应的收益即为经济租金，即由于对某一生产要素的垄断

而产生的超过边际成本的超额利润或生产者剩余（赵辉，2014）。投入各类股东资源的大股东自然关注投入及其回报，兼顾"做大蛋糕"和"分匀蛋糕"。财务理论历来有一个不好的研究套路，过于强调"分蛋糕"而不是如何"做蛋糕"（如经典的融资与资本结构理论等），治理研究关注监督制衡而鲜有协同合作。事实上，股东投入其资源的原始动机在于价值增值，充分利用和综合发挥股东资源优势是大股东联盟的不二选择，大股东联盟治理的本质是大股东基于投入资源的相互依赖程度，在配置公司控制权的同时，进行协同合作型治理，并将这种治理理念进一步延伸渗透到公司管理的层面。

六、高科技公司多类别投票权及治理架构的研究

多类别投票权及治理架构设计已成为高科技公司的发展方向，中国所推出的科创板公司也不例外。其中的逻辑可能来自规避股东（尤其是创始股东）对治理问题的过多纠缠，而将精力集中于研发、管理和长期价值增值。与传统工商企业相比，高科技公司对技术人才尤其是创始人的依赖程度相对更高。这或许是源于高科技公司从创立伊始就寄托着（联合）创始人的独特思想、观念或者理念（如谷歌的母公司 Alphabet），具有某种理想主义或者英雄主义情结，并体现为产品、服务或者运营模式等的创新。这种独特的思想、观念或者理念也将造就这些高科技公司的高成长性。Zingales（2000）曾指出公司治理体系的首要任务就是要保证捕捉机会的能力和因其能力所获得的报酬之间取得一致，如果不能达到这个要求，将导致治理架空（governance overhang）。因此，高科技公司控制权高度集中于创始人并非不合理。这样的治理安排能够延缓、推迟或者阻止兼并或合并等控制权变化，也能够使创始人

做出长期战略性决策,以及承担也许不能成功的或者对业务产生损害的风险活动,而不必过度受到资本市场短期利益行为(如季度业绩公告及其波动)的干扰。扎克伯格曾指出,如果采用正常的股权投票结构,脸书早在2006年就会被强制卖给雅虎。多类别股票权甚至零投票权股票的发行被广为诟病,是因为对中小股东权利的剥夺。但依股东资源观,将权利分配基础定格于股东投入资源,这种诟病就会变得微不足道:大股东更关注资源的价值创造,而无资源禀赋的财务投资者更关注收益的分配,财务股东随时进入与退出股东群体,其自身拥有的控制权存在某种虚化①,投票权变得更为廉价,如被动型基金②大量存在就是一个例证。

七、股东资源观对公司控制权争夺的解释机理研究

基于股东资源观的已有案例研究表明,公司股权之争的根本诱因在于股东资源的投入量与依其已固化的持股比所分得的现金流权不成比例(张伟华等,2016):经合约各方"讨价还价"后确定并固化的持股比,并不能完全反映股东资源的动态价值,如公司创建初期对外部财务资本、市场网络等资源依赖性越强,创始股东当时讨价还价的能力就越弱,其自身的非财务资源价值就越有可能被低估,而随着公司的发展,公司对外部股东的某些资源的依赖性逐渐下降,如果不能动态调整股东资源的相对价值,将有可能引起股东为弥补其分配不足而激化利益纷争、引发控制权争夺。

---

① Demsetz(1967)指出,人们获得、保持或放弃权利,是一个选择问题,选择的基础在于成本与收益的对比,成本指主体为获得权利所做的努力,收益则取决于此项权利带给主体的效用。因此,权利的界定是一个演进过程。对于每一个寻租者而言,寻租的边际成本等于享用权利带来的边际租金的增量,则产权界定达到均衡状态(Barzel,1982)。

② 被动型基金(也称指数型基金)一般选取特定的指数成分股作为投资对象,不主动寻求超越市场的表现,而是试图复制指数的表现。

第四章/*Chapter Four*
异质性股东资源、股东资源集聚及其效应

第一节　关于资源异质性的基本认知

一、异质性的含义

异质性是指事物在状态或本质上的多样性或不可比性,其对称概念为同质性,意指事物在本质上的相似性或可比性。

异质性概念在不同学科中有不同的语义,但大致都与多元、不同点等基础概念相关。例如,在生物学上,异质性主要用于刻画属性或种类的不同情况或状态,意指生物多样性;在更宽泛的科技领域,异质性则指由不同成分的不同物质的颗粒或聚集物组成的物质样品的状态,如在化学上它是指两种具有不同性质的物质的混合(水与盐的混合)。在社会学上,异质性可以指由不同种族、文化背景、性别或年龄的个体组成的社会或群体,如社会学在研究群体或团队的异质性时,主要借助多维的人口统计学属性来概括或讨论,如性别、年龄、种族、受教育程度及

知识背景等。

二、异质性资源的命题

（一）资源异质性促进不同主体之间的合作

异质性与合作（cooperation）之间存在紧密关联。在已知的社会结构中，有很多因素会促进人们之间的合作。例如，出于实现某一共同目标，人与人、公司与公司之间展开合作，这就是人们通常所说的"人多力量大"。在这里，"人多"是指具有同质性的人的数量，而不一定是指群体中的人与人之间的差异性；或者反过来说，如果某一个体具有实现其目标的所有能力、资源，也就不存在人与人之间的合作。从根本上看，人与人之间合作的催化因素，并不在于人与人之间在能力、资源占有上的同质属性，而在于人与人之间在能力、资源等各方面的互补属性，也就是说，当某人能从他人获得其所缺乏的资源时，两人之间的合作关系才有可能保持，从而实现他们的共同目标。可见，资源异质性对于合作机会的出现、合作关系的长期保持至关重要。

一旦形成相对良好、固化的合作关系，资源异质性也有可能会成为阻碍未来与他人合作的重要因素、阻力。这与组织惰性、路径依赖等概念存在某种关联。总的看来，人们合作的水平（或最大化程度）取决于如何有效管理个体之间的资源异质性。在社会结构中，既然合作与分工一样，都是常态和必需，那么资源异质性就是一个动态或调整之中的概念：今天稀缺的资源，明天未必是稀缺的，今天的资源异质性不等于明天的资源异质性。

（二）资源异质性、合作与资源共享：经济动因

资源异质性促进人们之间进行合作的可能性。但是，要真正做到合

作的可持续，应当进一步分析因合作而共享资源（resource sharing）的经济或社会动机。从逻辑上看，只有当共享资源的预期收益高于其付出的沉没成本，且能保持成本与收益之间的适度平衡（或保持相对稳定）时，才有可能使资源共享由合作潜质变为真实行为。在这里，互惠互利（reciprocity）的经济学逻辑起到主导作用，它不同于道德层面的利他主义（altruism）修辞，具有异质性资源的各方所签订的合约成为维护各方利益的制度保障。

（三）初始资源禀赋及异质性形成

当某种资源具有异质性时，人们首先需要分析的是，这种资源禀赋的初始状态是什么？就如同人与人在进行合作时，首先需要了解彼此的性格特征、资源禀赋。当然，这是一个非常复杂的需要用生物学、社会学等知识来解释的问题，例如，人与人之间的性格差异可能源于基因差异，也可能源于不同个体所处的生活环境差异，尤其是年少时的家庭环境。但是，一旦某一个体具有了某种性格特征，就形成了该个体的初始资源禀赋，并且这些性格或资源禀赋不会随时间的延展而轻易改变。

联系到企业与企业之间的合作，也能发现，有些企业因独特身份而决定了其所拥有的资源禀赋、属性或特征。例如，与民营企业相比，国有企业的国有身份既被赋予了某种成长基因，还连带具有某种独特的资源属性。又如，同样属于民营企业，非家族企业与家族企业也具有完全不同的特征与资源禀赋。具体地说，家族企业决策权通常高度集中（如控制权掌握在第一代创始人及其子嗣的手中），决策效率较高，但也有可能因利他主义、家庭成员的同质性等，导致各种管理弊端，如决策"一言堂"、群体思维（group thinking）、盲目自负等，从而由成功走向失败。

（四）资源异质性与公司绩效之间的调节变量：动态能力概念及微观作用机理

回到资源基础理论。Penrose（1959）认为，市场上用于交换的资源都是同质的，只有当它们跨越了企业边界时才会变成异质的。现有研究表明，资源异质性与动态能力[①]（dynamic capability）是企业可持续竞争优势及卓越绩效的根本，资源异质性（如资源的稀缺性、不可模仿性、不可替代性等）为企业的可持续发展提供了竞争基础。

但是，异质性资源与良好绩效之间并不能简单地画等号。或者说，只有当企业具有很强的动态能力时，异质性资源才有可能真正表现为绩效。这表明，资源管理能力是异质性资源与企业绩效之间的调节变量：随着动态能力的提升，资源异质性越强则企业绩效越好。动态能力是一个广义概念，核心包括：（1）对资源异质性的识别、有效利用、管理水平等——这是公司管理主线及管理层的根本责任。（2）构建一套有效的治理机制，以确保管理层的上述责任得以落实——这是公司治理主线及治理层的根本责任。这也是第三章所要表达的价值创造的根本逻辑。在这一逻辑框架下，公司治理（及所体现的治理能力）是将异质性资源转换为良好绩效的基本建设（infrastructure）和制度基础，而公司管理（及所体现的管理水平）是将异质性资源转换为良好绩效的管理主题和根本责任。

三、异质性股东资源的测度

异质性股东资源的测度是一个基础问题。从研究方法上看，异质性股东资源的测度可分为以下两类，每类又有其不同的测度方法。

[①] Teece et al.（1997）认为，动态能力是一个企业所具有的集聚、组合、调配，以及应用资源并且根据市场变化和机会不断对资源进行重新组合、再调配和应用的能力，即利用资源开发和捕捉市场机会的能力、保持企业的资源组合与外部环境动态匹配的能力。

第四章 异质性股东资源、股东资源集聚及其效应

(一) 整体测度及赋值评价法

整体测度是指从总体意义上刻画公司股东资源的异质性。按照第三章的逻辑，公司所需的整体股东资源应当包括：

(1) 财务资本，它是各股东的出资实力、能力。

(2) 无形资源，具体包括股东社会资本（股东的身份、背景及社会声誉，创始股东的社会影响力）和股东独特资源（营销网络资源、供应商关系资源、研发优势与资源、资本市场运作资源、数字资源、品牌资源等）。

(3) 组织资源，包括股东参与治理、管理时所拥有的能力资源，如公司治理能力、运作良好的管理制度等。

如果不考虑动态能力这一调节因素，则理论上可以推定：股东提供的个体股东资源在属性上越多维，公司整体股东资源异质性越强，对公司未来发展的影响越大，越具有正向意义。

关于股东资源异质性的测度，理论上可以采用赋值评价法、指数法等多种统计工具或方法。以赋值评价法为例，研究者可以根据资源维度且在人为赋予其计算权重后，测得不同企业或者同一企业不同时期的整体股东资源异质性大小（变异性大小）。表4-1是对这一方法的简要举例。

表4-1 股东资源异质性的赋值评价法（简表）

资源维度及权重	二级维度	三级维度	取值及说明
财务资本（50）			
无形资源（30）	社会资本（10）	股东声誉资本（5）	
		政商关系及社会影响力（5）	
	独特资源（20）	营销网络资源（4）	
		供应商关系资源（4）	
		研发优势与资源（4）	
		资本市场运作资源（4）	
		数字资源（4）	

续表

资源维度及权重	二级维度	三级维度	取值及说明
组织资源（20）	治理能力（5）		
	管理能力（15）：制度规范与合规文化、学习能力、执行力		

注：①在取值时，既可以采用"有/无"的方式来刻画每一项资源的分值，也可以采用"没有/较少/有/较多/很多"等人为刻度，来刻画每一项资源的分值。

②上表用于对公司前三大（或前五大）资源型股东的个体评价，在个体股东资源评价基础上进行加总，即为公司整体股东资源异质性的分值。分值越高，表明整体股东资源异质性越强。

在统计意义上，类似的处理方法有很多。但是，无论采用哪种科学评价方法，都存在测度模型的合理性、各维度赋值及取数的客观性、各维度指标的内在关联性等一系列问题，因此，即使"1+1=2"的计算规则、程序和工具等是科学的，研究者也难以明晰为什么是"1+1"，而不是"3−1"，或者"1.5+0.5"等。因此，任何测度都有其主观性，只要有效即可。

（二）单项测度（敏感性测度）

从研究角度看，与其综合测度公司整体股东资源的异质性，不如采用更简明的单项测度方式，以显示某种资源的拥有或缺乏对公司整体资源异质性及其边际效应的影响。这在逻辑上有如敏感性分析，即假定其他要素相同或不变，观察某一资源要素的变动，以判断其对公司整体资源异质性所产生的边际影响。也就是说，我们观察公司整体资源的异质性，可以不讨论总体异质性的分值高低，而是观察如果缺乏（或追加）某种异质性资源，将对公司整体效应产生何种不良（或积极）的影响。

显然，从方法论角度看，该方法的应用不是事前的，而是事后观察式的，需要从事后的结果分析去寻找所需的证据。具体地说，人们可利用多案例分析、单案例的时间序列对比分析等，来检验某种异质性资源、能力对公司的边际影响。

以国有企业混合所有制改革这一场景为例，可以假定在其他因素不变的情况下，对比引入民营企业股东前后股东参与公司治理（体现为组织资源中的治理能力）的情况，观察治理结构改革对公司重大决策的边际影响，以厘清民营企业股东加入是否有助于提升国有企业治理效率这一命题。①

第二节　股东资源集聚：从股东个体到公司整体

一、股东资源的集聚

（一）识别所需资源

公司发展是一个不断积累各类资源以充分发挥资源效应的过程。创始股东（或大股东）愿意稀释甚至放弃公司控制权，在很大程度上是因为创始股东在运作、管理公司的过程中遇到某类资源瓶颈，且这类资源瓶颈难以通过其他方式或方法解决。以创始股东所面临的财务资本短缺为例。创始股东在公司发展初期面临的压力之一是财务资本的短缺。创始股东既可以通过留存收益再投资的方式来缓解部分压力，也可以通过借款融资的方式来减轻资本压力。但通常的情形是，在初创期，公司并没有多少收益可供留存，也没有太多的有形资产可进行借款担保（同样也缺乏寻求他人对借款增信的资源能力）。因此，初创公司在起步阶段为扩大规模、加大研发投入等所需的财务资本，无法通过内部融资或借款方式解决。面临财务资本压力，引入 VC、PE 等也就成为初创公司的不二选择。

---

① 在这里需要强调的是，基于股东资源理论，公司治理这一命题并非完全基于权力制衡、有效监督等概念视角，而是基于异质性股东的信息资源提供、投资机会寻找、重大决策的集思广益与群策群力、投资决策中对财务标准的严格恪守等资源、能力视角。显然，范式不同（研究视角不同）、基础逻辑不同，研究变量也就不同。所有的这些不同在后面各章的讨论中都会体现。

一个重要的设问是：创始股东面临的资源瓶颈难道只是财务资本的短缺吗？其实不然。创始股东创业之初所缺乏的资源非常多，以致自己都不明确缺少什么资源、该如何寻找这些资源，财务资本只不过是其所缺众多资源中最明显、最急需的资源。

从个体股东资源集聚为公司整体股东资源的角度，创始股东等首先需要做的是梳理公司现有的股东资源状况、识别公司所需的资源。显然，这是一个需要在权衡控制权得失的情况下，持续且递进审视的管理问题：(1) 公司未来的发展战略与愿景是什么？(2) 公司在不同发展阶段，缺乏哪些必要的资源？(3) 有哪些方式可以帮助公司打破资源瓶颈？(4) 吸收其他外部大股东的投资是必要的选择吗？(5) 如果是，公司希望潜在的大股东提供哪些资源？或者，公司在吸收大股东入股时需要设立哪些明确的准入门槛？尤其需要关注的是：在财务资本并不稀缺的情况下，如何设定投资准入门槛中的其他资源评估权重或标准？识别潜在股东的投资属性是什么（是长期的价值投资还是短期的财务投资）？(6) 如何通过程序、制度等对潜在股东进行合理的评价？等等。

以创始股东为代表的公司大股东评估外部投资者资源、能力的过程，在理论上可以归纳为"劳动雇佣资本"的过程。

（二）双向选择：建立"创始股东-外部股东"之间的伙伴关系

当然，公司吸引外部资源型股东的资本投入，从来都不是一厢情愿的，公司与外部潜在股东之间正式投资关系的形成，本质上是一个双向选择的过程。从资本逐利性与价值投资理念看，外部投资者在选择投资对象（标的）时，与其说是选择盈利公司（或项目），不如说是在选择行业和人（在某种程度上体现了"资本雇佣劳动"）。

应当承认的是，现在的外部股东越来越倾向成为或被定位为价值投资者（value investors）。他们在判断投资对象、评估投资标的时，看中的并不完全是价格，而是长期价值。也就是说，价值投资者所投资的并不是纯粹意义上的交易符号（股票），而是被投资公司本身，以出资之名，外部股东成为拥有公司股权的合作伙伴之实。这就表明：(1) 外部股东看中的是公司所属产业的发展前景及业务基本面（business fundamentals）；(2) 外部股东应用其个性化的价值评估程序，在多个投资标的中发现价值，从而成为理性的投资者；(3) 外部股东试图建立与公司（及创始股东）之间的长期合作伙伴关系。

产业前景、创始股东的品质（如行为个性、资源禀赋、个人能力）等成为外部股东评定项目投资的标准，产业发展前景、管理理念适配、股东资源异质与互补等构成投资评判的三大要素。

（三）创始股东对 VC/PE 的股东资源诉求：内含于股东资源的增值服务能力

一旦公司创始股东与外部股东（如 VC/PE 等）达成投资伙伴关系，外部股东就不再单纯提供股权资本、参与常规性决策与管理，更重要的是利用自身的股东资源（如管理能力、品牌优势及市场影响力等），为公司提供各类增值服务。这是合作伙伴关系建立后，外部股东出于公司整体价值增值而提供的额外服务，它体现为外部股东对公司的股东资源投入，同时也期望从其资源投入带来的价值增量中分享属于他们的增值价值。通常，VC/PE 等外部股东提供的增值服务因创始股东稀缺资源的不同而不同，多数情形下，他们所提供的增值服务主要包括：规范治理与管理制度、强化公司团队建设、市场信息支持、法律顾问咨询等。

1. VC/PE 等机构的价值创造：传统策略（资本运作）

从历史上看，VC/PE 等机构的价值创造专注于选择具有增长潜力的有吸引力的投资标的（价值发现），并利用金融工程（financial engineering）等财务技术助推收入、利润（如EBITDA）等的全面增长。多年来，各类机构投资者主要利用这一投资策略提升其投资组合的价值。机构投资者关注的焦点是价值发现，即发现市场上存在的大量被低估或定价具有吸引力的标的物，然后投资和持有并伺机退出（如IPO后在二级市场出售或大宗股权转让）。在这一策略中，能否有效协助被投资公司成功上市，成为这类机构最具竞争力的股东资源和投资优势。同时，被投资公司最终能否成功上市，也成为这类机构避险的主要策略。可见，IPO与其说是为了公司融资，不如说是为机构投资者提供其股权退出的通道。那些有资源、有品牌的机构投资者（包括大型投资银行等），凭借其能力、资源助力公司成功上市，成为资本市场中的大玩家。公司上市之后能否持续创造价值，并不是这些机构投资者所关注的焦点。

2. VC/PE等机构的价值创造：现代策略（商业伙伴）

随着财务资本日益"廉价"、机构投资者面临的市场竞争压力持续增加（如理想标的越来越受青睐、投资成本越来越高[①]等），被投资公司对机构投资者的选择条件也越来越严苛：机构投资者不仅要有很强的财务实力，还要能为公司的未来发展提供更多的股东资源、提供更好的增值服务。在这种情况下，机构投资者的投资策略已发生重大转变或调整，即从单纯的资本运作向积极的、全方位的、休戚与共的商业伙伴关系转变，帮助公司直接创造价值。

---

① 现在，资本市场及机构投资者所看到的标的公司的市盈率，比以往任何时候都高，机构投资者实现其预期的投资回报变得更加困难。埃斯瓦斯·达莫达兰在《打破神话的投资十诫》一书中研究并统计了美国资本市场1952—2001年的股票组合年均回报率，发现最低市盈率股票组合的年均回报率为20.85%，而最高市盈率股票组合的年均回报率为11%，最低市盈率股票组合的收益率几乎是最高市盈率股票组合的2倍。可见，低市盈率股票组合能够获得超额回报，相反，高市盈率股票组合的回报率较低。

第四章 异质性股东资源、股东资源集聚及其效应

显然，现代策略下的机构投资者，并不仅仅是公司财务资本的提供者，还是公司价值的创造主体。也就是说，他们直接参与公司治理与运营管理。运营管理是价值增长的重要策略，这意味着机构投资者需要从运营角度，帮助公司提高已有业务的运营效率、提高营销能力及效率、削减管理成本、加强供应链管理、优化财务报告和管理信息系统等，全方位参与运营过程以创造公司价值。在这一背景下，机构投资者是否具有公司运营管理方面的资源、能力，将成为这些投资者是否具有市场竞争力的判断标志。拥有丰富运营管理能力等股东资源优势的机构投资者，往往因预期良好的投后整合管理能力而在投资市场中胜出。能否成为公司真正的运营伙伴（operating partner）而不是单纯的财务工程师（financial engineer）将成为公司选择投资伙伴的重要标准。图4-1说明了风险投资家在风险投资过程中的时间投入分布，从中也可以看出，这些投资家是如何陪伴公司成长的。

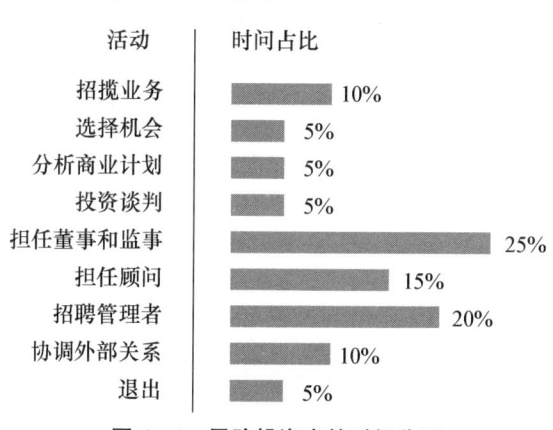

活动	时间占比
招揽业务	10%
选择机会	5%
分析商业计划	5%
投资谈判	5%
担任董事和监事	25%
担任顾问	15%
招聘管理者	20%
协调外部关系	10%
退出	5%

图4-1 风险投资家的时间分配

资料来源：Zider（1998）.

运营能力、数字资源、共享服务、职业水平等，将成为机构投资者所需要弥补的股东资源。投资银行的业务能力或财务运作水平等方面的

股东资源并非不重要，而是仅凭这些能力、资源，已远远达不到公司对潜在外部股东所拥有的股东资源的期望。这也意味着，传统机构投资者可能存在明显的短板和不足，公司对通过运营管理创造价值的日益依赖，促使PE/VC要尽快拓展技能、发挥行业专家的作用，组建运营专家团队给公司提供更强大的增值服务。

另外，机构投资者创造价值的重要方式之一是帮助公司进行品牌优化。这是因为强大的品牌将推动创造可预测的未来现金流、更高的利润率，良好的品牌使公司能快速、低成本地拓展市场，吸引客户并提高其忠诚度，同时良好的品牌也能增强供应商、员工等利益相关者对公司发展的信心，从而吸附更多公司所需的商业资源，支撑公司未来的可持续发展与价值增值。① 但是，品牌建设和优化是一个长期的过程，机构投资者在这方面所需秉持的核心投资理念是：保持耐心、伴随公司一同成长。

二、个体股东资源集聚为公司整体股东资源：路径

如何将各类异质性股东资源集聚在一起并真正发挥其资源互补优势，是公司运作中的一项长期任务。其中，投资入股和促成资源嫁接是两条基本路径。

（一）投资入股

投资入股是指在原有公司（及其创始大股东）等的基础上，通过资源分析、双向选择等，吸收其他外部资源型大股东对公司的直接股权投

---

① 国际标准化组织（International Organization for Standardization，ISO）提出了品牌价值标准。根据市场营销责任标准委员会（Marketing Accountability Standards Board，MASB）的分析，品牌价值平均贡献了公司价值的19.5%。对于奢侈品牌而言，这一数字可以构成股东价值的大部分。从会计角度看，财务报表无法系统地对品牌、客户关系等关键无形资产进行合理确认、计量并报告，难以公允反映公司价值。因此，会计体系饱受诟病。

资,并以此带来各类股东资源的投入。投资入股方式至少包括以下几种:

(1) 增资入股。即外部股东对公司进行增资扩股,在这一情形下,公司股权结构因增资而发生改变,创始股东被稀释部分股权。

(2) 转让入股。即外部股东通过股权转让协议,受让创始股东的部分股权。

无论是增资入股还是协议转让,都是对原有公司股东结构的再造,从而涉及公司控制权(投票权)和现金流权(分红权)等核心权利的协商、谈判及相应制度安排。

(3) 新设合营。即创始股东与外部股东通过共同投资的方式,新设合资(合营)公司,承接或替代原有公司的部分经营业务,在做大做强的同时,推动原有公司的发展。

但无论采用哪种投资入股方式,对外部股东而言,都只是取得某种"通行证",真正要体现股东资源的集聚并发挥其应有的股东资源效应,还需要投资各方具有长期的合作意愿、提供或帮助提供公司发展所需的各类股东资源,以及对各股东因资源投入量不同而进行的权益划分和权力安排(涉及治理、因资源价值不同而形成不同的权益分配机制等)。目标的一致性、合作各方的相互信任等,成为各股东资源嫁接的前提和文化基础。

(二) 资源嫁接

从个体股东资源集聚并嫁接为公司整体股东资源看,资源嫁接的核心在于嫁接方式。通常包括以下两类:

(1) 全面嫁接。即在原有公司的基础上,通过外部股东的介入,连带嫁接股东资源。例如,外部股东通过融资、市场机会、营销网络资源、管理制度及激励机制的全方位提供、共享及使用，最大限度地发挥资源的整体效应。

(2) 局部嫁接。即针对公司发展所面临的某几种（某几类）资源短缺的现实情况，通过将外部股东所拥有的某些股东资源以设立合营公司的方式等，进行局部的资源嫁接。

三、对股权融资中对赌协议的思考：既为战略伙伴，何需对赌？

对赌协议 (bet-on agreement) 的原始含义是估值调整机制 (valuation adjustment mechanism, VAM)，是投资方（主要指 VC 等）与融资方（主要指公司及其创始股东、控股股东或实际控制人等）在达成股权融资协议时，对于未来不确定的情况进行的一种约定。实际控制人 (actual controller) 是指那些虽不是公司股东，但通过投资关系、协议或其他方式实际行使公司控制权的法人或自然人。

（一）对赌协议的基本含义

在中国股权融资实践中，对赌协议对融资方来说是一把真正的双刃剑。[1] 因为它使投资者有权调整投资组合公司的原始估值，并在未来发生某些事件（如未能达到财务或非财务业绩指标）时，以现金[2]、

---

[1] 管清友. 对赌协议是把双刃剑. [2018-10-08]. https://www.sohu.com/a/258142399_270543.

[2] 现金对赌（货币补偿型对赌）通常是指当股权融资企业未能如期实现对赌目标时，融资企业或创始股东将给予投资方一定数量的货币作为补偿，但并不影响投融资双方原已达成协议的股权比例。2008 年 7 月，欧洲风险投资机构 3i 集团和普凯基金以可赎回可转换债券的形式分别出资 2 000 万美元和 500 万美元，对内蒙古小肥羊餐饮连锁有限公司进行联合战略投资。两家外资机构在小肥羊中占股 20%，小肥羊创始股东（张钢、陈洪凯）的股权因此被稀释。根据对赌协议，小肥羊若在 2008 年 9 月 30 日前实现 IPO，则 2 500 万美元的可赎回可转换债券在公司上市前夕将自动转换为等价值的普通股，否则小肥羊将向投资方 3i 集团以及普凯基金按照约定利率支付现金以补偿其投资本息。

第四章　异质性股东资源、股东资源集聚及其效应

股权[①]等各种方式获得相应的补偿。通常，投资方与融资方协议中的对赌条件主要包括：关键业绩指标及其目标值（如营业收入、EBITDA、利润总额、营业收入年均增长率、净资产、市场份额等），非财务业绩目标（如产品质量、新专利数、新工艺流程、商业战略联盟的形成、产品销量、客户群及流量等），以及一些特定事件的时间限定（如公司按时间进度上市、完成某项重大并购等）等。一旦融资方未能实现对赌承诺，触发执行对赌条款，将对融资方及其创始股东产生极大的影响。它不仅影响当期投资者对公司价值的重估调整，还会进一步影响公司未来上市及后续各种方式的融资。

---

① 股权对赌（股权补偿型对赌）通常是指当被投资企业触发对赌条款时，需根据约定给予投资方一定数量的股权作为补偿；反之，当被投资企业实现既定目标时，投资方将给予被投资企业的创始股东一定数量的股权作为奖励。股权对赌一般包括以下四种类型：一是股权调整型。股权调整型是指投融资双方在依据结果实施对赌条款时，以低价或无偿转让一定数量的股权给对方，控股权不变。2005年10月，摩根士丹利等投资机构向永乐电器注资5 000万美元换取20%的股份，双方达成协议：若永乐电器2007年的净利润高于7.5亿元，外资股东将转让4 697.38万股给永乐原股东；如果净利润等于或低于6.75亿元，永乐管理层将向外资股东转让4 697.38万股；如果净利润不高于6亿元，永乐电器的原股东将向投资方转让最多高达9 394.76万股的股份。二是股权稀释型。股权稀释型即被投资企业未能实现目标业绩时，投资方有权以低廉价格再向企业增资购入一部分股权。三是控股权转移型。控股权转移型与前两种类型的最大不同在于，此类条款的实施会使控股权从创始股东手中转移至股权投资方手中。2006年11月，英联投资与太子奶集团合资成立离岸公司——中国太子奶（开曼）控股有限公司，并注资4 000万美元，摩根士丹利、高盛分别注资1 800万美元和1 500万美元。与此同时，三家投资机构与太子奶集团创始人李途纯签署一项对赌协议：注资后的前3年，若太子奶集团的经营业绩增长能达到50%以上，便可减少投资方的持股比例；反之，实际控制人李途纯将失去控股权。最终，因债务积压和业绩惨淡，李途纯于2008年11月向三个投资方转让其名下全部的股权。四是股权回购型。股权回购型是指当被投资企业未能如约完成对赌目标时，企业原股东将按照投资方的投资款加事先约定好的固定回报价格回购投资方所持股份，以使投资方退出投资。2005年，中比基金以4 000万元向东光微电子增资并签署对赌协议。条款约定：如果东光微电子股票在5年内无法实现在A股上市交易，则中比基金有权以约定价格行使股份回赎权；同时，若东方微电子经营业绩未能达到目标水平，即连续2年扣除非经常性损益后的净资产收益率达不到10%，那么投资方也享有股份回赎权，其具体计算公式为：4 000万元×20%×起始日到赎回日天数/365－赎回日前中比基金已分配现金红利。

(二) 对赌协议的本质

美国资本市场投融资双方的对赌协议主要关注投资方的股票赎回权（redemption right），目的在于允许投资者以赎回机制保护其原始合同中的合理定价，并保留其在不得已的情况下从公司退出的权利。与旨在鼓励长期、可持续的"投资者-创始股东"关系的美国风险投资合同不同（Lin，2020），在中国流行的对赌协议要求那些未能达到事先约定目标的公司，由公司或创始股东等向外部投资者提供经济补偿（compensation）。显然，中国资本市场中补偿式对赌协议机制广泛流行的原因在于：

（1）投融资双方信息不对称（information asymmetry）。信息不对称极易产生投资方与融资方（创始股东）之间的代理成本，从而影响双方对投资标的的估值。因此，对赌协议可以看成投融资双方降低信息不对称性、调整估值差异的一种财务机制。

（2）中国资本市场的金融创新不足。受相关法律法规的约束，中国资本市场很少发行西方流行的如可转换优先股等可转换证券（convertible securities），尤其是在初创公司融资及转股协议安排中。其实，在公司初创阶段的融资中利用可转换证券，既能给投资方提供某种具有选择权、转换权的金融工具，也能在很大程度上降低投资方的风险，从而减少对赌协议的使用。事实上，中国资本市场的可转换证券（如可转换优先股、可转换债券等）的发行，起步相对较晚（如优先股是2014年才开始试点发行，且主要用于银行业的资本补足；相对而言，可转换债券的发行规模不大且主要发生在IPO后的再融资阶段）。

（3）对投资者的法律保护不足。相对而言，在公司的投融资中，公司及创始股东处于优势地位，法律法规等对大股东的违规行为缺乏强有力的约束。因此，对赌协议从根本上看是投资方的自助机制（investors' self-help mechanisms）。

（三）对赌协议潜在的不良后果

对赌协议作为一种投融资制度安排，在中国流行多年，除投融资领域，其更广泛地运用于投资并购领域（如并购协议中，被并方对主并方的业绩承诺）。从某种程度上看，这一制度安排大大激发了投资者的积极性与资本市场潜力，从而促进了中国经济尤其是民营经济的快速发展。当然，对赌协议对投融资双方都将产生重大影响，尤其是对融资方及创始股东而言。如果到期不能满足对赌协议条款的业绩要求，创始股东将要给投资方提供巨额经济补偿，甚至以失去公司控制权为代价。此处不再从个案来分析对赌协议对投融资双方的影响，而是从市场层面、公司发展层面剖析对赌协议的经济后果。

从市场层面看，对赌协议在激发资本市场投资热情的同时，也带来了下列问题：

（1）投融资双方以财务业绩对赌为根本，一方面助长了投资方投资行为的短期化、财务化，另一方面助长了融资方（创始股东）的短期主义经营行为，甚至以对赌条款达标为根本，诱使公司不顾长期经营战略而只顾短期财务业绩，严重者则体现为财务造假、IPO 后的业绩变脸等。

（2）投资方以 IPO 为目的，通过 IPO 后解禁到期的快速退出取得市场收益，这在一定程度上强化了 IPO 的资本退出功能，使 IPO 市场不再完全是一个可持续的融资市场、一个充分合理定价的市场（如高 PE、高估值），不利于资本市场的健康发展（概念化的市场炒作等，干扰市场信号，使价格偏离价值）。

（四）基于股东资源观的思考

投融资双方如果单纯基于公司上市、IPO后快速退出等动机，是难以促进资本市场、产业等长期发展的。如前所述，随着资本市场的不断发展完善，现代意义上的机构投资者不应当只是提供财务资本并快速退出以取得财务收益的投资者，而应是赋能于公司长期可持续发展的商业伙伴。因此，机构投资者作为公司的大股东，在关注其投资组合及风险控制的同时，也要积极扮演股东资源提供者的角色。

（五）对赌协议的根本问题

对赌协议在很大程度上偏离了战略投资者作为公司商业伙伴的初衷，也有悖于公司借股权融资助力长期成长的发展理念。

（1）弱化投资者的风险意识及风险承担能力。参与对赌的投资者（如机构大股东），从根本上看是自身投资风险的承担者，而不是公司剩余风险的终极承担者，因此不完全符合人们对股东这一概念的核心定义。

（2）弱化投资者的项目评估能力，从而错配资本资源。既不利于投资者事前有效甄别高风险的价值投资项目，导致资本市场资源错配，也不利于投资者事后增加对所投资公司的风险控制。

（3）对赌协议是投融资双方相对短期的合作协议，不利于股东资源的长期投入和使用，不利于股东结构尤其是大股东联盟的相对稳定，更不利于增加公司对其他利益相关方的资源吸附能力。战略投资者在某种程度上与财务投资者无异。

（4）不利于投融资双方协同合作。因存在对赌协议，投资者投资风险低、风险补偿有保障，没有足够的动机、意愿谋求与公司资源对接、业务协调、长期合作等。

(5) 不满足资本维持原则，不利于公司财务状况及其他利益相关者的保护。在对赌协议中，必须面临的法律问题是投资者与"谁"对赌？答案是融资方。进一步的问题是，谁是融资方？是公司还是公司的创始股东或控股股东？显然，公司与公司的创始股东是两个不同的法律主体。如果是投资者与公司之间的对赌，以公司"现金补偿＋股权回购"为代表形式的对赌协议，则面临法律与财务双重制度障碍。第一，它触及公司法中的资本维持原则（如法律规定股东不得抽逃出资）；第二，它可能触及公司合法可用的资金问题，并潜在损害债权人、其他股东等的利益（刘燕，2021）。如果是投资者与创始股东之间的对赌，则只涉及大股东之间的利益协调，与公司法人的独立财产权无关。遗憾的是，中国资本市场上的对赌协议大多发生在投资者与公司之间，这类对赌显然面临法律、财务等方面的规制风险。

(6) 不利于公司战略稳定与可持续发展。为使业绩达标，避免对赌失败带来的巨额补偿成本（或控制权丧失），公司及融资方不得不追求经营行为短期化，甚至采用盈余管理、财务造假等手段。

如此看来，当下投融资活动中的对赌协议，与其说是对战略投资者风险承担的一种价值补偿，不如说是战略投资者为其本能的风险回避而寻求的安全退出通道。这种背景下的战略投资者难以真正成为公司的长期商业伙伴。

（六）西方经验的借鉴

为有效激励风险投资者进行战略性资源投入，西方创业企业更倾向采用分时段股权安排的形式，即风险投资者并非在一开始就将所有资本投入企业，而是在企业的不同发展阶段依次投入：前期（创业期）"多投钱、少股权"，将权力赋予创业者以达成有效激励；中后期（IPO 前）

与创业者约定进行持续增资以放大后期收益,采用过程控制代替对赌协议下的结果控制(邱国栋和汪玖明,2020)。由此可见,西方企业在引入战略投资者的过程中强调或鼓励的是通过协议维持长期、可持续的"创始股东-战略投资者"的伙伴关系。西方风险投资行业的运作经验表明(见图4-2),VC/PE等战略投资者的投资理念与投资行为,与理论上要求其在公司、资本市场中发挥作用的角色定位是一脉相承的。显然,这是可以借鉴的经验。

风险投资行业有四个主要参与者:需要资金的创业者;想要获得高回报的私人投资者;促成公司上市的投资银行;通过为其他三者创造市场来为自己赚钱的风险投资者。

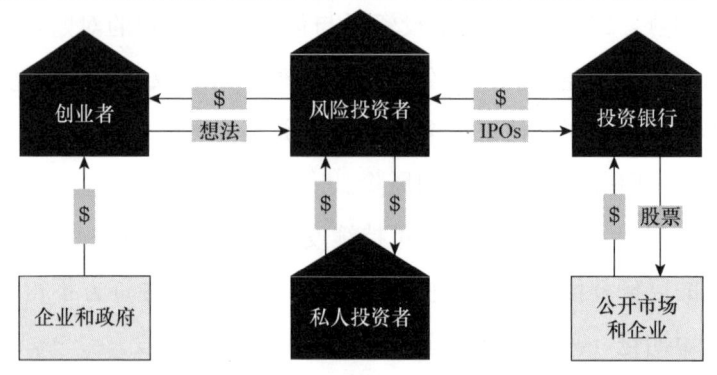

图4-2 风险投资行业的运作

资料来源:Zider (1998)。

为提高资本市场的资源配置效率,促进战略投资者与公司共生共赢、健康成长,不仅需要加大金融创新力度(如放宽对可转换证券等融资工具的管制),更需要规范战略投资者的投资行为,结合我国实际设计出更合理的协调机制,使其真正成为"资源投入—增值服务—共担风险—共享收益"的战略合作伙伴。

第三节　案例分析：宁波港引入上港集团中的股东资源及其效应

一、案例公司背景介绍

（一）宁波港

宁波舟山港股份有限公司（简称宁波港，股票代码601018）的官网及年报信息披露，其资本运作主要经历了以下阶段：

（1）上市。2008年3月31日，宁波港集团作为主发起人联合招商国际等7家单位发起创立宁波港股份有限公司，2010年9月28日，经中国证监会批准，宁波港股份有限公司在上交所正式上市。

（2）参股设立舟山港。2011年5月，舟山港集团有限公司作为主发起人联合舟山市国瑞投资、宁波港股份有限公司等7家单位发起创立舟山港股份有限公司。2015年8月7日，浙江省委、省政府做出整合统一全省沿海港口及有关涉海涉港资源和平台的决策部署。同年8月28日，浙江省海港投资运营集团有限公司揭牌成立；9月29日，由宁波港集团、舟山港集团整合组建的宁波舟山港集团有限公司（简称宁波舟山港集团）揭牌，宁波港开启了以资产为纽带的实质性一体化。

（3）资产重组。2016年4月22日，宁波港股份有限公司以发行股份购买资产的形式，收购舟山港股份有限公司。2016年9月28日，宁波港股份有限公司更名为宁波舟山港股份有限公司。

（4）引入战略投资者——上海国际港务（集团）股份有限公司（简称上港集团，股票代码600018）。2020年8月，宁波港完成向宁波舟山港集团和上港集团非公开发行股票，上港集团成为持有宁波港股份5%的第二大股东，实现了长三角港口间的交叉持股。

（5）股权投资及扩张。2020年12月，公司收购浙江省海港投资运营集团有限公司旗下的温州港集团、浙江海港嘉兴港务、浙江头门港港务、浙江义乌港等公司的股权，实现了全省沿海港口资产实质性一体化运营管理。

目前，宁波港作为浙江省沿海港口的运营主体，主要负责宁波舟山港、温州港、嘉兴港、台州港及义乌港的港口运营管理，经营范围主要包括集装箱、铁矿、石油、煤炭、液化品、件杂货等货物装卸业务，并提供拖轮助泊、码头租赁、船舶代理及物流等与港口生产有关的全方位、综合性服务。2020年，宁波港完成货物吞吐量9.2亿吨（同比增长5.1%），完成集装箱吞吐量3 172.1万标箱（同比增长4.3%）。公司2020年度业绩快报显示，公司总资产达853亿元，营业总收入为212.6亿元，利润总额为48.3亿元，归属于上市公司股东的净利润为34.9亿元，加权平均净资产收益率为7.29%。截至2020年12月31日，公司总股本扩大至158亿股，总市值约620亿元，总股本在浙江省500家上市公司及19家港口上市公司中均位居第二。

另外，值得关注的事件是：子公司分拆上市准备。宁波港2020年12月28日召开第五届董事会战略委员会第二次会议、第五届董事会第八次会议、第五届监事会第六次会议，审议通过了《公司关于筹划子公司分拆上市的议案》。分拆的全资子公司为宁波远洋运输有限公司（简称宁波远洋），其注册资本为9亿元，主要从事国际近洋、远洋货物运输业务，专业化经营中日、中韩集装箱班轮航线及国内集装箱公共内支、内贸航线，国内散货运输及运输辅助业务。公告显示，2019

年12月31日该子公司的资产、负债和所有者权益分别为27.5亿元、18.3亿元和9.2亿元,年度营业收入和净利润分别为21.6亿元和1亿元。分拆后,宁波港仍将维持对宁波远洋的控制权,且不会对宁波港其他业务板块的持续经营运作构成实质性影响。公告称,分拆该子公司将有利于宁波港聚焦核心业务,提升子公司盈利能力及综合竞争能力。

(二)上港集团

上港集团是上海港公共码头运营商,于2006年10月26日在上交所上市。上港集团是全国首家整体上市的港口股份制企业。上港集团主营业务分为四大板块——集装箱码头业务、散杂货码头业务、港口物流业务和港口服务业务,目前已形成包括码头装卸、仓储堆存、航运、陆运、代理等服务在内的港口物流产业链。公司在上海地区下辖12家分公司及3家内设机构、31家二级(全资及控股)子公司、13家参股企业。2019年上海港(公司母港)集装箱吞吐量为4 330.3万箱,连续十年位居全球首位。截至2019年12月31日,公司总资产为1 421.77亿元,实现归属于母公司所有者的净利润90.62亿元,A股总市值达1 337.12亿元。

二、宁波港引入上港集团:非公开发行股票及合作协议

上港集团披露的公告称,上港集团2020年1月21日召开第三届董事会第五次会议,审议通过了《关于上港集团参与认购宁波舟山港股份有限公司非公开发行股份的议案》,同意公司认购宁波港非公开发行的A股股票,上港集团以总额不高于人民币37亿元认购宁波港非公开发行的股份,并授权上港集团总裁全权负责办理本次认购宁波港非公开发

行股份的相关事项。同日,公司与宁波港签订《宁波舟山港股份有限公司与上海国际港务(集团)股份有限公司之股份认购协议》。双方披露的公告称,2020年3月24日,上港集团与宁波港签订战略合作协议。

(1) 合作方式。主要包括:上港集团认购宁波港非公开发行的股票;宁波港将与上港集团协商参与小洋山港区综合开发;双方将以上海港航股权投资有限公司为平台,在港航、交通、能源等领域及相关项目上开展投资合作;双方将在子公司层面,寻求投资及业务合作。

(2) 合作领域。双方将在港口综合开发、建设、运营、管理等领域,本着互惠互利的原则开展战略合作。

(3) 合作目标。全面落实《长江三角洲区域一体化发展规划纲要》中围绕提升国际竞争力,加强沪浙杭州湾港口分工合作,以资本为纽带深化沪浙洋山开发合作,做大做强上海国际航运中心集装箱枢纽港,加快推进宁波港现代化综合性港口建设的精神,通过本次非公开发行股票及后续战略合作,增强港口群联动协作成效,更好地服务长江经济带,增强服务全国的能力。

(4) 合作期限。自协议生效之日起,双方合作期限为3年。合作期限在届满后将自动续期,每次续期的期限为1年,除非一方在期限届满前对续期提出异议,且经双方善意协商后仍未就续期达成一致。

(5) 战略投资者拟认购股票的数量。宁波港非公开发行A股股票的数量不超过2 634 569 561股(即宁波港发行前总股本的20%),并以中国证监会最终核准发行的股票数量为准。上港集团拟认购的本次非公开发行A股股票发行数量为宁波港于本次非公开发行后总股份数的5%,认购金额不超过人民币37亿元;若宁波港股价上涨导致按人民币37亿元的认购比例不足前述5%,则按人民币37亿元认购所对应实际比例的股份。

(6) 定价依据。本次非公开发行股票的定价基准日为发行期首日。按照《上市公司证券发行管理办法》等有关规定，本次非公开发行股票的发行价格为定价基准日前 20 个交易日宁波港 A 股股票交易均价的 90%（定价基准日前 20 个交易日 A 股股票交易均价＝定价基准日前 20 个交易日 A 股股票交易总额÷定价基准日前 20 个交易日 A 股股票交易总量）且不低于发行时最近一期经审计的合并报表每股净资产。

(7) 参与宁波港经营管理的安排。自上港集团登记为宁波港股东之日起，上港集团依法享有宁波港章程赋予的包括董事提名权在内的各项股东权利。本次非公开发行股票结束后，上港集团有权根据宁波港章程规定提名 1 名非独立董事。该董事应当依据宁波港章程，对宁波港负有忠实义务和勤勉义务。该董事任职期间应当最大限度地从宁波港的发展角度对公司事务做出独立、专业、客观的判断，并以合法合规的方式提出意见或建议。

(8) 持股期限及未来退出安排。本次非公开发行结束之日起 36 个月内（简称锁定期），上港集团不对外转让其持有的标的股份。在本次非公开发行股票锁定期届满后，若上港集团计划减持本次非公开发行取得的股票，将遵守中国证监会、上交所等监管部门关于股东减持的相关规定，审慎制定股份减持计划，通过合法合规的方式进行减持，并及时、准确地履行信息披露义务。

(9) 未履行相关义务的违约责任。除不可抗力因素外，协议任何一方未履行或未适当履行其在协议项下承担的任何义务，或违反其在协议项下做出的任何陈述和/或保证，均视为违约，未违反协议一方（简称守约方）有权要求违约方赔偿由此给守约方造成的全部损失。

宁波港随后实施了该协议并向上港集团等非公开发行股票。

三、上港集团引入宁波港：优化股权结构、丰富股东资源

从宏观层面，上港集团与宁波港在资本层面的对接有深远意义。中共中央、国务院印发的《长江三角洲区域一体化发展规划纲要》明确指出，加强沿海沿江港口江海联运合作与联动发展，鼓励各港口集团采用交叉持股等方式强化合作，推动长三角港口协同发展。可见，双方以资本为纽带进行的战略合作，旨在实现长三角区域港口资源的战略重组，推动长三角港口协同发展。

从微观层面看，双方战略合作将以宁波港为合作平台，引入上港集团作为战略投资者，整合港口资产，实现优势互补，以提高港口资源的科学开发利用水平，助力宁波港未来发展。

（一）在未进行战略合作前两家公司财务状况的对比

上港集团与宁波港主要财务数据对比如表4-2所示。

表4-2 上港集团与宁波港主要财务数据对比　　金额单位：亿元

项目	上港集团	宁波港
总资产	1 443.67	736.22
总负债	620.17	316.09
所有者权益	823.50	420.14
营业收入	380.43	218.80
净利润	114.72	32.07
净资产收益率（平均）	14.21%	7.65%

资料来源：两家公司2018年年报.

从上述财务状况及经营成果中可以看出，上港集团无论是在规模上还是在盈利能力上，均远远高于宁波港。

（二）上港集团的股东结构及持股比

上港集团的前五大股东结构及持股比如表4-3所示。

表4-3 上港集团的前五大股东结构及持股比

股东名称	持股总数（股）	持股比例（%）	性质	备注
上海市国有资产监督管理委员会（简称上海市国资委）	7 267 201 090	31.36	国家	
亚吉投资有限公司	5 827 677 572	25.15	境外法人	
中国远洋海运集团有限公司	3 476 051 198	15.00	国有法人	
上海同盛投资（集团）有限公司	1 125 271 248	4.86	国有法人	实际控制人：上海市国资委
上海城投（集团）有限公司	975 471 600	4.21	国有法人	实际控制人：上海市国资委

注：上海市国资委通过关联股东关系，直接和间接持有公司43.73%的股份。
资料来源：上港集团2019年年报。

作为一家整体上市的国有控股公司，上港集团不但可以依托其国有资本及出资实力，而且拥有亚吉投资有限公司（第二大股东、战略投资者）、中国远洋海运集团（第三大股东、产业投资者）等各类大股东，从而为公司发展奠定了良好的股东结构与治理基础。

（三）宁波港非公开发行股票前后对比：前五大股东的结构优化

根据宁波港董事会2020年8月27日发布的公告《宁波舟山港股份有限公司非公开发行股票发行结果暨股份变动公告》，公司以非公开发行股票的方式向宁波舟山港集团、上港集团两家特定对象共增发股票2 634 569 561股（分别为1 844 198 693股、790 370 868股），募集资金总额9 668 870 288.87元（发行价格为3.67元/股）。

表4-4、表4-5分别是宁波港在非公开发行股票前后前五大股东

结构及持股比。从宁波港的股东结构及其变化看,作为一家国有股"一股独大"且区域色彩浓厚的上市公司,其大股东主要来自地方,拥有的股东资源也相对单一。

表4-4 非公开发行股票之前前五大股东结构及持股比

序号	股东名称	持股总数(股)	持股比(%)
1	宁波舟山港集团有限公司	10 052 660 805	76.31
2	招商局国际码头(宁波)有限公司	407 609 124	3.09
3	中国证券金融股份有限公司	394 392 906	2.99
4	宁波宁兴(集团)有限公司	105 885 835	0.80
5	招商局港口集团股份有限公司	104 057 566	0.79

注:数据截止时间为2020年6月30日。

表4-5 非公开发行股票之后前五大股东结构及持股比

序号	股东名称	持股总数(股)	持股比(%)	新购股数(非公开发行)
1	宁波舟山港集团有限公司	11 896 859 498	75.26	1 844 198 693
2	上海国际港务(集团)股份有限公司	790 370 868	5.00	790 370 868
3	招商局国际码头(宁波)有限公司	407 609 124	2.58	
4	中国证券金融股份有限公司	394 392 906	2.49	
5	宁波宁兴(集团)有限公司	105 885 835	0.67	

注:①公司控股股东为宁波舟山港集团有限公司,实际控制人为浙江省国有资产监督管理委员会。
②数据截止时间为公告日2020年8月27日。

(四)上港集团的股东资源:优势分析

据上港集团2019年年报"管理层讨论与分析"中相关内容的介绍,上港集团依托其优越的地理位置、发达的腹地经济、良好的发展环境和高效的经营管理,不断开拓创新,致力于持续强化核心竞争力。具体包括:

(1)优越的地理位置。上海港位于我国海岸线与长江"黄金水道"

的 T 形交汇点，毗邻全球东西向国际航道主干线，以广袤富饶的长江三角洲和长江流域为主要经济腹地，地理位置得天独厚，疏运网络四通八达。

（2）发达的腹地经济。上海港的核心货源腹地——长江流域，是我国经济总量规模最大、极具发展活力和发展潜力的经济带，在国民经济发展中占有十分重要的地位。

（3）良好的发展环境。国家建设上海国际航运中心为公司的发展创造了良好的外部环境。上海自贸试验区的持续扩大开放和深化改革创新，"五个中心"（国际经济、金融、贸易、航运和科技创新）建设不断提速，营商环境持续优化，国资国企改革全面深化，上海"四大品牌"（上海服务、上海制造、上海购物和上海文化）的打响等，均为公司深化改革和加快转型提供了有利条件。上海自贸试验区临港新片区的建设，将深化改革创新，加快推进投资自由、贸易自由、资金自由、运输自由、人员从业自由"五个自由"，率先打造洋山特殊综合保税区，加大口岸监管制度创新，着力提升国际贸易便利化水平，为公司的发展拓宽了新的空间。与此同时，我国经济发展进入高质量发展阶段，随着国家"一带一路"倡议、"长江经济带"、长三角区域高质量一体化发展战略等的大力实施，经济腹地的优势产业将持续稳定发展，港航物流资源优化配置，对于公司港口主业及物流等相关业务的发展将形成巨大的推动作用，为公司加快推进战略、拓展发展空间、谋划长远发展进一步提供良好的环境。

（4）高效的经营管理。公司拥有先进的港口基础设施和高效的经营管理。公司不断深化长江战略、东北亚战略和国际化战略，致力于构建服务于长江流域经济发展的高效、便捷的物流体系，强化洋山深水港的国际中转地位，逐步参与跨地区港口经营。公司积极对标全球码头运营商，不断提升服务效率、质量和经营绩效，持续加强科技创新和企业文化建设，积极履行企业社会责任，始终保持行业领先地位。

四、宁波港对上港集团股东资源的利用：基于协同治理的经营性嫁接模型

引入上港集团后，双方将在公司治理层面、经营业务层面等进行全面合作，整合港口资产、实现优势互补、提高港口资源的科学开发利用水平。具体包括以下内容。

（一）协同治理及董事会职能定位：战略与咨询＋监督与控制＋资源提供

上港集团向宁波港董事会派出1名外部董事。该董事为上港集团的董事兼总裁，不仅拥有成熟的港口业务运营、海外项目投资经验，还完全有能力在宁波港的经营事务中做出独立、专业、客观的判断，全面参与董事会决策，并积极推进双方的资源整合与战略合作。可见，上港集团并不是游离于公司之外的消极股东或旁观者，而是主动参与公司治理与管理的积极股东。

由此也可以看出，董事会不仅具有战略决策与咨询服务、监督控制等职能，以股东资源观看来，资源获取职能——借助董事会及席位安排，获取大股东所拥有的股东资源更为重要。这与资源学派（Pfeffer & Salancik, 1978; Zahra & Pearce, 1989）的逻辑也是一脉相承的。治理参与（尤其是董事会治理），既能保证战略性资源的持续投入、无缝对接、优化董事会结构及理性决策，也能寓权力制衡于管理过程中，为预期投资效益的实现提供制度保障。

(二)股东资源的经营性嫁接

根据战略协议安排，宁波港引入上港集团后，进行的股东资源经营性嫁接包括：

(1) 宁波港全面参与小洋山港区北侧项目的综合开发。该项目是上海国际航运中心洋山深水港的重要组成部分，由上海盛东国际集装箱码头有限公司（简称盛东公司）负责统一开发、建设、运营和管理。早在2019年2月，浙江海港集团就以现金50亿元对盛东公司进行增资，与上港集团分别持有20%和80%的股权。由于浙江省海港集团、宁波舟山港集团（宁波港的控股股东）实行的是"一套班子、两块牌子"的管理模式，因此，这本质上是上海、浙江两家大型港口集团在母公司层面的经营合作。战略协议签订后，这一合作关系持续深化，宁波港与上港集团、浙江省海港集团全面协商港区综合开发的相关事宜，有序推进小洋山港区北作业区集装箱码头工程项目环评、海域使用论证等多项工作。

(2) 宁波港与上港集团合作收购营口港融大数据股份有限公司（简称营口港融）。2021年3月，由双方各出资50%设立的上海港航股权投资有限公司（简称上海港航）正式完成对营口港融20%股权的收购。营口港融是国内首家集港、航和第三方电商平台于一体的大数据服务平台，此次合作收购有利于深化宁波港与上港集团在产业技术、信息化、数字化领域的战略合作，有效利用当前港口数字化转型的机遇，共同打造可持续发展的综合竞争力。

(3) 在子公司层面，寻求投资及业务合作。

五、股东资源的吸附效应：招商局集团对宁波港股票的增持

宁波港引入上港集团后，不仅优化了公司股东结构，还在某种程度

上催化、激发了招商局集团有限公司（简称招商局集团）等其他战略投资者的后续跟投。这种集体的跟投策略，一方面可以理解为招商集团等其他投资者基于理性价值判断所进行的独立投资，另一方面可以理解为股东生态圈核心的（或领投的）战略投资者对其他战略投资者的股东资源吸附能力。

据2021年1月5日宁波港发布的简式权益变动报告书，2020年4月16日至12月31日，招商局港口集团股份有限公司（简称招商港口）以自有资金通过在上交所集中竞价的方式，买入宁波港382 769 155股股票，占股本总额的2.42%，连同之前招商局宁波公司已持有的407 609 124股（占股本总额的2.58%），两家公司共同的实际控制人——招商局集团共持有宁波港5%的股份。

可见，上港集团入股在一定程度上带动了招商局集团对宁波港股票的增持。而这一增持行为，既优化了公司的股东结构，又为招商局集团与宁波港之间的产业合作提供了某种可能。那么，招商局集团跟投的市场反应如何？我们用事件研究法对招商局集团增持宁波港股票这一事件进行验证，不难发现其应有的信息含量。具体为：将2021年1月5日界定为事件研究法的零时刻，在此基础上，通过计算[−10, 10]这一窗口期内的超额收益率（abnormal returns，AR)①、累积超额收益率（cumulative abnormal returns，CAR）可以发现，[−10, −5]窗口内的CAR为0，而[−5, −1]估计窗口内的CAR却增加至3.7%；公告当日，公司股价出现1个涨停板，说明市场对这一消息持较为乐观的预期；在公告日后的10个交易日，CAR均保持正值，平均约为

---

① 将[−200, −20]估计窗口内收益（考虑现金分红等之后的日个股收益率）的均值作为预期正常收益率来估算超额收益率。

5%（见图4-3）。这说明对招商局集团增持宁波港股票这一行为，资本市场中的投资者持乐观态度。

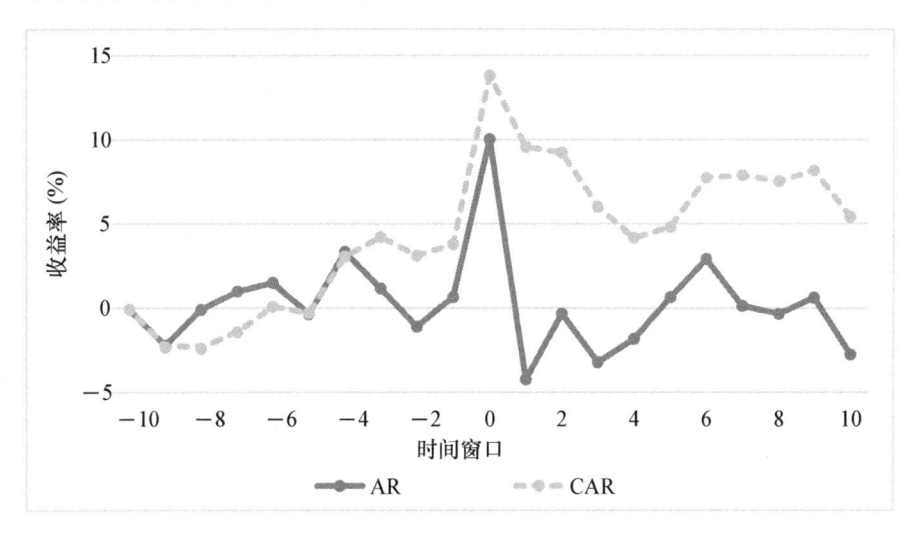

图4-3 公告日前后10个交易日AR、CAR示意图

2021年7月14日，宁波港再次发布公告，宣布向招商港口非公开发行3 646 971 029股股票。未来交割完成后，招商港口及其一致行动人将合计持有宁波港23.08%的股份。招商局集团对宁波港股票的增持，一方面优化了公司股东结构；另一方面，公告明确披露双方未来会在市场拓展、海外港口业务、港口园区开发、智慧港口建设等多方面开展产业合作。所有的这些都向资本市场传递了积极信号。

六、案例小结：对战略投资者的再思考

中国证监会2020年3月20日发布《发行监管问答——关于上市公司非公开发行股票引入战略投资者有关事项的监管要求》。其中，重点明确了战略投资者概念的定义：战略投资者是指具有同行业或相关行业

较强的重要战略性资源，与上市公司谋求双方协调互补的长期共同战略利益，愿意长期持有上市公司较大比例股份，愿意并且有能力认真履行相应职责，委派董事实际参与公司治理，提升上市公司治理水平，帮助上市公司显著提高公司质量和内在价值，具有良好诚信记录，最近3年未受到证监会行政处罚或被追究刑事责任的投资者。

与此同时，战略投资者还应当符合下列情形之一：（1）能够给上市公司带来国际国内领先的核心技术资源，显著增强上市公司的核心竞争力和创新能力，带动上市公司的产业技术升级，显著提升上市公司的盈利能力。（2）能够给上市公司带来国际国内领先的市场、渠道、品牌等战略性资源，大幅促进上市公司市场拓展，推动实现上市公司销售业绩大幅提升。①

通过上述案例，可以得到以下启示：

（1）战略投资者的引入是一个双向选择的过程，各方都需要考虑"被投资方需要什么""战略投资者有什么"等核心问题。显然，在上市公司的再融资行为中，财务资本并非真正意义上的稀缺性、战略性资源。相反，以产业为核心并在研发、市场、制造、品牌、网络、数字资产、管理等方面有协同性、共享性的战略投资者，才是引入战略投资的根本。

（2）在上市公司股权再融资这一行为中，如果公开发行股票在一定意义上体现了募集财务资本的纯粹性，那么非公开发行（定向增发）股票则明显带有战略投资者引入这一指向性。因为合格的战略投资者不仅

---

① 另外，中国证监会还对上市公司引入战略投资者的信息披露提出明确要求。公司董事会议案要对下列相关信息进行充分披露：引入战略投资者的目的、商业合理性、募集资金使用安排、战略投资者的基本情况、穿透披露股权或投资者结构、战略合作协议的主要内容等。非公开发行股票完成后，上市公司应当在年报、半年报中披露战略投资者参与战略合作的具体情况及效果。

能带来资本,更重要的是能带来公司所急需的战略性股东资源。在这层意义上,我国2020年的再融资新规从制度层面对战略投资者的合格性进行严格限定,对净化中国资本市场无疑是有益的。

(3) 对战略投资者及公司而言,资源投入与治理参与两者是相辅相成的。同样重要的是,要真正发挥战略投资者的积极作用,深度开展战略性资源在公司不同层面的商业合作、有效对接,是战略投资的根本要义,包括签订并实施战略合作协议,在不同产业、业务领域开展全方位的合作(如建立包括合营公司在内的各种战略联盟体)等。战略投资者不是纯粹意义上的投资者,而是公司发展中的商业伙伴;公司治理的导向不再是权力制衡,而是寓制衡于价值创造过程中的协同合作。

(4) 公司所引入的战略投资者有时是个体,但更有可能是一个群体。从发展趋势看,围绕产业链、价值链及各环节,吸引更多的其他战略投资者跟投,形成公司独有的股东生态圈;动态引入互补性更强的战略性股东资源,做大公司价值蛋糕,将是公司引入战略投资者所要考虑的关键问题。以此类推,这一问题同样也是当下国有企业混合所有制改革过程中亟待解决的关键问题。

(5) 不要认为公司引入战略投资者是一蹴而就、一引则灵的,战略投资者的资源投入、治理参与需要一个过程,公司、控股股东与战略投资者之间存在理念磨合踫撞、战略管理协作、文化融合等一系列软因素。在宁波港引入上港集团的案例中,虽然这些软因素无法在短时间内被观察到,但它们对资源投入、治理参与起到重要的作用。同时,大股东联盟可能会引发中小股东对自身权益的担心,所以既需要大股东借长期持股、增加公司透明度等来释放善意,也需要通过公司业绩增长使市场释怀。

第五章 / Chapter Five

公司型大股东、股东资源与产业协同

第一节 公司发展阶段与大股东：机构型大股东与公司型大股东

历史上，集出资者与管理者于一身的商人投资者是公司治理与管理的核心力量，他们不仅为公司提供财务资本，还提供个人经验、管理能力，以及更大程度上的冒险精神和商人气质。[①] 商人投资者的所有投入，以股东资源观看来，就是股东在投入财务资本的同时，连带投入了公司生存与发展所需的其他有用资源，或者说，这些商人投资者本质上

---

① 企业史研究表明，早在新巴比伦时期合伙企业就基本成形。这种合伙关系一般形成于一名资深出资人和一名在现场负责实际工作的资浅合伙人之间。作为一种免息债务合约，意味着出资人在业务解散时可以收回初始投资，只有利润可共同分享，或用于再投资，或定期分配。资深合伙人大致与财务出资者相同，而资浅合伙人是兼具管理事务的商人投资者。不仅如此，中世纪南欧商人最重要的成就是设立超级公司，且主要采用永续型多方合伙制（quasi-permanent multiple partnerships）形式，它不会因为主管合伙人的死亡或离任而解散。具体详见：戴维·兰德斯，等. 历史上的企业家精神：从古代美索不达米亚到现代. 姜井勇，译. 北京：中信出版集团股份有限公司，2021：73-74+128-129.

是拥有各种资源优势的资源型股东(王斌,2020)。

尤其需要强调的是金融、会计等在公司发展中的作用。从西方企业发展史看,商人、企业家、掠夺者、征服者都与高利贷、金融等脱不了干系。欧洲经济发展始于以意大利为代表的南欧,且以家族(如佩鲁奇家族等)为核心,靠贸易起家;后发展起来的北欧,则以行业协会(guild)为链接,从而形成欧洲商业发展中的南北差异。但无论差异有多大,取代金银而流通于商业支付活动的商业票据、复式记账①(会计)、保险工具(如贷款保险、海上运输货物险等)这三项南欧商业活动的制度发明,大大促进了整个欧洲在该时期的企业发展和社会进步。事实上,这三项延续至今的制度依然构成了现代企业运营的核心或基础。

与第一章所描述的英国东印度公司相比,现代企业有着完全不同的成长环境、成长经历,其中,金融市场、金融体系作为核心环境在企业成长、社会经济增长中扮演着重要的角色。西方理论与实践证实,发达的金融体系(无论是银行体系还是证券市场体系)有助于消除企业的外部融资约束(external financing constraints)、降低外部融资成本等,促进企业可持续增长和经济社会发展(Levine,2005;Rajan & Zingales,1998)。具体到企业个体的成长发展阶段,尽管有所差异,但大致都可以发现金融体系(尤其是以证券市场为代表的资本市场)中股东(权益投资者)为促进企业成长所发挥的作用。

一、公司初创与发展阶段:财务资本短缺与机构型大股东

公司由创始股东创立并运营。通常,创始股东在公司发展初期面临

---

① 复式记账的优点是可以低成本为决策者提供理性基础(rational basis),因为信贷和债务很容易被这种记账方式跟踪。

的主要压力是财务资本短缺（Park & Steensma，2012）。理论上，创始股东既可以通过留存收益再投资的方式来部分缓解压力，也可以通过银行借款等融资方式减轻资本压力。但现实是，初创公司并没有太多盈利，有时甚至会面临亏损，也没有太多的有形资产可资担保以借款，更缺乏寻求他人对其借款进行增信的能力。因此，初创公司因研发投入、规模扩张等面临严重的财务资本短缺问题，且无法通过内部融资或借款方式解决时，财务资本成为初创公司极为重要的战略性资源。对创始股东而言，应适时引入VC、PE等各类机构型大股东（institutional block owners），他们往往既有财务资本实力，又有技术、项目、市场、人才、治理等方面的优势，以及为公司提供全方位增值服务的意愿。可见，对处于初创与发展阶段的公司而言，这些风险投资机构并不是消极股东或财务投资者，而是真正意义上的积极股东、拥有资源与能力的战略投资者。

二、公司上市及融资阶段：充当其他发起人的大股东

通常，谋求上市融资意味着公司发展走向相对成熟。公开上市一方面可以募集公司发展所需的资本，另一方面可以通过资本市场显示公司的价值。

中国公司通常由控股股东和多个其他发起人联合发起设立、改组改制，组成事实上的发起人联盟体。联盟体中之所以存在除控股股东之外的多个其他发起人，除满足合规这一法律因素外，更重要的是经济因素：在面对股东资源的相对不足（上市前通常"一股独大"）时，控股股东有必要引入多个其他发起人，以便获取公司发展所需的其他战略性资源。其他发起人的类型包括产业投资基金、控股股东的关联企业、与

拟上市公司存在业务协同的其他公司等。在这层意义上，大股东联盟体中的其他发起人通常不仅是财务资本的提供者，更是具有战略意义的股东资源提供者。

三、上市公司的再融资：产业协作与公司型大股东

公司上市后，仍可能面临各种资源瓶颈和资源需求，尤其是"一股独大"的公司。当面对战略性资源匮乏并试图解决资源困境时，利用资本市场进行再融资不失为公司的一种可选方案。在这层意义上，再融资行为在一定程度上只是手段，获取业务经营、产业发展等所需的各类战略性资源才是根本目的。基于这一背景，具有助力公司产业协同发展、共建商业生态、拥有独特战略性资源的产业投资者，才是公司"合格"的战略投资者。"合格"意味着与公司战略、业务经营、独特资源需求等存在相关性、互补性，这类股东大多指与公司存在产业协同的非金融型公司（non-financial corporations），即公司型大股东，具体包括产业投资公司、同行业的其他公司等。显然，有别于再融资中的金融投资机构、基金公司、信托公司等其他机构投资者，公司型大股东属于公司型股权拥有者（corporate equity ownership），在促进产业协同、增强研发能力、开拓市场等方面通常具有独特的资源优势，对公司未来发展意义更大（Allen & Phillips，2000）。

归纳起来，这些公司型大股东（产业投资者）具有以下基本特点：（1）具有与被投资公司相关的产业背景；（2）谋求公司长期发展；（3）与被投资公司的业务往来密切，互补性较大；（4）长期持股且持股比例较高（王斌和宋春霞，2015）。显然，上述特征与2020年再融

资新规中战略投资者的定义是一致的。

四、从资源提供角度，公司型大股东可能比机构型大股东更重要

从上市公司角度看，机构型大股东所拥有的股东资源远不及公司型大股东所拥有的股东资源重要。这是因为：

（1）公司上市后面临来自各类市场（产品市场、人才市场、资本市场等）的巨大压力，而做好产品（服务）市场是提高公司价值创造能力、融资能力等的根本。一旦公司上市且表现良好，就能为公司未来再融资提供良好的通道，外部融资及财务资本可得性、融资成本等就不再是公司关注的根本问题。

（2）支持公司做好产品（服务）市场，提高价值创造能力，不仅需要资本市场及其投融资，更需要自创或引入最为关键的各类非财务资源，如研发能力、生产能力、市场开拓及营销能力、品牌优势等。显然，这些关键的非财务资源并非机构型大股东所能提供的，相反，具有产业协同性的公司型大股东才可能拥有提供某些（类）资源的能力。

然而，即使公司型大股东具有提供公司所需某些（类）股东资源的能力，也不等同于其具有提供股东资源的强烈意愿；即使其有强烈的意愿冲动，也未必等同于其会最终行动。这就表明，公司型大股东在事前考虑是否投资公司的决策时，肯定要在股权投资成本与预期股权投资收益之间进行权衡。能否通过股权投资取得预期的理想收益，是公司型大股东考虑的核心问题。同样，在理论或逻辑上，也需要对这一问题给出合理的解释。

第二节　现实中上市公司的公司型大股东：何以成为？

通常，从资本市场运作过程看，一个从事产业运作的公司（A 公司）无论其属于上市公司还是非上市公司，要取得另一个上市公司（B 公司）的股权并成为公司型大股东，运作方式都主要包括以下几种。

一、A 公司认购 B 公司发行的股份

在公司 IPO 阶段和再融资阶段，A 公司都有可能通过认购 B 公司股份，成为其公司型大股东。尤其是在再融资阶段，A 公司可以通过以下两种方式来认购 B 公司增发的股份，从而成为 B 公司的公司型大股东。

（1）公开发行的股份。它是指公司在再融资时，通过公开发行股份的方式向市场募集资本。参与公开认购并取得股权的公司，即成为公司型大股东。

（2）非公开发行的股份。它是指公司在再融资时，通过非公开发行股份的方式向特定投资者募集资本。这种情形即市场所俗称的定向增发，A 公司作为定向增发的对象，在认购股份、缴清股款后成为 B 公司的公司型大股东。

二、A 公司通过要约收购 B 公司股份

要约收购是投资者通过证券交易所的证券交易，公开对目标公司全体股东持有的股份发出要约并进行收购的行为（无须征得公司的同意），

因此要约收购通常称为敌意收购。按照《证券法》的规定，投资者持有或者通过协议、其他安排与他人共同持有一个上市公司已发行的有表决权股份达到 5% 时，应当在该事实发生之日起 3 日内，向国务院证券监督管理机构、证券交易所作出书面报告，通知该上市公司，并予公告；在要约收购时，投资者持有或者通过协议、其他安排与他人共同持有一个上市公司已发行的有表决权股份达到 30% 时，继续进行收购的，应当依法向该上市公司所有股东发出收购上市公司全部或者部分股份的要约。可见，作为在二级市场中的操作行为，要约收购完成后，A 公司成为 B 公司的公司型大股东。

三、A 公司通过协议收购 B 公司股份

按照《公司法》的规定，股东持有的股份可以依法转让。协议收购是投资者在证券交易所场外通过协议转让股份的方式，取得公司股份的一种行为。协议收购的对象是公司的控股股东，或者公司的其他大股东（如公司发起人[1]等大股东）。收购合同本着友好协商的态度订立。A 公司的收购目的极有可能是取得 B 公司的控制权。当然，无论是要约收购还是协议收购，股东将其股份转让给 A 公司并办理相关登记或受让手续后，A 公司都成为 B 公司的公司型大股东。

四、A 公司向 B 公司注入核心资产

在资产重组过程中，A 公司向 B 公司注入资产（包括有形资产、无形资产等），作价换取 B 公司的股份，从而成为 B 公司的公司型大股

---

[1] 按照《证券法》的规定，转让方如果是公司发起人，其所持有的公司股份自公司成立之日起一年内不得转让。

东。显然，这种方式是取得、利用公司股东资源最直接的方式。

第三节 理论上需要解释的核心问题

自"股权结构-公司价值"这一命题被西方学者提出（如 Demsetz & Lehn, 1985）并广泛研究以来，大部分研究结论都是特定的、非确切的，如盲人摸象一般。

与此同时，资本市场及现实经济活动却表明，自 20 世纪 90 年代以来，西方国家（尤其是美国）的一些非金融型公司正成为上市公司大宗股权的活跃购买者，且它们一旦购入，将长期持有股权。显然，与机构或个人公开持股相比，公司型大股东持股并非常规，或者说是独特的。已有大量研究关注机构或个人大股东对公司价值的影响（正如"股权结构-公司价值"所研究的命题），但并未充分关注这类长期持股的公司型大股东。

或许，我们需要考虑这样一个核心问题：相比机构型大股东，公司型大股东长期持股是否更有益？

一、公司型大股东存在的理由：产业组织理论与财务理论的解释

正是基于对公司型大股东现象的敏锐观察，Allen & Gale（2000）描述了美国公司的上述事实，并在全面回顾该现象存在原因理论解释的基础上，给出了自己的理解。

（一）基于产业组织理论的解释

基于产业组织（industrial organization）理论，公司型大股东存在的基础性解释逻辑是：信息不对称性及在商业交易中签约的难度。在市

场经济中，A公司与B公司如果存在商业交易（如上下游关系）且不存在任何股权联系，那么需要通过商业契约的签订、履约等来完成交易。由于信息不对称性及契约不完备性[①]，或者为保证契约的完备性，签约双方可能面临很高的市场签约成本（信息成本等），除非A公司与B公司之间的交易量较少、交易频次较低。因此，A、B公司通常可以采用以下两种策略：一是A、B公司签订长期战略合作协议；二是A公司与B公司存在长期股权投资关系（如A公司投资于B公司，或者B公司投资于A公司）。但从根本上看，战略合作协议策略仍然是一种"粗放"的市场交易策略，或者说，它没有解释A、B公司因高风险、低信任度等而关系不牢靠这一问题。在这种情况下，A公司成为B公司（或者相反）的大股东后，会加大对B公司产品市场或其他关系特定型资产（relationship-specific assets）的投资，并潜在降低两者之间的签约成本或监督成本（Williamson，1979；1985），降低公司之间因关系锁定而存在的"敲竹杠"风险和成本（Klein et al.，1978）。因关系锁定（A公司拥有B公司的较多股份），无论A公司是B公司的供应商（上游）还是经销商（下游），两者之间的交易（包括交易量、交易价格、交易条款等）都属于正常的市场行为，但从交易的道德风险看，这层股权关系为其长期、稳定的交易开展提供了保障。公司之间建立股权关系，有利于联结各方利益并保持一致性，从产业组织角度看这将是有益的，如 Grossman & Hart（1986）的纵向一体化（vertical integration）逻辑、共同开发新产品（Aghion & Tirole，1994）等。

（二）基于财务理论的解释

信息不对称性普遍存在于资本市场，进而影响公司外部资本的可得

[①] 契约不完备性是指任何人都不可能在事先预料到事后可能存在的所有风险，以及由此而引起的权责变化。

性及融资成本。当公司因良好的投资机会而需要对外融资时，可以向知情方（如公司型大股东）定向增发，也可以由公司型大股东向资本市场的其他投资者传递该公司拥有良好的投资机会这一信息，并公开招股，这样将有利于消除融资过程中信息不对称所带来的不利问题，使公司快捷地以低成本融资。

（三）其他解释

与机构型大股东相比，公司型大股东能更有效地监督（或影响）公司管理层。这主要是因为公司型大股东通常具有行业背景、知识与运作经验，从而具有重组公司运营的能力，最终提高公司业绩（Bethel et al., 1998）。

应该说，上述解释性思路大多出自经济学逻辑，且以代理模型、信息不对称理论等为基础性认知框架。

二、西方证据：Allen & Phillips（2000）对美国公司型大股东的研究

（一）描述性统计

Allen & Phillips（2000）统计了1980—1991年由外部公司型股东参与的402起并购案，其中，公司型股东平均拥有被并购公司20%的股权，当属公司型大股东。

在股权取得方式上，主要有非公开发行（private placements，227例）、公开市场交易（open-market purchases，74例）、资产注入换股（received in sale of assets，48例）、股权转让（from other shareholders，41例）等，上述方式的占比分别为56.5%、18.4%、11.9%、10.2%。

更为重要的是，基于股权投资，这些公司型大股东与被并购公司之间的关系联结主要具有以下特征：（1）构建战略联盟或合营公司，此情

况共有 150 例，占全部样本的 37.3%，且这一占比在时间序列上呈不断增长趋势；(2) 在所有样本中，有 185 家公司属于高研发强度的行业 (in high R&D industry)；(3) 这些公司型大股东与被并购公司之间存在高度的行业相关性 (industry related)，此情况共有 212 例，占比为 52.7%；(4) 公司型大股东进入公司后，在公司拥有董事会席位 (acquirer on the board of director)，此情况共有 237 例，占全部样本的 59.0%。

进一步分析还可以发现，在形成战略联盟或合营公司的子样本 (150 例) 中，大部分 (136 例) 是以非公开发行这一方式取得股权。这在一定程度上表明，大股东非公开认购公司股本，与事后和目标公司签订战略联盟或组建合营公司，存在某种内在关联，同时也意味着双方的股权联结及战略联盟形成，旨在强化双方的合作机会、拓展双方各自的业务领域。

(二) 实证结论

(1) 在 402 个全样本中，大股东投资公告的发布有利于目标公司股东获益 (取得 6.9% 的平均超额股票收益)。市场对于形成战略联盟/合营公司这一信息，表现得尤为积极。

(2) 在 402 个全样本中，与未构建战略联盟/合营公司、非高研发强度的样本相比，构建战略联盟/合营公司、高研发强度的并购样本，在经行业因素调整后，无论是经营活动现金流[①]、追加研发投入额，还是利息保障倍数等，均显著增长；实证结论还表明，这些投资增长，与理论上事先预期的因大股东介入、潜在融资约束等而产生投资不足 (under-investment) 的结论是相反的，从而在某种程度上证实大股

---

① 代理变量：经营活动现金流/平均净资产，其中经营活动现金流取值为 EBITDA。

东介入是希望借助专用性投资拓展公司的产品市场。

（3）进一步分析也证实了公司型大股东对目标公司的作用和价值。

因此，结论非常鲜明：与机构型大股东或个人股东相比，公司型大股东对目标公司的作用是独特的，从商业关系的建立上看，其对公司及大股东都是有益的。而这种益处，一方面来自公司型大股东的投资追加与双方紧密的商业关系，另一方面来自双方对战略联盟/合营公司的运营。此种方式有利于降低成本、提高监控效率，对于高研发强度的行业更是如此。

三、简要评论："X"与"Y"之间关系的作用机理

国外对公司型大股东这一现象的讨论极具研究价值。但是也应该看到，关于这一命题的相关研究的主流范式仍然是经济学的，且以代理成本、信息不对称性为底色。Allen & Phillips（2000），试图从公司型大股东的股权持有与被并购公司产品市场、商业关系构建（战略联盟/合营公司）等角度，建立某种关联，这在很大程度上涉及问题的内核——"到底是谁在并购公司？并购后大股东想做什么？"显然，这比以简单的持股比为代表的股权结构研究更进了一步，因为它力图"看到"或"穿透"持股比背后的人"到底是谁？动机是什么？"而这个"谁"就是有别于投资机构、散户个人的公司型大股东！

尽管到底是谁很重要，但更重要的是，因为什么而重要。在我看来，答案就在于其拥有独特的并为公司所需的股东资源！

进一步的问题是，拥有股东资源的公司型大股东，又是如何通过行动作用于公司，并给公司带来价值的。显然，这是实证研究中用"X"解释"Y"的作用机理的逻辑阐述，这种阐述需要根植于作用过程及事

实表达，若缺乏对这一机理的讨论与事实依据，任何"X"与"Y"之间关系的实证研究，其结论都只是相关性意义上的。缺乏因果机理的结论，其理论解释效力及预测价值将大打折扣。

第四节　机理式讨论：公司型大股东、股东资源及产业协作

一、公司型大股东与公司之间产业协作：主要领域

任何一家公司都可能在以下一个或多个领域，利用其自身的股东资源优势与其他公司合作，进而拓展其产业协作能力、提升市场竞争力。这些合作的领域主要包括以下方面。

（一）供应链

构建高效的供应链（supply chain）、强化供应链管理是企业获利的基础。之所以强调供应链管理：一是良好的供应链管理能保证生产所需的材料的交货品质；二是在稳定供销关系的基础上，按生产计划进度来保证交货时间，降低生产中断的风险；三是大大降低材料采购的各类成本（包括材料成本、因赊购而降低财务成本等）。当然，从战略管理会计角度，既要让供应商降低材料成本，又要让供应商延长付款周期以减少自身的财务成本，这极可能是过于苛刻的"条款"，或者说，良好的供应链管理应当是全局性的、与供应商共生共存的，而不是"走自己的路，让供应商无路可走"的策略。

考量企业与供应商的关系，需要兼顾产品品质、交货时间、成本三者的顺序并进行适当的财务平衡。当然，现代企业供应链管理并不完全

在此，它更加强调企业与供应商之间的长期性、战略性合作，例如，双方就供应的材料进行共同研发，以提高其品质、性能，或者降低成本等。可见，供应链管理是共生、共赢与共享的生态式的企业管理。

(二) 研发

研发是基础研究和产品开发的统称。研发活动可以由单一企业独立完成，也可以由多个企业共同完成。作为一种常态的、多个企业共同参与（组成跨组织的研发项目小组，甚至是跨组织的项目研发公司）的活动，已被很多企业接受。另外，研发是一项集中财力、物力、人力、市场等各方面资源而进行的集成活动，需要投入大量的财务资本、技术能力、人才团队等，同时也要为研发项目找到、找准未来的市场定位。因此，对于重大基础研究、重大产品开发，企业需要借助各方资源进行通力合作。

项目研发的成功，既取决于研发项目或团队的资源获取能力，也取决于合作各方的潜在意愿与实际能力。（1）就资源获取看，研发项目的立项，首先评估的是该研发项目需要什么样的资源，从哪里去获取所需的资源，尤其是财务、人力、技术等各方面的资源。（2）就合作的潜在意愿与实际能力看，合作方的任何潜在意愿都将取决于预期的市场表现（包括市场份额、竞争能力与最终的获利水平），在评估这些市场表现之后，合作方的意愿将转化为合作动力、实际能力，从而保证合作的成功。根据交易成本经济理论，采用市场化的合作方式也许是可行的，但因信息不对称性，合作双方在谈判、合作之前将面临极高的交易成本（谈判成本），在合作之后因一方过度依赖于另一方而可能面临被"敲竹杠"的锁定风险。

可见，因股权关系而连接在一起的公司化网络，将由于公司型大股东的存在，解决上述两大问题。第一，公司型大股东因其产业运作背景等，对未来产品的市场定位有较深的理解（有时研发项目的提出可能来自大股东);第二,公司型大股东能在很多方面、通过很多渠道或方式等,帮助研发项目获取所需的资源,如直接投入财务资本,或以其市场地位、大股东声誉等股东资源优势,帮助研究项目组建更强的研发团队等;第三,公司型大股东在研究项目的未来商业化过程中,将发挥更大的作用,如利用其营销网络、市场形象等,促进产品的市场化进程,因股东关系而维系未来一系列的经营活动,降低谈判成本和合作风险。

(三)生产与营销

如果项目研发需要公司型大股东的高度介入,则在生产与营销环节,大股东同样也会起到其应有的作用。从组织管理看,整合生产资源与营销资源,从来都是取得规模优势的主要组织方式。大股东以其行业经验、市场地位等,将核心部件生产、产品总装等集中于公司内部,而将大部分其他非核心部件的生产通过基于"成本-质量"标准的协作、外包方式完成;同样,对于营销活动,公司型大股东有能力对产品市场进行统一定位、统一定价、统一销售、统一售后服务(含统一外包式的售后服务)等,从而最大限度地实现产品的市场价值。

(四)授权与技术共享

在经营规模巨大、市场优势明显、社会声誉卓越的大型企业集团(尤其是产业型集团,以及以产业为背景的多元化投资集团)中,集团母公司通过并购活动将其股东资源外化给目标公司,并通过授权(licensing rights)等实现技术共享(technology sharing)。

二、产业协作:基于股权及信任基础的股东资源嫁接

一旦A公司成为B公司的大股东之一,即A公司是B公司的公司型大股东,两者之间的正常交易就不完全等同于纯粹市场化的正常交

易。A 公司要将其股东资源嫁接到 B 公司，可以在 B 公司的整体上进行嫁接，也可以在 B 公司的某一部门、业务分部等进行嫁接。

从股东资源的嫁接方式看，它既可以是合作协议（corporate agreement），也可以是战略联盟，更可能是在子公司或孙公司层面，由 A、B 公司共同出资新设合营公司。但所有的这些股东资源的嫁接方式、方法，都是统一在股权联结这层关系下进行的，从而有别于纯粹市场化的交易方式、方法。

（一）股权联结、信任与股东资源获取嫁接方式的稳定性

相比各种纯粹市场化的资源获取方式、方法，如市场化的合作协议、战略联盟等，统一在股权联结这层关系下的合作协议、战略联盟等，更能强化合作各方的相互信任[①]，从而使合作各方有强烈的意愿进行合作，实现共赢。

（1）稳定性。研究表明，市场化的协议合作、战略联盟等合作形式，存在潜在的关系不稳定、联盟控制力不足等问题（Killing，1983），并且经常因此中断合作与终止联盟体。当然，联盟体的终止可能是因为双方合作不愉快而共同商定解散，但更多情况则是合作一方在资源、能力等方面因过度依赖另一方而"被中止"，或者因为市场压力、管理文

[①] 从西方企业发展的总体看，信任来源于同族、同教。当然，现代企业发展所呈现的市场化、交易契约化（如股权等融资契约、经营契约等），与法律环境、信息传递的便利性等营商环境直接相关，但不可否认的是，信任机制在市场化契约中依然发挥着重要作用。从历史看，事实上就发放信贷和传递交易报告所需要的信任而言，异教徒的家族谱系和宗教关系无疑至关重要。委托代理关系（在欧洲经济史上，这类交易关系可能占大多数）中涉及的所有经济交易，极度依赖于各参与方之间的互信互赖，因此才能避免实施契约和监督大量活动所需的高昂的交易成本。显然，同家族、同宗教在很大程度上是西方企业、企业家维系信任及关系网络的核心基础。具体详见：戴维·兰德斯，等. 历史上的企业家精神：从古代美索不达米亚到现代. 姜井勇，译. 北京：中信出版集团有限公司，2021：152-154.

在这一点上，中国企业中"国有与国有"之间交易（如商业经营、并购等）的频繁程度远高于"国有与非国有"，其基础逻辑极有可能是同性质这层信任及所拓展开来的关系网络。

化、目标导向（长期与短期）等其他因素而协议作废、联盟解体。当然，我们也无法（至少在逻辑上）得出稳定就能带来成功、不稳定就表明合作失败等武断性结论。但我们在逻辑上可以认为，统一在股权关系下的各种股东资源嫁接方式、方法，将有助于强化合作各方的信任、提高合作的稳定性，从而为各方资源的整合、高效利用提供产权基础。

（2）制度保障。通常，合作协议或战略联盟的控制力，是影响各方合作前景的制度基础。市场化的合作协议或战略联盟，其行使控制权及控制力的主体不是一个，而是多个。在这一点上，组建市场化的合营公司，在控制力保证上要强于合作协议、战略联盟，因此这一方式更具绑定性和利益一致性的优势。无论是基于完全市场化的合营公司，还是基于有公司型大股东参股这层股权关系下的合营公司（无论是在子公司还是孙公司等层面），都能发挥公司型大股东的积极性。合营公司的组建在很大程度上是在公司型大股东的授意、管理协调之下，对公司某一产品线、某一新兴业务板块、某一区域市场等进行的资源整合。因此，组建合营公司能从股权关系及集团总部的战略层面，为经营业务而展开合作的下属公司提供制度基础和资源保障。

（二）产业协作中的股东资源嫁接方式：简要描述

当A公司投资于B公司并成为其大股东时，A公司所拥有的股东资源既可以被B公司无偿使用，也可以通过各种合作方式嫁接于B公司而被其有偿使用。其中，被无偿使用的股东资源主要是指A公司的组织资源等，它可以通过知识学习与分享等各种外溢方式为B公司所用；而有偿使用的股东资源主要指有益于直接产生业务、经营效益的无形资源，尤其是股东拥有的各种独特资源，如技术资源、市场营销资源、供应商关系资源、品牌效益等，这些资源都属于价值极高的商业资源，对于这些股东资源，A、B公司主要通过商业运作方式进行嫁接，实现互惠互利、共赢共享。

（1）合作协议。它是指拥有独特资源的一方大股东与公司通过签订正式合作协议（如采购协议、销售协议、技术共享协议等），来强化产业协作，稳定合作各方的经营关系，提升股东资源的利用效率。例如，股东A公司拥有很完善的市场网络与营销能力，则B公司可以通过与A公司签订销售协议，在合理定价的基础上将其产品交给A公司销售，从而充分发挥A公司的营销网络资源优势。

当然，合作协议以合理定价为基础，离开合理定价，关联交易可能存在A公司利用资源优势损害B公司及其他股东利益的嫌疑。显然，从公司财务实务看，这是被资本市场严格禁止的；从公司财务理论研究看，这也是委托代理理论范式重点关注的研究议题。

（2）战略联盟。在管理学中，战略联盟是一个广义的概念，主要是指由两个以上组织的资源和管理结构形成的合作型组织管理方式。其具有三个基本特征：一是合作各方在联盟形成之后仍然保持各自的独立性；二是联盟内部均具有相互依赖性，且这种相互依赖性将要求合作各方共有对联盟的控制权和管理权；三是由于合作各方保持独立性，存在目标不一导致联盟不稳定的潜在风险。

但是，在基于大股东与公司之间产业协作与商业关系的语境下，战略联盟其实是指基于股东关系的商业合作联盟，尽管联盟方式大致相同，但联盟形成并非基于对"市场-股权"两个机制的选择与考量（回顾威廉姆斯（Williamson）等人的交易成本经济学解释），而是基于已形成的、真真正正的股权关系这一基础框架。基于"股东-公司"关系的战略联盟，从根本上看，可直接说成是公司对大股东的独特资源嫁接方式的联盟性描述；

从联盟形式看，主要是指基于契约关系的特许经营权的使用与付费经营。在这一方式下，股东与公司之间的资产关系是被隔离的，股东将其独特资源以许可证的方式授权公司使用，而公司将为此公允付费。

(3) 合营。它是指股东通过与公司（或者公司的下属经营单位等）组成合营公司的方式，就某一区域市场、某一投资项目、某一产品等的生产运营，开展资源嫁接与合作。显然，它是基于股权关系的次级股权合作，股东依其独特资源作价投资于所形成的联营、合资企业，分享股东资源的运营价值。上述三种股东资源的嫁接方式及其比较如表5-1所示。

表5-1 基于"股东-公司"之间股权关系的股东资源嫁接方式及比较

资源嫁接方式	形式	资产与管理关系	管理重点	商业关系与不确定性风险
合作协议	股东与公司之间基于市场的商业协议、公允性关联交易	股东与公司之间相互独立，不存在资产管理风险	关联交易定价	稳定性差
战略联盟	特许经营权授权与使用	股东与公司之间的资产相互独立	特许经营权等独特资源的定价	授权期内的稳定性
合营	股东资源投资入股于新设公司	股东与公司之间的资产不独立	合营公司共同控制权安排	合营期内的商业稳定性

第五节 公司型大股东与产业协同运作：以优然牧业为例

一、案例公司背景：优然牧业是谁

2020年11月29日，中国优然牧业集团有限公司（简称优然牧业）

向港交所递交招股说明书,拟在港股主板上市。2021 年 6 月 18 日,优然牧业在香港挂牌上市交易,发行价为 6.98 港元/股,成为"中国乳业上游第一股"。

(一)优然牧业是全球最大的原料奶提供商

优然牧业的招股说明书显示,2020 年上半年,全球前五大乳业公司的奶牛存栏量分别为 28.7 万头、23.59 万头、19.5 万头、18 万头、17.5 万头,其中优然牧业位列第一,是全球最大的原料奶提供商。[①] 该公司旗下有 65 座自营牧场,主要养殖进口良种荷斯坦奶牛和娟珊牛,2018—2020 年的养牛头数(年底数)分别为 12.7 万头、15.2 万头、30.8 万头,经营规模扩展迅速。在公司快速发展过程中,并购一直是其发展的重要模式。2019 年 6 月,优然牧业以 22.8 亿元的对价收购赛科星[②],取得该公司的控制权(持股比为 58.36%),此举扩充了原料奶业务,并涉足奶牛育种业务。2020 年 10 月,优然牧业协议收购新西兰恒天然中国牧场旗下的两个牧场群,接手恒天然在中国的大部分产业,以扩大其原料奶业务规模。

(二)主要经营业务与经营业绩

招股说明书显示,优然牧业有两大经营业务:原料奶和反刍动物养殖系统化解决方案,其中,后者包括育种、饲料、奶牛超市等细分业务。数据显示,原料奶业务收入占公司全部业务收入的比例在 40%~60%之间。公司 2018—2020 年的财务业绩如表 5-2 所示。

---

① https://www.yourandairy.com/zh/about_0.html.
② 该公司在我国新三板(national equities exchange and quotations,NEEQ)上市,股票代码为 834179。

表 5-2　2018—2020 年优然牧业主要财务指标　　金额单位：亿元

项目	2018 年	2019 年	2020 年
营业收入总额	63.33	76.67	117.81
其中：原料奶收入	26.10	30.63	69.94
原料奶收入占总营业收入的比例（%）	41.20	39.95	59.37
向伊利股份销售原料奶的收入	23.93	28.45	67.01
向伊利股份销售原料奶的占比（%）	91.68	92.88	95.81
毛利	15.45	18.86	36.03
财务费用	0.80	1.04	3.09
利润总额	6.53	8.02	15.40
总资产	77.65	99.47	220.00
总负债	31.77	45.57	131.39
净资产收益率（%）	14.20	14.90	17.00

（三）中国奶制品市场：生产销售的价值链及简要分析

据全球企业增长咨询公司 Frost & Sullivan 的研究报告，2019 年中国人均乳制品消耗量为 40.7 千克，仅为欧盟的 16.4% 及美国的 17.9%。其预计中国人均乳制品消耗量将因可支配收入增加、消费升级等因素而持续快速增长，尤其是高端液态奶，其消耗量在未来 5 年可能会以 15.6% 的复合增长率攀升。

奶制品生产、销售的价值链主要分为上游与下游两大部分：

（1）高度分散的价值链上游。其涉及养牛产奶（原料奶）、育种繁殖、将精饲料和粗饲料生产销售给其他牧场客户等。与西方不同，中国奶制品上游企业高度分散，没有形成规模化、集约化、品质化的原料奶生产销售基地（如大型牧场、基地），企业多而小（如涉及大量的农户）。而且从行业现状看，中国原料奶的自给率严重不足。《2020 中国奶业统计资料》显示，2019 年中国原料奶产量为 3 200 万吨，在全球市场份额中占比不到 4%；当期中国乳制品进口量却高达 1 572.3 万吨，在全球乳制品进口份额中占比高达 20.5%，位居第一。由此可见，中国在原料奶自产供给方面存在很大的发展机会和市场前景。

（2）高度集中的价值链下游。与上游完全不同的是，中国奶制品市场下游主要为奶制品的生产与销售，市场结构非常集中，全国共有几百家大大小小的企业，但前五大奶业巨头（如伊利股份、蒙牛乳业等）的市场份额总计约为 73.5%，从而呈现出高度集中的态势。

奶源之争是奶制品下游企业竞争的核心。在上述市场结构下，中国奶制品企业之间的激烈竞争，在很大程度上体现在奶源的争夺上：谁拥有奶源（尤其是优质奶源），谁就可能在竞争中取胜。在这一大背景下，下游乳制品企业巨头纷纷投资、控制其产业链上游的奶源基地公司，大举收购大中型牧场。例如，2017 年 3 月，蒙牛乳业（02319.HK）以 25.27 亿元的价格收购现代牧业（01117.HK）61.25% 的股权，成为现代牧业的控股股东；2020 年 7 月，蒙牛乳业成为中国圣牧（01432.HK）的第一大股东，持有中国圣牧 17.51% 的股权；2020 年 12 月，中国飞鹤（06186.HK）收购原生态牧业（01431.HK），并持有其 71.27% 的股权；等等。

（四）优然牧业的发展演变及机构投资者、公司型大股东

招股说明书显示，优然牧业的演变过程为：（1）1984 年 4 月，呼和浩特市配合饲料厂成立。（2）1998 年 6 月，呼和浩特市配合饲料厂开始试生产。（3）2000 年 7 月，伊利股份收购呼和浩特市配合饲料厂，并成立内蒙古伊利饲料有限责任公司（现已改名为内蒙古牧泉元兴饲料有限责任公司），该公司主要从事现代化、标准化的饲料生产业务，现在是优然牧业最主要的经营单位。（4）2007 年 8 月，内蒙古伊利畜牧发展有限责任公司成立（该公司现在仍是优然牧业下属的主要经营单

位)。(5) 2015年12月，公司业务从伊利股份中分拆出来单独运营，且后续多次接受太盟投资集团（PGA，一家位于中国香港的大型投资基金）的投资，而伊利股份则主要通过境外间接方式（通过金港控股等[①]）投资公司，并成为其公司型控股股东之一。(6) 2020年1月，优然牧业正式完成对赛科星的收购，以拓展公司的原料奶及饲料生产业务。

公司上市前的股东安排与股权结构为：

（1）上市重组完成后，PAG、伊利股份、Meadowland这3家公司分别持有中国优然奶业控股有限公司（China Youran Dairy Holding Limited，一家位于开曼的离岸公司）42.89%、40%、17.11%的股权，并由中国优然奶业控股有限公司持有Youran HK 100%的股份，从而间接控制优然牧业。可见，PAG、Meadowland这两家公司是优然牧业的机构型战略投资者，而伊利股份则是其公司型战略投资者，只不过伊利股份所持的股份均为境外间接持股。其具体股权结构如图5-1所示。

（2）Pre-IPO及公开上市（2021年6月）。在Pre-IPO时，因看好该公司的发展前景，包括贝因资本、中信、嘉实基金及中国工商银行、中国银行下属的专业投资基金等，都作为基石投资人（cornerstone investors）参与了投资。由于IPO、大股东增资配售及股权转让等，公司现时股东及股权结构（假设全球发售完成后，可转换股票悉数转换）分别为：PAG持股40.07%；伊利股份持股27.36%；Meadowland持

[①] 据2021年6月19日发布的《内蒙古伊利实业集团股份有限公司关于参股公司China Youran Dairy Group Limited在香港联交所挂牌上市的公告》，在Youran Dairy本次全球发售前，公司通过全资子公司China Youran Dairy Holding Limited和香港金港商贸控股有限公司合计持有Youran Dairy 40%的股权。全球发售完成后，公司通过全资子公司China Youran Dairy Holding Limited和香港金港商贸控股有限公司合计持有Youran Dairy 34.80%的股权，若紧随全球发售完成后可转换股票悉数转换，则公司拥有Youran Dairy 27.36%的股权。

股11.71%；公众股东持股20.86%。

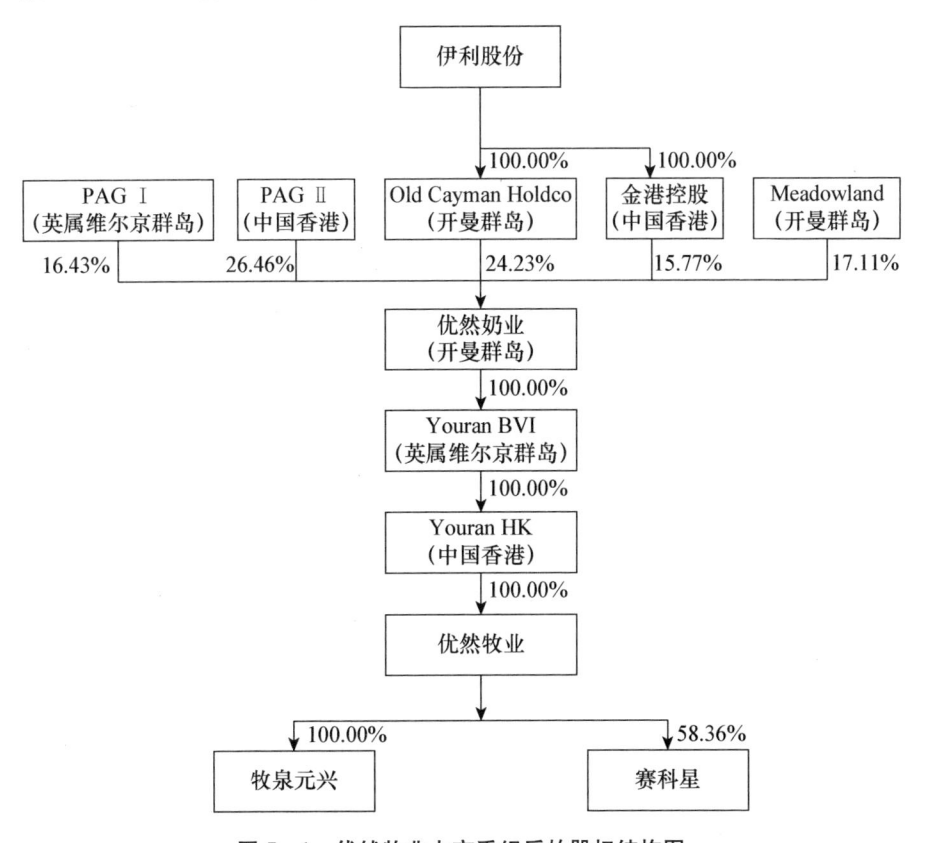

```
                            伊利股份
                         ┌────┬────┐
                      100.00% 100.00%
PAG I      PAG II    Old Cayman Holdco  金港控股    Meadowland
(英属维尔京群岛) (中国香港) (开曼群岛)    (中国香港)   (开曼群岛)
  16.43%    26.46%      24.23%        15.77%     17.11%
                            优然奶业
                           (开曼群岛)
                            100.00%
                           Youran BVI
                         (英属维尔京群岛)
                            100.00%
                           Youran HK
                            (中国香港)
                            100.00%
                            优然牧业
                         ┌─────┴─────┐
                      100.00%       58.36%
                      牧泉元兴        赛科星
```

图 5-1　优然牧业上市重组后的股权结构图

（3）优然牧业作为上市公司，直接拥有牧泉元兴等多家全资子公司、孙公司，并通过收购赛科星（拥有58.36%的控股权），拥有多家饲料、原料奶等企业。

（五）优然牧业的经营战略及其优势

优然牧业在其招股说明书中明确指出，公司将推动构建中国市场上的全价值链，追求可持续发展及股东利益最大化，并致力于以下经营战略：(1) 扩大规模。保持公司规模与行业领先的市场地位。(2) 优化结构。优化产品、服务结构以提升核心竞争力。(3) 提高效率。通过现代科学管理提高公司的运营效率。(4) 促进协同。放大上游价值链的资源优势，强化各产业之间的协同效应，促进产业标准和服务的升级。

公司实现经营战略具有以下主要优势：(1) 上游奶源生产和服务的龙头提供商；(2) 全方位介入奶业上游产业的价值链并保持其战略协同；(3) 利用领先的研发能力，强化现代化与科学化的运营、管理；(4) 大规模牧业与饲料工厂的战略区域优势；(5) 高质量的客户基础；(6) 深受股东支持的有理想、专业化的管理团队。

二、优然牧业的公司型大股东：伊利股份及其经营战略

(一) 伊利股份为什么要剥离牧业业务，并且投资支持其单独上市

从上面不难看出，优然牧业原本就是伊利股份的一个经营单位。伊利股份为什么要将其从自身的经营体系中剥离出来，进行曲线上市？理由无非有以下几点：

(1) 通过剥离，强化奶制品上游产业的专业化、标准化运作，并实现上下游之间的产业联动。

(2) 通过上市，扩大股本规模，提高融资能力，扩大牧场建设，增加原料奶的产能规模。

(3) 通过上游产业链的全方位拓展和协同效应，如饲料、育种、培训服务等，为更广大的农户、中小牧场等提供全方位的支持，辐射更多农户、牧场，构建高质量、协同的上游产业生态，在源头上保证原料奶的稳定供应的同时，促进地方经济的发展和产业升级。

(4) 借规模化、标准化生产，进一步扩大公司奶源供应，提高公司

奶源供应链的稳定性，更好地促进下游奶制品的生产和销售等。

（二）伊利股份在奶源基地建设上的战略：健康生态圈建设

奶源是伊利股份的生命线。该公司在原料奶采购上的供应模式是什么？2020年公司年报称，该公司主要通过资本或技术合作，以嵌入式服务的方式，充分发挥农业产业化龙头企业的示范带动作用，与奶源供应商建立利益共同体，稳定并增加奶源供给，满足乳品生产需求。

为此，公司致力于健康产业生态圈的建设，以实现产业链共赢。资料表明，近年来该公司践行携手乳业上下游合作伙伴共同发展的初心和使命，开办合作伙伴发展学院，借助产业链普惠金融等平台，为乳业上下游合作伙伴提供能力建设、融资等服务，构建多方共赢的健康产业生态圈，全面推动行业发展。2019年度报告期内，公司共计发放融资款约212亿元，为4 948家上下游合作伙伴提供了融资服务。2014—2020年，公司累计发放融资款约676亿元，累计服务客户数7 633户。

三、伊利股份与优然牧业之间的产业协同：两份重要的战略合作协议

目前，伊利股份作为国内最大的奶制品生产、销售巨头，其原料奶除由优然牧业供应外，其余大量原料奶仍来自高度分散的中小牧业企业、农户。

伊利股份2020年年报显示，报告期内公司实现营业总收入968.86亿元，较上年同期增长7.38%；净利润70.99亿元，较上年同期增长2.13%。相对于该公司2020年968.86亿元的营业收入，以及618.05亿元的营业成本，来自优然牧业的原料奶采购成本仅为67亿元，所占比重非常低。另外，资料表明，2020年，除优然牧业外，伊利股份向前十大原料奶供应商的采购金额占原料奶采购总额的比例远低于20%。

可见，没有集约化、标准化的奶源基地，既无法保证原料奶供应的数量与质量，也将在一定程度上增加原料奶的采购、运输成本。

为了构建健康生态圈，与奶源供应商建立利益共同体，伊利股份作为优然牧业的公司型大股东（控股股东），尽管不将其纳入合并报表范围，但仍然在日常交易中与其保持高度的关联关系。其交易类型主要包括以下两类。

（一）原料奶订购协议

招股说明书披露，优然牧业与伊利股份作为关联方，在交易中签订了原料奶订购协议。根据协议，优然牧业承诺每年向伊利股份出售公司70%的原料奶，同时，只要优然牧业愿意且能够向伊利股份提供原料奶，伊利股份就同意购买公司余下的30%的原料奶。同时，协议还对产品质量、定价、付款、第三方质检等相关内容进行了约定。

事实上，2020年优然牧业原料奶的营业收入总额为69.94亿元，其中销售给伊利股份获得的营业收入为67亿元，占其全部原料奶收入的95.81%（见表5-2），公司产品几乎属于伊利股份的"专供"。

应该说，此协议对优然牧业和伊利股份来说是双赢的。优然牧业借此稳定销售，并拥有如此优质的客户资源（此为其声称的高质量的客户基础）；同样，伊利股份借此控制优然牧业的原料奶供应，进而辐射、控制优然牧业所支持、服务的上游客户的原料奶。

（二）委托付款安排："财务绑定业务"及商业生态圈构建

优然牧业的另一大产业是饲料、育种等，其将饲料产品和育种服务等在"奶牛超市场"平台上销售给中小牧场（或农户，余同），而这些中小牧场在饲养奶牛后将所产的原料奶卖给伊利股份，这样就形成了"优然牧业-中小牧场-伊利股份"三者之间稳定的业务关系，这些中小牧场即成为优然牧业和伊利股份的重叠关联方（overlapping parties）。

上述业务的开展依托三者之间的委托付款安排（entrusted payment arrangement）。具体地说，当这些中小牧场主从优然牧业采购饲料等时，即形成他们对优然牧业的欠款（应付账款）；当（几乎同时）这些中小牧场主出售原料奶给伊利股份时，就形成他们对伊利股份的应收账款。但中小牧场主并非分别与两者进行单独的资金往来，而是在定期（如每周或每月）的财务结算上（中国奶业的运作惯例）委托伊利股份，由伊利股份直接付款给优然牧业，以还清他们所欠的饲料采购款。

中小牧场主为什么要委托伊利股份付款？原因有两个：一是简捷方便，无须一边向伊利股份收款，一边向优然牧业付款；二是伊利股份与优然牧业之间保持着商业关系，即伊利股份在向优然牧业采购原料奶时，也需要定期向优然牧业付款，因此将两种付款交易进行合并，在不影响各自财务独立性的情况下，可以提高应收应付结账的准确性、支付效率。

在这三者之间的关系中，除可能面临业务风险（如中小牧场主由于各种原因不再向伊利股份供奶）及潜在的收款风险（优然牧业由此面临信用风险及预期信用损失（expected credit losses，ECL）风险）之外，这种委托付款安排在很大程度上起着"财务绑定业务"的积极作用：伊利股份由此获得稳定的奶源；优然牧业由此拓展其在饲料等方面的业务；中小牧场主由此不担心供货与销售市场，从而专心发展其饲养业务。

四、不确定性与公司型大股东：伊利股份给优然牧业带来哪些股东资源

也许伊利股份对优然牧业的布局是精心安排的结果，也许不是。无

论动机如何,其结果都极可能是共生、共享、共赢的。作为公司型大股东,它与机构型大股东有何区别?或者具体地说,它能给被投资的优然牧业带来怎样的股东资源,并助力其未来发展呢?

(一)商业组织所面临的环境及其不确定性

现代商业组织面临复杂多变的环境,由此带来的不确定性成为商业组织的常态。从管理学逻辑看,商业组织面临的环境分为以下两大类。

(1)特定环境(specific environment)。主要包括客户、营销系统、竞争对手、供应商、政府部门、工会组织等各种因素。以奶制品行业为例,这是一个高度竞争的行业,企业既面临不同客户群体的产品多样化选择、替代,又面临与竞争对手的激烈竞争,更重要的是,中国企业还要面临国内的原料奶供应不足等所带来的各种问题,如原料奶的质量不过关、奶牛产奶存在季节性而导致的奶价波动、供应商(牧场与农户)规模较小且分散饲养、奶源竞争而导致供应商缺乏忠诚度,从而影响原料奶供应的稳定性等,这些都是奶制品加工生产企业(产业链下游)所面临的挑战。

(2)一般环境(general environment)。它是指企业面临的环保、经济、技术进步、国际市场、政治、文化差异等各方面的压力。尤其是现代企业的可持续发展理念,特别强调环境、社会与治理(environment, social and governance, ESG)等对企业的深刻影响(黄世忠,2021)。

在组织面临复杂多变的环境时,导致不确定性的因素主要包括:

第一,环境的复杂性(complexity)。它取决于特定环境、一般环境的变化程度等。例如,奶制品下游企业不仅面临奶源之争(供应商)、客户对产品质量的严格挑剔、竞争对手(包括国外竞争者)的各种压力，更重要的是还需应对来自地方政府的经济增长压力、各级环保部门等的各种政策压力，这使得这类企业面临的环境极其复杂，未来的经营结果难以预测。

第二，环境的动态性（dynamism）。它取决于特定环境、一般环境的各因素随时间而发生改变的速度、频率。例如，如果影响原料奶供应的渠道是可预测的，那么可以认为环境是稳定的，而不是动态的。从组织管理角度，在面临各种动态、不稳定的内外部环境时，企业将力图通过管理（如稳定的供应商队伍、高效的供应链管理等）来减少因供应不稳定而对企业产生的各种不良影响（如原料奶质量下降、供应不足而导致生产中断等）。

第三，资源的富足程度（richness）。在资源富足的环境中，企业面临的不确定性降低。例如，与人才济济的北京相比，边远地区的各种研发能力低得多，如果企业将研发团队安排在边远地区，则将受到研发人力资源不足的限制，从而大大增加其研发产出的不确定性。同样，品牌资源、财务实力、营销团队等都不同程度地存在资源可得性（resources availability）的问题。

（二）资源依赖与共生性发展：环境不确定下的组织应对

在资源依赖理论看来，组织管理的目标就是要在不确定的环境中，尽力减少公司对外部核心资源的依赖性，增强公司取得所需外部资源的能力。从理论上看，公司对其他公司的依赖性取决于：第一，所需资源对公司的重要性。显然，对下游企业来讲，上游的原料奶生产与供应将是非常稀缺的、有价值的投入品（valuable inputs）。第二，其他公司控制该类资源的程度。少数供应商所占的市场份额越高（或形成垄断），则公司对其依赖程度越高，反之则相反。我国很多高科技公司目前的

"缺芯"状态，正好印证了自力更生、自主研发、减少依赖的发展路径的必要性。

在不确定的环境下，强化控制、减少资源依赖的管理策略很多，其中最重要的策略是共生式依赖（symbiotic interdependencies）及其管理。[①] 在这一策略下，企业之间通过资源共享、共生发展等最大限度地减少外部环境不确定所带来的负面影响。

共生式管理要求企业之间建立各种强度不同的组织联结方式。这些联结方式（从弱到强）包括：建立声誉（reputation）、相互补台（co-aptation）、战略联盟（strategic alliance）、并购（merger and take-over）。

（1）声誉。它是公司与其利益相关方（如供应商、经销商、最终客户等）建立联结关系的基本方式。良好的声誉有助于增进商业伙伴之间的相互信任，从而构建稳定、共生的商业关系。

（2）相互补台。相互补台、资源共享、真诚合作，是促进商业伙伴之间正常交易的一种方式。例如，为供应商提供专家团队及技术支持，为经销商提供品牌服务，公司决策之间存在连锁董事并提供资源支持，为关联方提供财务服务（如基于产业链的金融服务）等。

（3）战略联盟。战略联盟是分享资源并谋求设立合营企业的良好方式。例如，伊利股份与优然牧业之间的原料奶采购销售协议、委托付款安排等，均属于一种紧密型战略联盟关系。即使伊利股份并不投资参股优然牧业，它们之间的战略合作协议也依然可能存在。

在现实中，战略联盟依关联程度不同而细分为以下四种联盟方式。第一，签订长期合同（long-term contract）；第二，网络化管理，联盟

---

① 另一种重要的策略是竞争式依赖（competitive interdependencies）及其管理。

体各企业之间依相关协议、合同进行产业协同、业务管理；第三，投资参股，即联盟体内某核心企业对其他企业进行少数股权投资（minority ownership），从而维系联盟体的运作；第四，建立合营企业，即根据某市场、某产业、某分部等的发展需要，联盟体内的相关企业将各自拥有的独特资源进行融合，即新设合营企业以开展合作经营。

（4）并购。当 A 公司对 B 公司的生产经营活动有重大影响时，为避免因资产专用性带来的资产风险、经营风险，A 公司并购 B 公司（或者 B 公司并购 A 公司）不失为一种明智的市场选择。它将组织之间的资源交换通过并购真正变成组织内部的资源调配，这是典型意义上的纵向（或横向）一体化战略，符合交易成本经济学的基本逻辑（Williamson，1975）。

可见，共生式管理是现代企业实现产业协同、资源共享、风险共担、收益共用的生态式管理。

（三）公司型大股东：伊利股份为优然牧业提供的股东资源

与机构投资者（如 PAG 等）不同，伊利股份作为优然牧业的公司型大股东，其根本点并不完全在于取得投资收益，而是聚焦于产业链（上下游之间）的协同发展。事实上，优然牧业的前身原本就是伊利股份下属的全资子公司，现在将其剥离并通过机构投资者的资本加持、上市募资，其根本目的还是做大做强优然牧业所从事的上游产业，以服务于伊利股份的产业链构建和发展。由此，PGA 等机构投资者作为大股东，并不会干预优然牧业的商业经营，它们作为投资收益的价值投资者，只不过是撬动优然牧业未来发展的资本杠杆。

那么，伊利股份作为优然牧业的公司型大股东（控股股东之一），尽管两者作为独立法人，在商业运作、财务资源、管理能力、人力安排等方面都各自独立，但并不排除伊利股份为优然牧业的未来发展提供股东资源支持。这些股东资源支持从优然牧业的角度看是必要的，从伊利股份的角度看是必需的，从资本市场的角度看则是必然的。

根据第三章的内容可知，股东资源分为财务资本、无形资源和组织资源三大类。那么，除股权投资（财务资本）外，伊利股份为优然牧业提供了哪些重要的股东资源？不难发现，其无形资源、组织资源的投入主要体现在以下五个方面。

（1）声誉、品牌资源等股东社会资本。伊利股份作为大品牌的奶制品公司，拥有良好的市场声誉、极高的品牌价值。伊利股份自1996年3月12日在上交所挂牌上市（成为全国乳品行业首家A股上市公司）以来，以"伊利即品质"为企业信条，以"成为全球最值得信赖的健康食品提供者"为愿景，以"卓越、担当、创新、共赢、尊重"为核心价值观，在收入规模、盈利水平、市场价值、品牌认可等方面，都是中国奶制品行业的领导者。应该说，从股东角度，这是伊利股份能给优然牧业带来的最大的股东资源与股东价值。

（2）优质客户资源。正如优然牧业在其招股说明书中所提到的，公司拥有伊利股份这样的优质客户资源，是该公司的一大优势。正是由于这一紧密的上下游商业关系，对优然牧业的发展而言，省却了客户开发、营销网络及渠道建设等方面的成本，从而提升了运营效率。

（3）商业发展机会。优然牧业作为奶制品行业的上游龙头企业，除原料奶这一事业部（核心业务）外，还建立了包括育种繁殖、饲料、服务等全产业的反刍动物养殖系统化解决方案事业部。显然，后者的发展机会完全来自前者（及巨大市场需求）的直接驱动，这两大事业部之间的内部协作、相互促进，使优然牧业能真正形成"双轮"式的业务发展格局。优然牧业的这一商业发展机会并非空想,而是奶制品行业系统解决方案之所需。

(4) 信用资源。可以想象,如果没有伊利股份这一大股东及其资源作背书,机构投资者、Pre-IPO 中的其他投资者、全球招股中的各类投资者将不会在对优然牧业的投资中表现得如此踊跃积极。更为重要的是,在公司的日常运营过程中,当其面临资金短缺而向银行贷款时,伊利股份这一采购商的信用与支付能力等也将大大提高其融资便利程度,信用等级、贷款利率均因此受益。2018—2020 年优然牧业的财务费用分别为 0.81 亿元、1.04 亿元、3.09 亿元,对应的负债总额分别为 31.77 亿元、45.57 亿元、131.39 亿元,由此可大致测算其(年均)贷款利率水平,分别为 2.55%、2.28%、2.35%。显然,对于一家非国有企业而言,这一利率水平非常低。

(5) 组织管理资源等。事实上,机构大股东并不干预公司具体的商业运作,优然牧业的商业运作经验、管理水平等均完全脱胎于伊利股份(尤其是经营主体牧泉元兴),这是大股东的组织管理资源对优然牧业的一种直接嫁接。

另外,招股说明书还披露,优然牧业董事会及高管团队中的很多成员均有在伊利股份任职的背景,例如,执行董事兼公司总裁张小东在任现职前即为伊利股份的液态奶事业部总经理;其他成员还包括张玉军(董事长、非执行董事)、董计平(董事、副总裁)、徐军(非执行董事)、姜广军(副总裁)、许燕飞(副总裁)等。所有这些人力资源都是公司型大股东所提供的核心组织资源,将对公司的发展起到关键的作用。

五、伊利股份在优然牧业中的角色——战略投资者

由此可见,伊利股份在优然牧业中充当的是战略投资者的角色。(1) 控股股东。这一角色不仅可以取得投资收益,还可以为其与优然牧业的深度商业合作的合法性、预期稳定性、信任等提供制度保障。(2) 商业伙伴。伊利股份与优然牧业的全方位业务协同,不仅取决于伊利股份(作为大股东)的股东资源输出,还取决于双方业务协同的广度、深度及带来的资源互补、价值互惠效应。在这层意义上,与其说伊利股份是控股股东与投资者,不如说是促进优然牧业未来发展的合作者、商业伙伴。

六、公司型大股东的负面性:商业风险还是治理风险

在代理理论看来,控股股东(尤其是"一股独大"情形)与公司之间的关系有时是非常微妙、不定的。研究表明,它既可能形成利益输送而损害中小股东的权益,也可能扮演支持性的角色而力挺公司发展。而且,上述研究结论都能找到相应的逻辑与证据。

但在事实上,大股东(尤其是具有产业背景的公司型大股东)的股权投资(或绝对控股,或相对控股),其主要目的在于进行新产业的布局或促进已有产业之间的协同,取得协同效益。在逻辑上,尽管产业协同这一初衷并不能完全排除大股东从事利益输送这种可能性,或者说这两者之间并不存在直接的关联性,但是,我们也不能因大股东身份而武断地认为,利益输送是其成为公司大股东的理由。

具体到伊利股份与优然牧业之间的股权联结、深度商业合作,在"五分开"合规性要求下,在其他控股股东(主要指PGA)的监督下,

第五章 公司型大股东、股东资源与产业协同

尤其是在两家公司作为独立的法人主体所签订的原料奶订购协议、委托付款安排等核心契约的约束下，产业协同、长期合作是其主基调，因此可以说，它们之间利益输送的动机远远低于大股东对公司的支持功能。

当然，从优然牧业的角度，这种互惠、共生的合作关系也不存在风险。由于优然牧业的原料奶主要（几乎是100%）供应给伊利股份，因此，从客户结构上看，它对伊利股份的极度依赖也是不言而喻的。但是，这种风险是商业属性的，并非治理属性的。商业风险可以通过合规性检查来规避或排除，例如，严格实施双方签订的协议，加强对关联交易量、价格、付款等信息的披露及合规性检查。相反，治理风险则是制度性的，需要从明晰股东大东、董事会、经理层三者的权利划分、各自职权落实、业绩考核与激励、提高问责的震慑力等制度安排上，减轻或消除治理风险。

第六章/Chapter Six

股东资源与董事会机制：协同控制型治理

第一节　公司治理是权力制衡还是价值创造：基于中国情境的理论反思

越来越多的经验与事实表明，公司治理是谋求公司可持续发展的基础性制度和行为规范，它以价值创造为根本目标，并以此规范股东、董事会及经营者的行为。因此，公司治理规则是公司制度建设的底层逻辑。

公司治理涉及的治理主体无外乎股东（以股东大会为代表）、董事会和经营者三者。之所以存在三者之间的联动关系，说到底还是源于公司这一组织形式的"生态"特征——所有权与经营权的分离。三者的关系是：（1）股东提供各类资源，承担风险并分享收益；（2）董事会受托于股东，尽信义义务并服务于公司，具体职责包括理性决策、有效监督等；（3）经营者受托于以董事会为"中介"的股东，负责合规经营、执行决策。

一、两权分离的程度[①]与股东治理权

传统西方公司理论（尤其是治理理论）以股权结构分散即股东"远离"公司为基本特征，资本市场及外部治理（信息驱动下的股票交易市场、并购及控制权转移市场、经理人才市场）成为公司治理的主要机制。在这种情况下，各类股东或多或少、有意无意地成为远离公司的"旁观者"，相对于作为公司内部人（insiders）的经营者而成为公司的外部人（outsiders）。在这一公司生态下，股东借助资本市场进入或退出公司，使其本质上失去了法理意义上应有的治理权。由此导致的极端后果是，董事会受雇于经营者（而不是相反），董事会只有在公司出现各种丑闻或经营困境时，才会发挥作用，即解聘经营者并诱发董事会自身的重组。相反，经营者"反客为主"，产生潜在的内部人控制问题，如果没有控制权市场等外部治理机制做保障，这将成为公司发展中的一种常态。可见，从西方公司生态及治理机制看，基于资本市场、法律法规的外部治理是公司治理的核心与落脚点。

然而，外部治理机制也存在一些不足：第一，资本市场及其交易定价并非完全有效；第二，资本市场的短视性（如基于季度的业绩预期）在某种程度上损害了公司的长期发展；第三，并购机制并未导致资本在社会层面的有效配置和增值（反倒成为主并方向被并方的股东进行财富转移的方式）；第四，数字经济、高科技公司的兴起天然要求公司的创始股东保持对公司长期发展的战略定力；第五，一些公司正在不断优化

[①] 注意：这里所讲的两权分离的程度不等同于财务理论上的两权分离度（disparity of ownership and control）。后者是指纵向（多极）控股链条的存在，导致公司的实际控制人所拥有的公司投票权与其对应的现金流权之间的分离程度。

其股权结构，并形成多个大股东并存的股东结构；等等。这些问题都有意无意地动摇了人们对传统公司生态及治理机制的认知。例如，股东并非被动的投资者；股东尤其是创始股东、大股东等对公司的投资，并非仅限于财务资本，还包括各种非财务资源；公司的"社会公民"意识不断强化；等等。在这种情况下，人们发现大股东（包括创始股东、控股股东及其他非控股大股东等）作为资源型股东，不是"远离"而是更"趋近"公司。

大股东"趋近"公司，意味着大股东正试图恢复并行使其法理意义上的公司治理权，恢复对公司董事会的主导权，进而恢复对经营者的控制力。这也表明，两权分离作为公司的一种表征，并不意味着股东所有权与经营者经营权的彻底"切割"，不意味着股东治理权的弱化、虚化。或者说，两权分离的程度视大股东参与公司治理的程度而定：股东越是"远离"公司，公司两权分离的程度越大；相反，股东越是"趋近"公司，公司两权分离的程度越小，大股东甚至会亲自担任公司的经营者。比如，特斯拉的创始股东（主要大股东）马斯克，既是公司大股东，也是公司董事会成员，但他在公司中真正扮演的角色是主导公司运营的CEO。尽管在2018年，罗宾·德霍姆取代马斯克成为公司新任董事长①，但其仍然在上任之初就明确表示："我相信这家公司，我相信它

---

① 2018年11月，特斯拉发布公告，宣布由罗宾·德霍姆专职担任公司董事长，罗宾在技术上和汽车行业中拥有丰富的经验，于2014年11月加入公司并担任独立董事，同时她还是澳洲电信（Telstra）的COO和CTO。之后，她辞去上述职位，全职担任特斯拉的董事长。当然，马斯克辞去公司董事长与一桩官司有关。2018年，马斯克在推特上宣布了特斯拉私有化的消息，SEC随即将马斯克告上法庭。后来，双方达成和解协议，马斯克继续担任CEO，但必须辞去董事长职务；马斯克和特斯拉需要分别支付2 000万美元的罚金。此外特斯拉还任命了两位新的独立董事（拉里·艾里森和威尔逊·汤普森）。最后，SEC要求特斯拉组建新的独立董事委员会，以控制和监督马斯克的言行。

的使命，我期待帮助马斯克和特斯拉团队实现可持续的盈利能力并推动长期股东价值的实现。"

二、股东参与公司治理的核心机制：股东大会

《公司法》第四条规定，公司股东依法享有资产收益、参与重大决策和选择管理者等权利。股东参与公司治理的主要机制是股东大会。在股东大会机制下，股东因持股比而享有不同的投票权。因此，需要讨论一些关键问题。

（一）哪些决策议案需要由股东大会审批决策

显然，股东大会作为公司的最高权力机构，对涉及公司、股东利益等的所有重大事项行使其职权。① 在职权行使过程中，哪些需要由股东大会来表决，而哪些需要委托董事会来代理行权，就涉及股东大会对董事会授权程度的问题。通常，股东大会对董事会授权程度越高，提交股东大会表决的事项就越少；相反，对董事会授权程度越低，提交股东大会表决的事项就越多。

因此，问题的关键就转换为：哪些因素决定股东大会对董事会授权程度的高低？进行纯粹的理论分析会发现，决定股东大会对董事会授权程度的因素主要包括：

（1）组织决策的效率。相对于董事会或其他层级的决策机构，股东大会的决策效率是最低的。主要是囿于股东人数众多，难以确定表决议

---

① 《公司法》对股东大会职权（及决策事项）进行了统一规定，主要包括：（1）决定公司的经营方针和投资计划；（2）选举和更换非由职工代表担任的董事、监事，决定有关董事、监事的报酬事项；（3）审议批准董事会的报告；（4）审议批准监事会或者监事的报告；（5）审议批准公司的年度财务预算方案、决算方案；（6）审议批准公司的利润分配方案和弥补亏损方案；（7）对公司增加或者减少注册资本作出决议；（8）对发行公司债券作出决议；（9）对公司合并、分立、解散、清算或者变更公司形式作出决议；（10）修改公司章程；（11）公司章程规定的其他职权。

程（如时间、地点与程序），且难以展开深度的议题讨论、达成各方均认可的决策意见。

（2）决策后果的经济相关性。并非所有股东都愿意参与公司重大议题的决策，如果中小股东参与决策所花费的时间、精力等成本与其最终分享的决策收益并不匹配（事实正是如此），则他们的"搭便车"行为在一定程度上就是经济理性的。与此相反，大股东因投入公司的资源最多，期望从公司理性决策中获得的收益越多，其决策后果的经济相关性也越高。

（3）对董事会信任、能力的判断。如果经股东大会选举出的董事会能够真正平等地对待所有股东，并且完全胜任其决策职能，则增大对董事会的授权程度将是最好的制度选择，反之则相反。

（4）相关法律规则的要求。

如果董事会能真正平等对待所有股东并体现其意志表达，至少从决策效率这一角度看，交由股东大会决策的议案越少越好，或者说，对董事会的授权程度越大越好。这也表明，公司法规定的股东大会职权在某种程度上是法理意义上的"最低要求"。除此之外，交由股东大会行权的其他重大决策议案（即兜底条款：公司章程规定的其他职权），则取决于股东大会对董事会的授权程度，并体现在不同公司的个性化章程规定之中。

（二）股东参与议案决策的意愿有多大

影响股东参与议案决策的因素，除其自身的持股比高低及决策后果的经济相关性以外，主要包括：（1）参与决策的便利程度。股东投票的形式有两种：一种是现场投票，另一种是线上（网络）投票。相对而言，线上投票大大提高了股东参与公司治理的意愿和程度。（2）信息获取的程度。股东尤其是中小股东，其内心并非真正想"远离"公司，实际上恰恰是公司"远离"了股东，中小股东接收到的公司信息远远达不到其作为"东家"所应获取的程度。在这种情况下，中小股东参加股东大会，与其说是股东参与议案决策的途径，不如说是其获取公司一手信息的重要形式。正是这一手信息、敏感信息真正帮助他们做出交易决策。(3)规避投资风险。股东参与决策的意愿还与公司的负面信息受市场、媒体等的关注程度有关。公司的负面信息越多，股东规避投资风险的愿望越强烈，参加股东大会并获取信息的愿望就越强烈。可见，无论是大股东还是中小股东，从资本市场及信息获取角度，都不可能真正"远离"公司，相反，是公司信息披露的不充分、不及时等使公司"远离"了股东。幸运的是，现代信息技术、自媒体的发展，以及媒体关注度及其传播效率的提高等，正在迅速改变"股东-公司"之间的信息不对称性，提升股东获取公司信息的能力。与此同时，监管部门对信息披露的规范、优化和监督执行，也在一定程度上改变着公司"远离"股东这一现状。

三、董事会机制：董事来源、构成及董事会运作

股东大会机制与董事会机制的关联性在某种程度上是"此消彼长"的。董事会作为股东的全权代表——受托责任主体，负有对股东的信义义务。

理论上，对董事会构成及成员分类有很多说法，如执行董事、非执行（非独立）董事和独立董事。执行董事并不是一个严谨的法律概念[1]，而是一个相对泛化的商业概念，是指在公司身兼经营者（如总经

---

[1] 从法律的严格意义上讲，执行董事是指在有限责任公司不设董事会的情况下，召集或主持股东会议的董事。可见，执行董事主要针对有限责任公司，且是在公司不设立董事会时兼任总经理的"一人董事"。或者说，设立董事会的有限责任公司或股份有限公司不存在执行董事这一法律称谓。

理、副总经理等）的董事；非执行董事则是执行董事的对称。如果先不考虑独立董事这一特殊群体，单就执行董事、非执行董事这两类进行分析，不难看出，表面上他们以是否在公司内部任经营实职而被区分（执行或非执行），但根本上，他们的提名或任命几乎无一例外受大股东的影响。按各大股东对董事会人选的影响程度，可以将董事会结构分为以下几种类型。

（一）股东董事（产权代表或股权董事）

股东董事是指受大股东直接委派并且不在公司担任执行实职的董事。本质上，股东董事是各大股东的产权代表，代表大股东的意志。岗位最关键（通常由第一大股东来委派）、判断最易混淆的职位是公司董事长。其是否属于股东董事？这需要区分以下两种情形：（1）如果属于两职合一型架构，即公司董事长同时兼任总经理，根据股东董事的定义，董事长显然不属于股东董事，而属于实实在在的公司执行层，类似于国外公司的 CEO（即董事长兼总经理）；（2）如果属于两职分离型架构，董事长则明确属于股东董事，而不属于执行团队成员。

股东董事在董事会中的人数多少及席位安排，直接体现了各大股东的持股比、股东资源实力以及对公司未来运作的影响力。作为董事会结构中人数最多的群体，股东董事是大股东联盟参与公司治理的直接体现。通常，董事长由第一大股东委派的董事担任，而副董事长（如果设立）则极有可能是由其他大股东的产权代表担任。可以说，股东董事是公司董事会决策中最有话语权的董事群体，无论这一话语权是体现为董事会议案的公开表决，还是体现为相关议案是否被列入上会决策的列表之中。

需要重点解释一下国有企业外部董事制度下的外部董事。

国务院国资委《关于国有独资公司董事会建设的指导意见（试行）》（国资发改革〔2004〕229号）明确指出：外部董事指由非本公司员工的外部人员担任的董事。外部董事不在公司担任除董事和董事会专门委员会有关职务外的其他职务，不负责执行层的事务。外部董事与其担任董事的公司不应存在任何可能影响其公正履行外部董事职务的关系。本人及其直系亲属近两年内未曾在公司和公司的全资、控股子企业任职，未曾从事与公司有关的商业活动，不持有公司所投资企业的股权，不在与公司同行业的企业或与公司有业务关系的单位兼职等。

外部董事是典型意义上的国有股东产权代表，他们受出资人委派，对出资人负责，向出资人报告工作，在行权履职时要有效贯彻出资人意图，维护出资人和任职企业的利益。除国务院国资委外，其他各级国资委系统根据各地的具体情况，效仿并普遍实施外部董事制度。在国有企业董事责任的定位上，北京市相关文件则明确要求：董事对出资人和任职公司负有忠实和勤勉义务（《市属国有独资公司董事会工作指引》第五条）。从董事会下属各委员会构成看，除提名委员会、战略委员会外，董事会的其他专门委员会均由外部董事担任主任委员并发挥领导作用。不仅如此，北京市国资委相关规定还明确要求：当董事会成员中有3名以上外部董事时，市国资委将指定一名外部董事担任外部董事召集人[①]，并履行其上下沟通、强化监督等专门职责。

---

① 外部董事召集人非常类似于英国公司治理准则（UK Corporate Governance Code）所倡导设立的首席非执行董事（chief non-executive directors），也可称为非执行董事长。

从实践意义上看，外部董事至少有三个显著特征：一是外部董事受国资委委派，代表大股东意志（唯一的股东），以维护国有资本保值增值为根本目标，是真正意义上的产权代表，因而被赋予相对较高的决策权与权威性；二是外部董事在公司董事会构成上人数占优，形成了以外部董事群体为代表的监督机制，从而对公司内部董事形成某种权力制衡，以规避因内部人控制而产生的内部人控制问题，监督成为外部董事的重要职责之一；第三，国资委能够通过各种有效方式（如外部董事定期述职和评价、要求外部董事与国资委相关部门保持良好沟通、对企业重大决策议案的内部通报和反映制度等）保证外部董事的真正履职。

（二）执行董事（内部董事）

执行董事是指担任公司管理之职的董事，也称内部董事。相比产权代表的直接委派，这类董事的委任受大股东影响的程度相对较低。通常从这类董事的提名或任命程序上看，大多数是先被各大股东"看中"而受雇担任公司高管（如总经理或副总经理等），然后因董事会运作决策需要（经营班子成员加入可以提供决策信息、解释议案、辅助决策等），而被各大股东接纳到董事群体之中。可见，执行董事有以下特征：

（1）他们的提名、委任受大股东的联合影响。他们首先要被各大股东"看中"并担任实职，然后才可能"入围"董事会，可见，这类董事是各大股东竞相角力的对象，是各大股东力量平衡的结果。

（2）在中国公司的运作中，他们也是最尴尬的角色，一方面作为全体股东利益的代表，负责参与决策；另一方面作为公司执行团体的代表，负责执行决策。在决策与执行两者的结合下，他们将面临严重的角色冲突。因此，他们最为安全的行为方式是，在董事会决策层面只负责议案解释而不参与决策，在决议执行层面只负责执行而不参与监督。①可以说，执行董事更看重的是执行者角色而非董事角色（Firth et al.，2006），至少在逻辑上难以做到"自己监督自己"。

（3）这是一个相对"短命"的群体，也就是说，一旦公司因经营不善而临时改组董事会或总经理团队，最有可能被各大股东追责而离职的董事就是他们。

（4）这类董事是公司董事会的核心，他们是董事会与经营团队之间的桥梁，因此成为各大股东拉拢的对象。从根本上说，执行董事应代表公司的利益，而非某一股东的利益。

（三）独立董事

独立董事是完善上市公司治理的一项重要制度安排。需要明确的是，上市公司的独立董事制度与我国各级国资委实施的国有企业外部董事制度有本质差异。

中国证监会发布的《关于在上市公司建立独立董事制度的指导意见》（证监发〔2001〕102 号）明确定义：上市公司独立董事是指不在公司担任除董事外的其他职务，并与其所受聘的上市公司及其主要股东不存在可能妨碍其进行独立客观判断的关系的董事。同时要求在 2003 年 6 月 30 日前，上市公司董事会成员中应至少包括 1/3 的独立董事②，且独立董事对上市公司及全体股东负有诚信与勤勉义务，维护公司

---

① 监督权是董事会及董事的重要职责之一。对于执行董事而言，既决策又执行还监督，从治理角度肯定会导致某种程度的"人格分裂"。

② 实际情况是，绝大多数上市公司满足了"独立董事占董事会成员的比重大于1/3"这一监管要求。但"监管之需"并不完全等于"治理之需"（陈运森，2012），独立董事作用发挥得如何，还需要持续观察。

整体利益，尤其要关注中小股东的合法权益不受损害。独立董事在履职过程中，要保持应有的独立性，即不受上市公司主要股东、实际控制人或者其他与上市公司存在利害关系的单位或个人的影响。可见，独立董事是参与公司决策但与公司及主要股东不存在利益关系的董事。

作为一种制度安排，独立董事表面上独立于上市公司和主要股东，但从提名及任命上看，他们无一不受公司股东（尤其是主要股东）的影响。这是因为从我国上市公司实践看，独立董事大多由主要股东（尤其是第一大股东）提名，并在股东大会上表决通过，而真正由中小股东以累积投票制①选举获任的独立董事非常少。

回到独立董事制度上来。从利益相关性上看，独立董事与公司、股东之间不应存在任何利益瓜葛，但独立董事的意见表达及决策结果均对公司及股东利益有深远的影响。因此，多数情况是，独立董事无论由谁提名、任命，事先都会得到大股东的一致认同，并在股东大会上表决通过。可见，独立董事职权由独立董事来独立行使，但其提名、任命并不能也不可能独立于公司和主要股东。

对上述三类董事与大股东的关联程度进行分析，可以看出，股东董事、执行董事、独立董事无一不受大股东的影响。其中，股东董事是董事会的核心层，执行董事是董事会的半核心层，而独立董事是董事会的关联层，具体结构如图6-1所示。

---

① 累积投票制是股东行使其选举权的形式之一，在我国上市公司中，几乎所有公司的董事人选的提名、获任，均以累积投票制为基础制度。但现实中，中小股东提名的董事真正是由累积投票制这一决策机制而成功当选的案例很少。

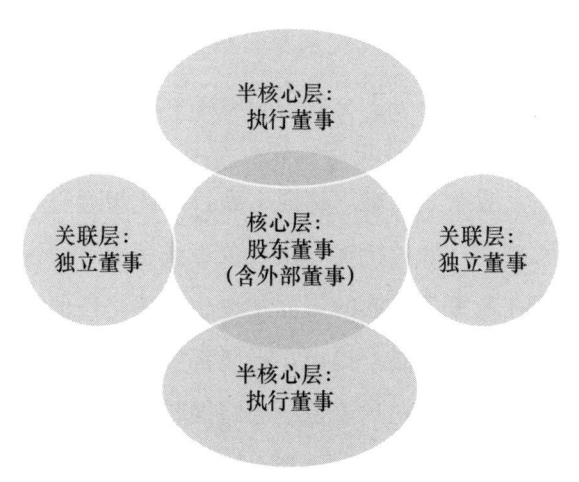

第六章　股东资源与董事会机制：协同控制型治理 | 205

图 6-1　董事会结构

从董事会决策角度，尽管在逻辑上存在公司利益与大股东利益之间的区隔①，存在董事会独立性②这一概念，存在"谁派出"与"代表谁"两个不同层面的行为取向（王斌，2006），但总体看来，股东董事在董事会决策中总是处于主导地位。这种主导性包括：（1）董事会所讨论和

---

① 《公司法》第二十条明确规定，公司股东应当遵守法律、行政法规和公司章程，依法行使股东权利，不得滥用股东权利损害公司或者其他股东的利益；不得滥用公司法人独立地位和股东有限责任损害公司债权人的利益。公司股东滥用股东权利给公司或者其他股东造成损失的，应当依法承担赔偿责任。公司股东滥用公司法人独立地位和股东有限责任，逃避债务，严重损害公司债权人利益的，应当对公司债务承担连带责任。第二十一条进一步强调，公司的控股股东、实际控制人、董事、监事、高级管理人员不得利用其关联关系损害公司利益。

② 在 MacAvoy & Millstein（2003）的研究中，将满足以下三项指标之一的董事会称为独立性董事会（或董事会职业主义）：第一，独立的董事会领导权。该领导权由一位非执行董事担任召集人并行使其职权，董事会不依赖经理层而采取自主行动。第二，无经理层参加的定期的董事会会议。此项权利为董事提供了依公司计划评价经理层业绩的机会。第三，确立规划或指导方针。该规则或指导方针用于确立董事会与经理层在公司经营等问题上的独立关系。这一刻画独立性的标准比通常意义上采用的独立董事占比等指标更为准确。可喜的是，无论是受上述指标的影响，还是受我国公司董事会实践所自发形成的"规则"影响，现实中国有控股公司（中央企业和地方国有企业）的董事会建设，均不约而同地要求外部董事人数占优，并逐步实施外部董事召集人制度。

决策的重大议案，大多会经大股东及股东董事在"私下沟通"并认同，否则难以上会决策。(2)对于未经沟通的上会议案，要么议案本身对公司影响不大，要么议案非常重要，但持股比较大的一方（如第一大股东）可能认为在大股东之间难以达成一致，因此想通过直接上会，借其在董事会上的影响力（如"拉拢"执行董事或私下"游说"独立董事），展开大股东之间在董事会层面的正面角逐。显然，任何决策议题，无论是由管理层提出还是由大股东提出，最终都要过大股东这一关，如果过不了这一关，则极有可能意味着董事会将面临动荡甚至重组、改选。

（四）作为决策团队的董事会：和谐运作

从董事会决策行为看，如果不进一步分析董事会行为的内涵，我们就无法期望董事会的某种结构特征与公司业绩改善之间产生任何实质联系。有关治理结构与公司业绩关系的实证研究所得出的矛盾结果，并没有否定董事会行为与投资者回报之间的联系（MacAvoy & Millstein, 2003）。构建和谐的董事会和良好的决策运作机制，无论如何都是必要的。

但判断董事会行为是否有效及后果如何，都必须深入董事会的行为过程，即将董事会定位为公司内部的一个特殊团队和组织（Forbes & Milliken, 1999），该团队拥有任何管理团队（management team）所共有的组织属性。在这一决策团队中，团队整体效能（overall effectiveness）将大于团队成员个体效能之和（这是组织特质的体现）。在团队理论视角下，衡量董事会这一决策团队是否有效的标准主要包括：(1)董事会的任务业绩（task performance），即董事个人有能力履行其控制、决策职能；(2)董事会有能力将其成员组成一个合作团队，凝聚在一起并和谐运行。

关于董事会行为的描述，除要求董事会成员必须具备胜任的专业知识与能力、充足的时间投入之外，还要求董事会作为一个团队，保持在知识、经验和能力等构成方面上的异质性（如涵盖组织管理、会计与财务、法律、战略、营销与市场、技术研发等方面[①]），具有很强的组织认同、团队学习、决策和谐及凝聚力等（王斌和童盼，2008），以避免决策过程中的认知冲突（cognitive conflicts），或因团队成员放不下"失误的面子"阻碍成员之间的知识学习和沟通。需要特别解释一下董事会决策中的"一言堂"现象，它是指董事会成员之间对决策议题的沟通、讨论不充分等，造成拥有知识或信息优势的部分董事（如董事长或内部董事）在决策上占优（如在会议上先发言、定调子），这一现象与西方团队决策理论中的"团队迷思"极为相似。提高决策团队的组织认同和凝聚力是提高董事会决策质量的重要因素，但绝不等于决策中的"一团和气"及"一言堂"。强调组织认同、凝聚力与决策和谐，可能只是产生决策"一言堂"的必要条件之一，但绝对不是充分条件。只有当团队成员之间不存在认知冲突且人人因自危而自保时，才有可能将组织

[①] 国外有关董事会构成异质性的研究还强调种族、性别等各方面的多元化。以性别为例，据美国有线电视新闻网（CNN）2020年12月的报道，标准普尔500强的董事会中都有女性董事。但总体来说，女性所占比例仍然偏低。根据史宾沙管理顾问公司的统计，女性董事占董事会成员的比例大约为28%。如果按标准普尔500强公司的董事会平均规模11人计算，女性平均占有3个名额；有5%的公司董事会中女性为1人（如摩托罗拉和施乐公司）；有3%的公司董事会中女性占比超过均值（如宝洁和百思买公司，女性为6~7人）。美国大公司女性董事数量呈上升趋势的原因有两个：一是各州法律对男女平权的要求（如加利福尼亚州要求公众公司必须有女性董事加入，即所谓的性别多元化（gender diversity））；二是机构投资者等的压力（这是主要原因）。那么，女性在董事会中的职位到底如何？该报道称，有4%的女性董事是独立董事召集人，近1/4的女性董事担任各公司下属委员会（如薪酬、审计、治理等）的主席，还有最新消息称，星巴克公司提名梅洛迪·霍布森女士担任下一届公司董事长。但在我国公司中，女性董事的比例仍然很低。在董事会构成上，女性董事占比与公司绩效相关吗？中间的机制或逻辑机理是什么？这些问题不容易解释。

认同、团队凝聚力演绎为决策"一言堂"。心理学家认为，如果团队成员相信团队不会为难、拒绝或者惩罚勇于发表意见的人，就可能在心理上产生安全感（psychological safety），反之即为心理不安全。组织认同是组织成员心理依赖的一种体现，因此，在一个能让人在心理上拥有安全感的董事会，其决策过程中所展开的各种争辩，不但有利于促进组织成员之间相互学习、提高组织决策和谐与组织凝聚力，而且有利于杜绝"一言堂"式的决策行为。①

四、补充话题：股东董事决策中的组织行为与个人责任

在公司董事会运作中，一个非常棘手的问题是股东董事的组织行为与个人责任之间的对立与矛盾。

（1）组织行为。股东董事是作为产权代表行使其董事权力的，因此，存在"谁派出即代表谁"这样一种意志体现，或者说，大股东派出的股东董事，在董事会表决时，都是代表大股东意志、体现大股东利益。② 从这一层面看，股东董事的表决权名义上属于董事本身，但实际上则是代表大股东。从具体实务运作看，以国有企业集团派至下属上市公司的专职董事为例。专职董事被定位为出资人派到控股公司专职从事董事工作的专业管理人员，需要按照规定的业务流程，研究所任职公司的董事会、股东会议案等事项；需要在会商集团总部的相关职能部门后，按相关规定做出决策，提出处理意见和建议；需要经过授权，在上

---

① 由此可见，"一言堂"式决策绝不是正常董事会行为所应有的特质，它从根本上无法满足董事个人对公司经管责任的履行。

② 以国有企业为例，《国务院办公厅关于进一步完善国有企业法人治理结构的指导意见》（国办发〔2017〕36号）明确指出，国有全资公司、国有控股企业的董事由相关股东依据股权份额推荐派出，由股东会选举或更换，国有股东派出的董事要积极维护国有资本权益。

市公司董事会上行使其董事、股东代表的权利，贯彻落实派出单位意志，维护出资人权益。股东董事在落实组织行为的具体程序上，主要涉及董事会决策的相关议案信息的收集和处理，递交相关组织进行议案审查（视议案重要性程度，分别由集团的分管副总、集团经营团队、集团董事会、集团党委会等负责）、意见传达商议、参会表决、信息反馈等。因此，股东董事在很大程度上是大股东意志的直接传达者、具体执行者。反过来说，如果股东董事没有执行上述程序，违背集团大股东的意志，可能面临组织追责（行政责任）。

（2）个人责任。股东董事毕竟属于董事，其决策行为及决策后果最终都由董事个人"举手"投票来表决，并在法理上承担风险与责任，这也是董事个人信义义务的体现。可见，在法理上至少存在"谁派出并不代表谁"这一逻辑（王斌，2000）。因此，针对股东董事这一个体，其组织行为与其个人责任存在某种不可调和的"两难"——在董事会决策中，到底是听从大股东还是听从内心。

对国有企业集团派出的股东董事而言，尽管按照责权利对等原则，严格执行集团意志并按规定和决策程序进行表决，在出现决策问题时能够不被集团追究行政责任，但并不等同于股东董事个人不需要承担其"举手"责任。因此，从根本上看，股东董事的法律责任仍然是不可避免的。"谁派出"与"代表谁"之间并不能直接画等号！

第二节 基于股东资源的董事会职责：以价值创造为核心

广义的公司治理包括促使公司经理层服务于公司股东利益的一切机

制,但狭义上主要是指董事会职责、股东投票权、代理权争夺以及其他影响公司决策权的股东行为(Brealey & Myers, 1996)。董事会机制是解决公司代理问题的均衡解(Hermalin & Weisbach, 2001; Adams et al., 2010)。从我国公司董事会行为看,有关董事会机制及其有效性的研究不应忽视存在多个大股东(或者"一股独大")这一背景。

一、股东董事及大股东超额席位

从上市公司董事会人员构成上看,"独立董事占董事会成员的比重大于1/3"这一规范要求已得到全面实行。在判断除独立董事之外的其他董事的来源时,应考虑大股东是否拥有超额席位,其可根据股东董事的理论席位(应然)和实际席位(实然)的测算结果进行判断。

大股东董事超额席位(excess seats of biggest shareholder, ESBS)的定义主要借鉴 Villalonga & Amit (2009),其在对美国家族企业的研究中指出,控股股东在董事会中派出超出持股比例的股东代表(disproportionate board representation),以此作为提高其实际控制权的重要手段。由此,我国上市公司大股东董事超额席位的测度公式为①:

$$\frac{大股东董事}{超额席位} = \frac{大股东董事实际席位 - 大股东董事理论席位}{董事会规模 - 独立董事人数}$$

$$\frac{大股东董事}{实际席位} = \frac{大股东董事人数}{董事会总人数 - 独立董事人数}$$

$$\frac{大股东董事}{理论席位} = \frac{第一大股东}{持股比例} \times \left(\frac{董事会}{规模} - \frac{独立董事}{人数} \right)$$

---

① 中国证监会2001年发布的《关于在上市公司建立独立董事制度的指导意见》强制要求,所有上市公司必须按照规定,建立独立董事制度,并设立不低于1/3的独立董事,且这一制度已得到良好执行。考虑到大股东持股比例与其在董事会的控制权比例的配比,此处将并不影响其控制权比例的独立董事人数从董事会规模中扣除。

例如，中国船舶工业股份有限公司（简称中船股份）的董事会共11人，其中独立董事4名，其余7名董事均由大股东（中国船舶工业集团公司，简称中船集团）派出，且他们同时在中船集团任职。由此可计算出该公司大股东董事的实际席位（seats of biggest shareholder，SBS）=7/(11-4)=1，因中船集团在该公司的持股比例为61.06%，该公司大股东董事超额席位=1-0.610 6=0.389 4。

根据王斌等（2015）的统计，2006—2010年我国上市公司第一大股东委派的股东董事占全部董事实际席位的平均比例为46.2%，标准差为26.3%；第一大股东派出董事的超额席位均值为5.2%，标准差为25.7%。由此不难看出，在公司董事会构建中，第一大股东派出的股东董事不但在形式上（人数）占优，而且因"一人一票"规则而具有相对较高的话语权。

之所以讨论大股东的董事席位，是想说明我国公司第一大股东拥有董事超额席位是一个事实，而且在可预见的未来，一时也难以改变，除非进行全方位、大规模的第二次混合所有制改革①，以彻底重构公司股东结构。

二、大股东背景下的股东董事：双重角色及决策两难

（一）股东董事的双重身份及决策两难

作为董事会的核心成员，股东董事有双重身份：

（1）股东的产权代表。如前所述，股东董事代表其背后的大股东。

---

① 在作者看来，混合所有制改革本质上属于股东结构的重构，即构建更加多元、多维的股东结构。可将公司上市视为第一次混改，而当下在上市公司层面所进行的混合所有制改革，可视为第二次混改。

其中,"代表"一词的含义是广泛的,它既代表大股东背后的股东资源,也代表大股东对这些股东资源的投入意愿、股东意志及利益诉求。在完善的资本市场环境中、充分的讨价还价机制的作用下,任何股东及其代表都不可能只讲利益诉求而不顾资源投入。当然,从董事会决策角度看,股东董事所代表的只是其授权范围内对相关决策事项的意思表达。

(2) 独立的决策主体。在法律意义上,董事会(整体)或董事会成员(个体),是受所有股东之托的责任主体,是进行独立决策并承担相应风险的决策主体。这就表明,股东董事作为个体,如果放弃个人的独立决策意志而只考虑大股东立场(不顾其他股东利益),成为大股东从幕后走向台前的"傀儡",最终后果极可能沦为只有决策责任而无风险保障的"替罪羊"(scapegoat)。显然,这样的法律风险是股东董事个体无法承担的。这就是股东董事决策时普遍面临的两难困境。股东董事超额席位强化了股东董事的决策两难,并极有可能促使他们成为各大股东的实际代言人(而非独立决策者)。

(二) 决策两难的潜在治理后果

股东董事面临两难困境,执行董事、独立董事也面临同样的境况。这是因为他们或多或少、直接或间接地受到大股东的各种影响。

董事面临两难问题,所带来的潜在后果主要包括:(1) 激化大股东对董事会席位的争夺(寻找代表各自利益的代理人)。事实上,组建董事会从来都是一件难事,它是各大股东长期协调、酝酿权衡的结果。(2) 对重大决策议案,因利益导向不同而有可能放大股东董事、执行董事、独立董事等的意见分化,从而影响董事会决策的效率和效果。(3) 为弱化矛盾冲突,大股东及股东大会通常会以减少对董事会授权等方式,保持公司董事会的稳定性。但间接后果是弱化了董事会决策的权威性，反过来又会进一步激化大股东、股东大会与董事会之间的矛盾，加速董事会改组或重构，影响董事会的稳定性。所有这些都会使"公司治理"最终成为"公司政治"。

三、股东资源视角下董事会的核心功能：资源集聚与价值创造

在大股东背景下，如何避免"公司治理"演变为"公司政治"，关键在于股东董事以及基于股东资源的董事会定位。

（一）董事会是"资源＋能力"的组合

从股东资源角度，股东董事作为董事会的核心层，其代表的是大股东及其股东资源。也就是说，股东董事是维系董事会运作的核心，是支撑公司发展的动力源。而这一切均是由于股东董事所拥有的股东资源及其所承担的受托责任。

与股东董事不同，执行董事、独立董事等并不拥有足以让公司生存发展的各类资源，他们所拥有的只是将股东资源转化为竞争力和价值增值的各种能力。例如，执行董事自身拥有的市场经验、管理能力等，独立董事拥有的会计、法律、行业知识等方面的专业胜任能力等。

可见，董事会的构成或结构，与其说是不同来源的角色组合，不如说是"资源＋能力"的动力组合，如表6-1所示。

表6-1 "资源＋能力"的董事会构成

类别	与大股东关系	在董事会的地位	资源或能力	备注
股东董事	攸关	核心层（产权代表）	股东资源嫁接于公司的直接推动者	

续表

类别	与大股东关系	在董事会的地位	资源或能力	备注
执行董事	密切。根本上，代表公司利益而非某一大股东利益	半核心层	以管理能力为主，以资源获取为辅	
独立董事	独立。代表公司利益而非某一股东利益	关联层	以专业能力为主，以资源提供为辅	评判股东资源定价的公允性

（二）股东资源、董事会成员相互支撑与董事会功能定位

股东投入资源形成公司，受托的股东董事在董事会上代表大股东意志而理性决策，执行董事、独立董事发挥各自所长。各种资源和能力组合在一起，形成公司的动力源，其根本目标则是实现股东价值增值。

显然，公司治理中的两类委托代理关系均存在于公司。但是，就第一类代理问题而言，大股东背景下的委托代理冲突（尤其是大股东与经营者之间的代理冲突）、代理成本并不明显。同样，就第二类代理问题而言，大股东与中小股东之间的利益冲突潜在存在。在股东董事、执行董事和独立董事的三角关系中，既然三类董事在不同程度上都受到大股东直接或间接的影响，那么至少在理论上不能将董事会治理视为上述三类董事之间的权力制衡，而应视为上述三股力量的相互支撑以追求公司整体的价值增值。

从大股东角度分析，如果大股东一开始就被假定具有某种预先的投机动机，如控制公司、侵占中小股东权益等，那么就无法解释其为什么在事后需要承担"掏空"骂名的情况下，还要向公司投入大量的股东资

源。换句话说，大股东与中小股东之间的代理冲突固然存在，但这一冲突并不是"天生"的，而极有可能是其他原因造成的，如大股东的资源投入与其所获得的（名义）现金流权不匹配等。

可见，上述三股力量共同定义、定位了董事会的基本功能：理性决策、有效监督和资源提供。

第三节　公司治理的本质：大股东资源联盟、董事会协同控制型治理

股东大会在公司治理中的作用不可否认。但无论如何，董事会都是公司治理的核心。如前所述，在股东董事、执行董事、独立董事这样一种结构或架构中，董事会是资源和能力的集合体。如果承认股东董事在董事会中的核心地位，也就等于承认董事会治理在本质上是大股东资源联盟下的协同控制型治理。

从组织经济学角度，联盟、网络等概念大致介于"市场-企业（科层组织）"这两极之间，即所谓的中间组织[①]，如网络组织、战略联盟体等。如果说"市场-企业"之间的关系完全是价格机制在起作用，即企业之间因市场交易而发生关联并以追求个体效率为根本动机和行为准则，那么网络组织、战略联盟体的作用机制则不仅包含价格机制，还包含更为重要的权威机制（如在大型企业集团中，母公司对子公司、总部对分部的权威安排）和信任机制（如网络组织、战略联盟体内的个体之间的信任关系）等。

股东集聚各类资源并投入公司的行为，在最终意义上可看成一种股

[①] 这一概念主要来自威廉姆斯的《资本主义经济制度》。

东个体基于纯粹的市场交易而产生的追求个体效率的行为。但是，股东关系的形成本质上是股东之间利益关系的结盟，它以大股东合作共赢为共同的价值理念，以异质性资源集聚为物质基础，以协同控制型治理为制度底色。

在这层意义上，大股东主导下的公司治理，其核心不在于为股东之间的权力制衡而治理，而在于为追求股东价值增值而协作，或者说，公司治理的本质是大股东资源联盟下的协同控制型治理。

一、协同控制型治理：含义与特征

什么是协同控制？管理学认为，协同控制（concertive control）是团队成员基于一系列核心价值或共识而进行的自组织控制和规范行为。在诸多的管理控制行为中，协同控制是一种后科层控制模式（Tompkins & Cheney，1985；Barker，1993），区别于以下三种传统控制模式（Edwards，1981）。

（1）简单控制（simple control）。它是由上到下（如老板对员工），通过个人命令等方式进行的控制。

（2）技术控制（technological control）。它是将控制机制嵌入公司技术结构之中，通过生产线和流程等实施的控制。

（3）科层控制（bureaucratic control）。它是将控制机制嵌入公司组织规则之中，通过规训和正式制度等（而非个人命令）实施的控制，因而是一种典型的制度控制。

与传统控制模式不同，协同控制在本质上是团队成员之间的自组织控制。按 Barker（1993）的研究，相比向单一老板汇报，向团队成员汇报将使成员产生更强的自我约束力，如以前的上司可能会容忍下属迟到几分钟,但现在所在的团队对于迟到采取零容忍政策,而且成员会很认真地监督自己的行为。如果将协同控制的概念引入大股东联盟及治理框架,则不难看出,基于大股东联盟的协同控制型治理具有以下特征:

(1) 价值认同。各大股东作为联盟治理主体,对公司愿景、战略、目标等具有广泛的共识,可以形成公司共同的价值观或价值认同。

(2) 目标一致。各大股东以做大公司为己任,积极并主动协助和支持管理团队充分利用股东资源。

(3) 自我治理。形成自组织、自管理的规则或行为规范,强化大股东之间的自我监督,以及无处不在的权力制衡。协同控制的团队成员创造出了一双无处不在的守护规范的眼睛(Barker,1993)。不仅如此,自我治理还有可能创造出一种利他主义、集体主义的文化。①

但应该看到的是,支撑大股东联盟协同治理的内在逻辑,依然是股东资源投入及激励的有效性,即基于"股东资源投入—价值创造—收益分享"这一经济逻辑及其激励属性。其中,收益分享的基础并非财务持股比例,而是股东各方股东资源投入的相对价值及预先商定的分配比例。否则既可能造成股东的投入激励不足,也可能因(事后)利益分配不公(资源投入与利益回报不匹配)而引发控制权争夺,最终损害公司价值(张伟华等,2016)。

二、协同控制型治理:大股东之间相互选择的底层逻辑与制度基础

如前所述,股东之间具有"物以类聚,人以群分"的属性。如果股

---

① 马修·伯格、罗柏·威尔和迈克尔·舒尔茨 2014 年发表在《心理科学》(*Psychological Science*)上的论文《八卦和排斥推动了团队合作》(Gossip and Ostracism Promote Cooperation In groups)表明,自我治理团队有助于培养利他主义及集体力量。

东资源及其异质性、互补性是股东聚合的物质基础，那么，在物质层面之外的精神层面，则体现为股东之间在价值观等方面的共识。与之相似的"门当户对"这一说法，尽管在现实中并不总是成立，但也存在让人不得不听的"辛酸"逻辑，因为有太多案例佐证了"门不当户不对"的风险和后果。

门当户对的本质是什么？从概念上看，它是指门、户之间没有太大的落差。那么，门、户之间的落差具体体现在哪些方面？物质是一方面，价值观差异则是根本。暴发户与没落贵族在物质上具有互补性，但在精神气质上则可能存在天然落差而无法匹配。"穷人有穷人的活法，富人有富人的日子"，他们都具有各自的生活逻辑，不存在是与非、高与低的辩白。但是，一旦双方走到一起，就不得不面对生活的"日常"，"富的粗糙"与"穷的精致"有时是难以调和的。

联系到大股东联盟及联盟体治理，协同控制要求股东各方保持协同与和谐，这与其说是物质上的互补，不如说是基于"三观一致"的精神包容。也就是说，股东之间双向选择的逻辑，首先是达到价值观的一致或价值认同，这是股东联盟体形成之前所试图达成的价值共识。如果在事前无法达成，或者股东各方在联盟体形成之后再试图通过各种努力达成，通常都不会成功。可见，与"门当户对"之意相同，大股东联盟形成之前的价值共识，是联盟体协同控制型治理形成的基础，没有这一基础，谈不上公司治理，也不可能为未来公司价值增值提供必要的制度保障。

三、协同控制型治理的主要机制

协同控制型治理有其相应的机制安排。不同于传统意义上的公司治理——无论是股东大会还是董事会（尤其是董事会），监督和制衡都是治理机制的核心要义。大股东联盟下的协同控制治理，其核心要义是协同与价值创造，其主要治理机制体现为以下两种。

（一）信任机制

信任是期望另一个人（或组织）采取对自身有益的行动，而无论自身监控能力如何，并以此谋得双方的合作（Sapienza & Zingales，2012）。

对人类社会而言，信任就像空气一样不可或缺，能够为人们交往中的不确定性提供一种较为稳定的心理预期，成为整个人类社会的黏合剂（朱佩娴和叶帆，2012）。作为一个社会学概念，信任在经济、管理等领域同样具有广泛的学术意义。经济学家肯尼斯·阿罗在其《社会选择与个人价值》一书中写道，世界上很多的经济落后都可以用缺乏信任来解释。这里需要指出的是，在西方学者（如阿罗）的解释逻辑中，信任主要是指处理陌生人之间社会关系的机制，与东方的熟人之间社会关系中的信任机制有本质差异。正如费孝通先生所言，人们因熟悉而产生的信任是一种直接信任、人格化信任。或者说，与传统中国社会关系不同，在西方现代社会，人们的交往超越家庭和血缘，并在陌生人社会里寻求人与人之间的信任。可见，陌生人社会中的信任主要通过契约方式维持，并受法律保护。契约或法律一方面把人们的行为限制在允许的范围内，使双方对彼此具有某种预期；另一方面，把双方都置于保护之下，同时对双方发挥威慑作用，从而保证了信任关系（朱佩娴和叶帆，2012）。因此，西方的信任本质上是一种间接信任、制度化信任。西方陌生人社会间接信任机制的建立，需要大量中介的介入（如专家和社会组织等）。

我国现代社会信任机制的建立，既需要借鉴西方以契约和法律为本的信任体系，也需根植于我国传统社会人格化的人际关系，凸显道德等对人的行为约束，强化人与人之间的信任关系。

回到组织或企业层面。公司大股东之间如果没有正常的互信，也就谈不上股东与董事会之间的互信，谈不上作为股东代理人的董事会成员之间的互信，更谈不上股东、董事会与高管团队三者之间的互信。借用西方的陌生人社会、我国的熟人社会这两种不同的信任语境，协同控制型治理具有两个基本特征：（1）以陌生人之间的契约关系为基础，真正建立"股东-董事会-高管团队"之间的委托代理契约关系，强化各自责任，体现"资源投入-谋求回报"之间的社会激励。（2）以熟人之间的人格化人际互动为纽带和润滑剂，解决因激励约束不相容等产生的股东之间、股东与董事会之间、董事会成员之间以及董事会与高管团队之间的各种问题和矛盾，从而凝聚价值增值共识，促进"大股东-董事会-高管团队"之间的和谐发展。

（二）协商机制

协同控制型治理以维护各方共同利益为根本，是利益相关方之间合作与协商的治理机制。事实上，任何合作都存在发生利益冲突的可能，关键在于是否存在解决冲突的氛围和方法。如果建立信任机制是构建人们之间合作的工作氛围，那么协商机制则是解决冲突的办法。

公司董事会运作过程中的协商机制是"民主式"的，集中体现为"一人一票"的决策特征。从人文及社会学角度，民主涉及的关键词是权威（authority）、责任（responsibility）和正义（justice），具体到董事会协商机制，则表现为以下核心特征：

（1）保证董事会决策、协商的权威性。所谓权威，本质上是一种权力,并伴随着可以行使这种权力的权利(authority is power combined with the right to use that power)。权威通常来源于法律、习俗或道德准则等。那么,董事会的权威性从何而来?作为公司治理的核心,董事会的权威性来自公司法、公司章程等。因此,在董事会成员的协商合作中,维护、保持董事会作为一个整体的权威性至关重要,这是不同主体进行民主协商的前提和制度基础。此外,在社会学逻辑上,权威性还来自出身(如世袭制)、知识、被统治者(如人民)的同意、神明等。具体到董事会决策层面,权威既来自出身(如大股东身份),也来自董事会各成员的知识和能力,更来自全体股东的民主选举(董事会成员由股东大会选举产生)。也正是由于这一权威性,董事会才有可能被用于保护股东的各项权利,保证公司资源和责任的公平分配,保证公正地解决相关利益冲突与争议。当然,董事会成员作为受股东之托的责任主体,一方面既要强调其勤勉尽责,服务于股东;另一方面也要强化问责(accountability),以避免担任权威之职的董事滥用(misuse 或 misconduct)其职位和附带权力,给股东造成潜在的风险及损失。

(2)强化董事会及成员在协商过程中的责任。所谓责任,是指一个人做某件事或以某种特定方式行动的义务,同时也是一个人不去做某件事或不以某种特定方式行动的义务。如果不能履行自己的责任,就要承担相应的后果。从根本上看,责任来自做出的承诺(promises)、被指派的任务(assignment)或相关任命(appointment)等,它涉及承担什么责任,谁来承担责任,承担这种责任是为了谁,承担责任会有哪些回报(自我满足、得到赞许、获得报酬或奖励等),不承担责任会有哪些惩罚等一系列关联问题。

就董事会及其成员而言，担责的直接后果有：第一，提高可预见性。即当某人始终承担责任时，其他人可借此了解应该对这个人抱有怎样的期望。第二，安全感。即当股东知道董事会及其成员会承担各自的责任时，会感到更安全可靠。第三，协商更富有效率。即当董事会成员都能承担各自的责任时，可以更有效率地进行协商，并完成相关决策。第四，促进合作和团队精神。即当董事会成员一起从事某项决策且都能承担各自的责任时，将增进彼此之间的合作，并容易形成团队精神、集体荣誉感（a sense of community spirit or group pride）。

显然，董事会及其成员的根本责任是促进公司价值增长，具体表现为规划战略、监督执行及选人用人等方面。正如前面所讨论的，董事会成员因其各自身份不同，参与决策过程时可能面临两难困境。这种决策两难本质上是董事会各成员承担着相互冲突的责任（conflicting responsibility）的体现，而协商机制的作用就在于通过合理的方式方法，对相互冲突的责任进行理性判断和选择。比如，董事会根据公司的根本利益和全体股东的要求，或者根据拟决策议案的相对重要程度等，优先考虑某项责任，建立起类似于整体大于局部、少数服从多数的排序规则或其他替代方案，并在此基础上协同合作，避免各种冲突。当然，还应该看到的是，追责是保证责任履行的重要一环，没有追责机制也就谈不上责任。

（3）维护董事会协商过程中的正义性。正义的本质是公平，而公平的本质是平等地对待所有人。在政治学词义上，正义可细分为分配正义（distributive justice）、矫正正义（corrective justice）和程序正义（procedural justice）这三种类型。其中，分配正义涉及个人或团队在分配上的公平性（如公平纳税、多劳多得等），矫正正义涉及对个人或团队造成某种错误或伤害时做出回应的公平性（如因决策失误而赔偿等），而程序正义要求以公平的程序或公平的方式行事。保证程序正义是保持协同控制的重要内容。具体来说，程序正义指的是：第一，信息收集方式的公平性，即要求董事会成员（决策参与者）都能公平获得信息；第二，决策方式的公平性，即要求董事会决策程序、规则是公平透明的，以确保决策过程中信息得到明智和公正的使用。需要强调的是，决策方式的公平性并不等同于所做决定的公平性，程序公正是结果公正的前提和制度保障。

第四节 高科技公司双重股权结构设计的逻辑：对中国科创板的启示

传统公司中的股东资源大多体现为财务资本，这与过往年代的财务资本稀缺性相关联。但在现代公司，尤其是当下以数字经济为背景的高科技公司，公司大股东尤其是初创期的创始股东，往往集财务资本、技术、管理能力等多种资源于一身，成为公司股东资源的主要提供者。这种情形下，即使创始股东的股权会因获得天使投资和后续多轮的 VC/PE 投资而不断被稀释，他们也仍具有掌控公司控制权的能力和冲动。所谓能力，是指创始股东因拥有股东资源而在公司中的相对价值较高；所谓冲动，是指创始股东不希望因为财务资本的介入而影响公司战略、运营、管理等各方面的稳定性和连续性，从而冲淡其创业的热情。

在这种情形下，高科技公司的双重股权结构应运而生。本节将对双重股权结构的设计及其理论争议进行全面梳理，并为中国科创板相关制度的完善提出建议。①

一、双重股权结构的含义

双重股权结构，是指与传统"一股一票"的单层股权结构相对的非等比例投票权安排，特定股东可利用股票表决权的差异以少量股权获取公司的实质控制权。其中，投票权包含一般投票权和董事选举权。双重股权结构的基本类型主要有：

（1）高低比例投票权结构。公司发行不同类别的股票，各类别之间每股对应的投票权份额存在高低之分，股票类别和投票权高低比例均可自由设定。

（2）无投票权股票的应用。公司发行两类普通股，一类拥有每股一票的完整投票权，另一类则无投票权，此类型可视为高低比例投票权架构的一种极端形式。

（3）董事席位固定选举权安排。它赋予特定人员（团体）固定人数或一定百分比（通常超过半数）的董事席位任免权，无论其所持股份数量的多少。

在以美国为代表的发达资本主义国家，双重股权结构早在20世纪初就已崭露头角，一度盛行于家族企业，后因政策限制几经波折。为此国外学者开展过大量研究，但限于实务发展，国内文献之前很少涉及这一领域。近年来，双重股权结构因能有效维持创始人控制权而逐渐风靡于人力资本占主导的高科技创业企业。鉴于我国资本市场对股权结构的严格规定，大量国内公司选择跨境上市以实现多样化的股权安排，由此也引起了学术界和实务界对"一股一票"制度的热议和

---

① 王斌，刘一寒. 美国公司双重股权结构：溯源、争议及借鉴. 财务研究，2019（5）：3-14.

对新型股权结构的探索。2019 年，我国科创板相关管理办法允许发行不同表决权的股票，开启了双重股权结构在境内的首次实践。系统梳理双重股权结构的历史沿革和研究成果，具有十分重要的理论和现实意义。

研究特点：(1) 不同于单一横截面上的归纳总结，以时间为主线，结合产业特征、主流理念等特定经济背景，纵向剖析了不同阶段关于双重股权结构的争议及其主题变动，更加系统全面地展现了双重股权结构的本质特征及演进逻辑。(2) 基于国外学者对双重股权结构中日落条款等机制的最新研究进展，探讨了我国科创板中特别表决权股份的制度设计，并针对该制度的具体实施提出了相关建议。

二、双重股权结构的演进历程

(一) 股份公司融资、公司法改革和"一股一票"原则的确立（20 世纪以前）

16 世纪后期，西欧各主要国家在重商主义理念的影响下成立股份公司发展海外贸易。政府以国家信誉为担保，虽严格把控公司章程的条款设计，但并未对股东投票权进行强制规定（Scott，1912）。受政治投票制度的影响，股份公司多采用每人一票的方式，如英国东印度公司规定，每个股东均享有一份投票权，持股数量不影响投票权的大小（Williston，1888）。但随着股东之间持股差异的增大，大部分公司选择根据股份数授予股东投票权。为避免大股东控制，章程设置了单位投票份额随股东持股数的增加而降低的投票规则和单个股东所能享有的最高投票权界限，混合比例的方式成为 18 世纪股东投票规则的主流（Ratner，1970）。

美国建立早期，各州公司法均参考英国法律，股东投票规则也照此沿用。工业革命后，钢铁、铁路等相关行业的公司因投融资需求发行的普通股、优先股等权益证券催生了公众股东阶层，公司股票由公众广泛持有，股东投票权与其所持股份数相对应。同时，公司上缴的各项税费成为财政收入的重要来源，以新泽西州废除特许公司制为起点，各州政府为吸引公司注册开展了公司法自由化改革的"州际竞争"。随着公司法从管制型向赋权型转变，大股东最高投票权限制等规定被取消。宾夕法尼亚州公司法的变化折射出美国绝大多数州"一股一票"制度的演进历程。1836年，公司法规定采用混合比例的投票方式，股东持有股份少于2股的部分一股一票，2~10股之间的部分两股一票，10~30股之间的四股一票，30~100股之间的十股一票，超过100股的部分二十股一票。1849年，规则改为股东享有的投票权与所持股份数相对应，但任何股东的投票权不得超过总投票权的1/3。1874年，1/3的限制被取消，"一股一票"原则正式建立。新泽西州、纽约州、康涅狄格州、密歇根州、马萨诸塞州和马里兰州的变化均与之类似（Ratner，1970）。到19世纪末，"一股一票"原则已成为各州公司法默认的规则。

（二）家族企业控制权、交易所管制和双重股权结构的探索（20世纪初至80年代）

1890年美国联邦政府《谢尔曼反托拉斯法案》的出台限制了企业以联盟形式协调生产的能力。为满足企业大规模经营的需求，各州公司法相继赋予公司以换股方式收购其他公司的权力（1896年始于新泽西州），这一规定大大刺激了20世纪初大范围的并购交易。企业控制人为维持控制权，采取了包括实行金字塔结构、签订投票协议和限制股东投票权等各种控股策略。其中，对公众股东投票权的限制主要包括：

第六章　股东资源与董事会机制：协同控制型治理

（1）规定优先股股东仅在特定条件下或仅对某些特定事项享有投票权①；（2）发行无投票权的普通股（部分拥有高股息）。截至 1926 年，至少有 183 家公司发行了无投票权的股票，其中最受瞩目的当属道奇兄弟公司。该公司于 1925 年向公众发售了总价约 1.3 亿美元的无投票权的债券、优先股和 A 类普通股，而投资银行 Dillon，Read & Company 凭借 25 万股有投票权的 B 类股（价值约 225 万美元，占比不足 2%）控制了整个公司。

大量无投票权股票的发行激发了公众股东的强烈抗议，纽交所迫于舆论压力于 1926 年 1 月宣布了对无投票权股票的非正式禁令，表明"委员会在审核证券上市申请时，会仔细斟酌无投票股票的合理性"②。但此举并未降低公司发行无投票权股票的热情，1927—1932 年至少有 288 家公司发行了无（限制）投票权的股票，与 1919—1926 年相比差异不大。直至 1933 年大萧条后，这一热潮才逐渐消退（Bainbridge，1991）。之后，美国证券法的颁布和 SEC 的建立进一步保障了公众股东的投票权，纽交所以"交易所长期致力于维护最高层次的公司民主，每家上市公司都应履行企业责任和对股东的诚信义务及受托责任"为由，于 1940 年 5 月正式禁止上市公司发行无投票权股票，并于 1957 年禁止上市公司采用投票信托（voting trust）、不可撤销的投票代理权（irrevocable proxy）、团体投票协议等各类违背"一股一票"原则的投票权安排。但是，上述政策在执行上并不彻底，纽交所出于经济利益考虑，有时不得不向大型优质企业妥协。比如，1956 年纽交所

---

① 特定条件：当公司连续 6 个季度未支付股息或连续 2 年的净收益均低于所需支付的股息额时，优先股股东才享有投票权。特定事项：增加抵押贷款、发行债券、再次发行优先股等。

② 1926 年 1 月，福克斯（Fox）发行 80 万股无投票权 A 类股的申请被驳回，成为其禁止无投票权股票发行的首例。

批准福特公司的上市申请，福特家族（持股 5.1%）始终享有董事会 40% 的固定席位选举权。有此先例，纽约时报、华盛顿邮报等公司纷纷效仿，掌握董事会固定比例的席位成为无投票权股票被禁止后家族企业维持控制权的重要形式。

相比纽交所，美国其他两大交易所对双重股权结构的限制较为宽松。纳斯达克对上市公司的股东投票权制度未做任何要求，美国证券交易所（AMEX）虽禁止发行无投票权的股票，但在少数股东有权选举部分董事的前提下允许设置非等比例投票权结构，同时也未限制投票信托制度。1976 年，王安电脑公司分类发行普通股，A 类股一股一票，B 类股十股一票。B 类股股东享有更高的股息并可作为单独类别选举 25% 的董事，王安家族和家族信托通过持有约 74% 的 A 类股掌握了公司的绝对控制权。此后，美国证券交易所以此为标杆，颁布了新的上市标准（Wang Formula），允许上市公司在满足以下条件时发行非等比例投票权的普通股：(1) 高低表决权股票的投票权差异不超过 10∶1[①]；(2) 至少 25% 的董事会席位由低表决权股东决定；(3) 不得创建任何削弱低表决权股份的新类别股；(4) 高表决权股份占比低于某一限额时，将失去表决权优势；(5) 强烈建议给予低表决权股票股息优先权。1976—1985 年，约有 22 家符合上述规定的公司在美国证券交易所上市（Seligman, 1985），高低比例投票权安排逐渐成为双重股权结构的主流形式。

（三）上市公司反收购、交易所竞争和双重股权结构的发展（20 世纪八九十年代）

20 世纪 80 年代新一轮并购浪潮兴起，杠杆收购（LBO）、垃圾债

[①] 10∶1 的比例限制沿用至今并形成惯例，大部分交易所和上市公司的比例设定均遵循这一传统。

券（junk bonds）等融资方式的创新为敌意收购（hostile takeover）提供了极大便利，公司控制权受到了严重冲击。为应对收购威胁，股东差异化表决权安排等各类反收购工具如雨后春笋般涌现。据 SEC 统计，1976—1987 年共有 97 家上市公司进行股权结构重构[①]（Gordon，1988）。因纽交所的严格限制，越来越多的公司选择在未对投票权进行过多干涉的美国证券交易所和纳斯达克上市。面对日益激烈的竞争和上市公司的"出走"压力，纽交所于 1985 年 1 月发布了新的上市标准意见稿（Seligman，2009），允许公司在满足下列条件时构建股东差异化表决权安排：(1) 经 2/3 以上的普通股股东同意；(2) 独立董事席位超过董事会规模半数时，经多数独立董事同意，未过半数时，经所有独立董事同意；(3) 高低投票权比例差异不可超过 10∶1；(4) 除投票权外的其他权利无差别。[②]

该意见稿发布后，美国国会曾组织三大交易所进行磋商，旨在统一资本市场对"一股一票"规则的强制规定，但遭到了美国证券交易所和纳斯达克的拒绝。此后，三大交易所各行其是，为争夺上市公司资源开展"逐底竞争"（race for the bottom）。纽交所 1986 年 7 月正式取消管制，宣布"经半数以上的普通股股东和独立董事同意后，公司即可实行双重股权结构"。为防范交易所过度竞争导致不良后果，SEC 1988 年颁布 Rule 19c-4，禁止任何上市公司以股权结构重构的方式稀释现有股东的表决权（Ashton，1994）。规则一经发布，立即引起法学界对"SEC

[①] 上市公司股权结构重构的方式大致可分为两类：一是通过增资的方式新发行表决权受限的股票；二是改变已发行股票的投票权份额，主要包括换股要约（exchange offers）、分发特种投票权股份（special distributions）、投票权转换（voting rights alterations）三种方式。

[②] 乔尔·塞里格曼. 华尔街的变迁：证券交易委员会及现代公司融资制度的演进：第 3 版. 徐雅萍，译. 北京：中国财政经济出版社，2009：548-549.

是否有权改变证券交易所等自律组织（self-regulatory organization）规则"的质疑，商业圆桌会议（美国著名的 CEO 组织）以"SEC 越权侵占各州政府的权力"为据向法院提起诉讼，哥伦比亚特区法院 1990 年宣布 Rule 19c-4 无效。尽管如此，纽交所仍将其作为参考并于 1992 年 6 月颁布了新的上市标准，允许公司通过新发行不同表决权的股票构建双重股权结构，但禁止各类减少现有股东投票权的安排。1994 年 5 月，美国证券交易所和纳斯达克在 SEC 的倡导下统一实行纽交所标准。至此，美国资本市场关于双重股权结构的规定已基本成型并沿用至今。

自 1986 年纽交所放开政策限制后，双重股权结构进一步发展。一方面，采用双重股权结构上市的公司数量不断攀升（见表 6-2）；另一方面，双重股权结构的类型不再受限，一度被禁止的无投票权股票再度出现，如维亚康姆公司于 1990 年新发行无投票权的 B 类股，公司创始股东雷石东凭借 10% 的股份掌握了 80% 的投票权。

表 6-2　美国 1984—1996 年采用双重股权结构 IPO 的公司数

年份	1984	1985	1986	1987	1988	1989	1990	1991	1992	1993	1994	1995	1996
数量	7	7	24	24	9	7	7	23	18	33	33	30	62

资料来源：CFA 2018 年调查报告 Dual class shares: the good, the bad and the ugly.

（四）创始股东控制权、高科技公司 IPO 和双重股权结构的兴盛（21 世纪初至今）

21 世纪以来，信息技术革命加速知识经济发展，以创新为核心的新经济超越传统经济并占据主导地位，人力资本取代财务资本在企业运营中发挥关键作用。双重股权结构因能有效维持创始人控制权、发挥企业家人力资本优势而备受高科技公司青睐。谷歌 2004 年发行高低表决权股票，领英（2011 年）、脸书（2012 年）、GoPro（2014 年）、Snap（2017 年）和 Zoom（2019 年）等互联网公司紧随其后，百度（2005 年）、曼联（2012年）、京东（2014年）等优质公司也因国内资本市场对差异化投票权的禁止而选择赴美跨境上市①，美国资本市场上采用双重股权结构上市的公司占比从2005年的1%上升至2017年的18%。创始股东不断扩大的权力优势严重威胁了机构投资者在上市公司中的话语权，各类大型机构纷纷呼吁监管机构采取措施遏制双重股权结构的蔓延，但无济于事。世界范围内尤其是新兴经济体的股权结构变革正如火如荼地进行，东京、香港、新加坡等证券交易所为提高吸引力、保持竞争优势主动修改规则，放松对上市公司股权制度的限制。②

不仅如此，上市公司所采用的双重股权结构类型也更加多样化，主要表现在：

（1）高低比例投票权仍是应用最广泛的类型，但比例设定更为复杂。如社交游戏公司Zynga将普通股划分为三类，A类股一股一票，由公众投资者持有；B类股一股七票，由公司IPO前的投资者持有；C类股一股七十票，由创始人单独持有。

（2）部分公司倾向将各种基本类型混合使用以强化控制权优势。常见的第一类混合为高低比例和无投票权股票的结合，也称为多重股权结构，典型代表为社交网络公司Snap，创始人持有每股十票的超级股票，IPO前的投资者持有每股一票的常规股票，IPO后的公众投资者持有无投票权股票；谷歌在2012年也以配股方式新增无投票权类别，以保证

---

① 世界各国对双重股权结构的态度大致分为三类：一是严格禁止，公司法和交易所制度均禁止，以中国（2019年之前）、韩国等东亚国家和德国、西班牙、意大利等欧洲国家为代表；二是全面允许，公司法和交易所制度均允许，主要包括美国、加拿大等北美洲国家和丹麦、法国、瑞典等欧洲国家；三是公司法允许但交易所规则禁止，以澳大利亚为典型代表。

② 东京证券交易所（TSE）、港交所（HKEX）和新加坡证券交易所（SGX）分别于2008年、2018年4月和6月先后宣布允许双重股权结构的公司挂牌上市，Cyberdyne（2014，TSE）、小米（2018，HKEX）等公司已成功实践。

创始人在出售大量股份后依旧掌握控制权。第二类混合是高低比例投票权与股东投票协议的结合，如脸书将普通股划分为 A 类股和 B 类股，A 类股一股一票，B 类股一股十票，创始人扎克伯格在上市前与多数 B 类股股东签订投票协议，获得了对所有事件不可撤销的投票代理权。

（3）部分上市公司对双重股权结构的基本类型进行了改良。例如，我国电商巨头阿里巴巴于 2010 年实行的合伙人制度可视为董事会固定席位选举权类型的创新模式，由创始人和高管团队组成的合伙人有权提名半数以上的董事，但通过与否取决于全体股东的意见，若遭否决，合伙人可更换人选重新推举直至通过。从任免权向提名权的变化既赋予了管理层经营自主权也保留了股东的话语权，规避了传统双重股权结构下管理层权力不受股东约束的弊端。

三、关于双重股权结构的理论争议和逻辑分析

现代公司多由单一业主制或合伙制企业演变而来，企业所有者完全拥有财产使用权和处置权的传统逻辑也因此传承（Berle & Means，1932）。股东作为唯一的法定所有者单边享有公司权力，这一"股权至上"的理念与传统大工业生产下的资本稀缺情境相适应，逐渐成为经济社会的主流意识（王斌，2015）。传统产业模式下，规模经济、范围经济等驱动企业构建高度纵向一体化的组织形态，大范围生产设备的配置和网络化采购分销渠道的建立需要庞大的资金支持，由此形成强劲的进入壁垒并形成各行业内寡头垄断的经济格局（Chandler，1977）。有限的竞争缩小了简单劳动力的就业选择范围，人力资本可轻松为财务资本所有者所支配。同时，公司单凭自有资金难以支撑正常运营与扩张，亟待通过外部融资缓解资金短缺。在美国，联邦制下散布于各州的

银行体系和受到严格持股限制的保险机构等均无法提供公司发展所需的资金，大量公司选择直接融资的方式（在资本市场发行证券）集聚公众资本。公众偏向权力的分散化，对过于集中的经济权力抱有持久的不信任感，监管者倾向拆散和削弱大型金融机构的力量（Roe，1996）。由此，美国公司天然具有高度分散的股权结构特征（王斌，2001）。

可以说，股权分散化既是大工业生产下组织形式变化的客观结果，也是社会主流意识形态下的必然要求，而"一股一票"则是在维系股权分散格局的要求下公司达成融资目标的必要手段。权力由股东按持股比例公平分享，既强调了对股东利益的保护，有助于提高公司的融资能力，又实现了投票权与剩余索取权的匹配，有利于避免权责失衡下的道德风险。因此，无论是从股东民主的正义性还是从管理的高效性来说，"一股一票"原则似乎都无可争议。

尽管如此，"一股一票"在实际应用中仍可能以破坏公司控制权稳定性为代价。一方面，公司发展离不开股权融资，随着融资次数的增加和融资规模的扩大，原有股份逐渐被稀释，控股股东面临的控制权转移风险不断上升；另一方面，股权分散下建立在少数投票权基础上的控制权并不稳固，极易受到外部环境变化的冲击。为解决这一问题，控制人通过构建双重股权结构避免权力旁落，但每次使用都会因有悖于正统的"一股一票"原则而引发学术界的激烈讨论。鉴于不同时期经济背景和控制主体等差异，关注重点和主流态度也随之变化，主要体现在以下三次重大争议中。

（一）金融资本主义、公司民主和对双重股权结构的抨击

20 世纪 20 年代，产业链整合引发企业间新一轮的纵向合并。凭借资金存量的优势，华尔街的金融家（主要是银行家）在并购活动中迅速

占得先机，并取代原有的实业家控制了众多公司的董事会，美国至此进入金融资本主义时代。在大规模的增资扩股交易中，发行无投票权股票成为银行家维持控制权的主要手段（Berle，1926）。

1925年10月28日，哈佛大学威廉·里普利教授在纽约州的政治学学术年会上率先反对无投票权股票的使用，指责"银行家以此剥夺了公众投资者的基本参与权，股东失去了在处境极其恶劣时保护自身权益的最后一道屏障"（Ripley，1926）。该言论在短时间内先后被《纽约时报》《国会记录》《国家》《大西洋月刊》等知名媒体刊物详细转载，引发了社会舆论对银行家控制（bankers' control）的强烈斥责。1926年2月，时任总统卡尔文·柯立芝邀请里普利到白宫就"无投票权股票的发行"问题进行商讨，司法部随即对其合法性开展调查，无投票权股票一时成为美国上下关注的焦点。州际商务委员会（the Interstate Commerce Commission）、投资银行业协会工业证券委员会（the Industrial Securities Committee of the Investment Banking Association）等组织也公开支持里普利的观点，表明公司应以股东利益为重，对无投票权股票可能导致的权力滥用表示担忧。

此次争论呈现出"一边倒"的态势，他们以违背公司民主（corporate democracy）为据，对无投票权股票的发行进行大肆抨击。公司民主的概念起源于政治上的代议制民主，要求公司各项制度依据大多数股东的利益建立和调整，股东平等享有、自由行使投票权被视为公司民主的本质体现。公众股东投票权的失去造成经济权力集中在少数人手中的局面，引起了美国民众对集中权力的本能警惕和反感，他们认为银行家的经济特权终会体现到政治过程中，成为民主政治的潜在威胁。

在社会"反银行家"情绪日益高涨的氛围下，纽交所宣布了对无投票权股票的禁令。

（二）管理资本主义、股东利益保护和对双重股权结构的争论

美国经济大萧条后，人们对先前的经济模式进行反思，认为金融家的投机和操纵行为是导致股市崩盘的重要原因。于是，政府加强立法以限制金融机构持有大量股权，金融资本的比例不断被稀释。同时，公司也倾向将利润留存用于再投资以降低对外部融资的依赖。在内源融资大幅增长的背景下，公司董事会的权力和中心地位受到冲击，金融家逐渐让位于经营者。20 世纪 60 年代之后，金融家掌控董事会的状态被打破，美国公司逐步演变成由股东提供资本、管理层集中控制的管理资本主义模式。在此模式下，信息不对称、管理层自利行为等引发了股东与管理层之间的代理冲突（Jensen & Meckling，1976），如何缓解两者的利益矛盾成为公司治理与制度设计关注的重点。20 世纪 80 年代，敌意收购愈演愈烈，差异化的投票权安排成为多数公司应对外部收购威胁的重要工具，但同时也加剧了管理层侵占股东利益的潜在风险。1985 年 1 月，纽交所迫于竞争压力发布的关于解除双重股权结构限制的提案引起了学界的广泛关注，学者们就此开展了关于双重股权结构的第二次讨论。

1. 反对的一方

以 Seligman（1985）和 Simmons（1987）为代表的反对派首先发声，他们认为差异化投票权会弱化对管理层的监督，不利于股东利益的保护。双重股权结构催化并加大了投票权与现金流权之间的分离度，管理层通过少量股权即可保持对公司的控制，正常利润分配所得远不及侵占股东利益所获得的额外收益，管理层谋求控制权私利的动机愈发增强。同时，内外部监督制度的放松也为管理层的经济设防（managerial entrenchment）行为提供了便利。首先，公司的重大事项实质上不再需要多数股东同意，股东大会的最终审批权失去意义；其次，管理层掌握了任免董事的权力，董事会的独立性和约束力大大降低。此外，外部控制权市场也无法强制更换低效经营者，管理层可轻易实现权力的永久化。

2. 支持的一方

以 Fischel（1987）为代表的理论家却对此表示异议。他认为将监督与股东利益保护等同视之是一个误区，因为所有监督机制的实行都需要权衡成本和收益，没有一种监督方式对任何类型的企业都行之有效。股东监督机制本就因集体行动问题而形同虚设，股东利益是否会受到影响取决于控制权市场的约束作用对特定公司的重要程度。而且公司完全可以利用外部审计、独立董事和股东诉讼等替代机制监督管理层，没必要拘泥于投票制度这一种途径。

以市场调节的自发性和合约缔结的自由性为论据，费希尔进一步提出市场机制足以维护股东的合法权益。一方面，投资者会因管理层的剥削行为降低投资意愿，由此导致的效率损失最终会体现为公司资本成本的上升，故管理层会主动采用各种治理机制进行自我约束；另一方面，交易所的经济效益取决于市场交易规模，若对管理层盘剥行为视而不见，投资者信心因此受损，交易量会随之下降，各交易所也会自发采用有利于投资者利益保护的交易制度。更何况，公司的投票规则取决于各经济参与方自由订立的合约，不同类型的公司所适用的最优规则不尽相同，相比强制的统一规定，由股东自主设立的投票制度更适合公司特性。因此，投票权的失去是公众股东为获得更高的投资收益而自愿支付的对价，监管机构不应对此过多干涉。

3. 相关争议

费希尔等人的观点提出后，立即遭到其他学者的驳斥。第一，资本市场并不是完全有效市场。不同于产品生产，股票发行几乎无须耗费任何成本。股东无法掌握所有真实信息，很难对股票进行准确定价，交易的公平性无法保证（Lowenstein，1989）。第二，双重股权结构的构建实质上是一种强制性的控制权转移过程，对重组议案的批准无法证明其符合股东的真实意愿（Gordon，1988）。当没有收购要约提供合理报价时，股东往往倾向低估其所持有的投票权价值，故而无法准确判断议案对股东财富的真实影响。而且多数公司存在集中持股的利益团体，团体持股优势不仅能够保证议案的顺利通过，还会加剧公众股东集体行动的困难程度。即使多数股东不赞成某项议案，也需要集中大量投票权才能对表决结果产生影响，分散的股权结构增加了股东之间的沟通和协调成本，所以股东群体中缺乏聚合个体建立有效联盟来反对议案通过的动力。同时，管理层还会采用特殊的战略手段进一步加大股东的选择困难，如为支持议案的股东提供高股息分红，相比反对无效下的一无所获，股东更愿意获得相应的利益补偿。因此，双重股权结构实质上是管理层剥夺股东投票权以强化控制的手段，应被严格限制。

4. 折中逻辑及分化管制建议

相较于以上两类截然相反的态度及其争议，Gilson（1987）对双重股权结构合理性的分析更加客观。其结果表明，差异化投票权多出现在市场份额低和增长速度快的问号型（question marks）企业，且未对股东财富造成影响。这既符合市场机制下交易成本最小化的有效选择，也符合管理层强制转移股东财富的自利动机。投票权优势缓解了管理层对控制权变更的顾虑,也不会加剧与股东之间的代理冲突,因为激烈竞争的产品市场足以对其形成有效约束。然而,实证结果显示股东财富未发生变化,这可能是股息增加、优质投资机会出现等一系列利好事件和股权结构重构这一利空事件相互抵消的结果。为避免不当监管产生的额外成本,吉尔森主张采用分化管制,即新发行不同投票权的股票是公司融资过程中维持控制权的必要举措,应被许可;股权结构重构则是控制人强化控制权、转移公众股东财富的手段,应予以禁止。

这一建议成为 SEC 颁布 Rule19c-4 的重要基础,随后被纽交所认可并采纳,美国资本市场多年以来恪守的"一股一票"原则终于被打破。

(三)新经济时代、创始股东控制权和对双重股权结构的认可

到了 21 世纪,传统大工业生产模式在经济发展和技术革新中已失去优势。在客户需求个性化、产业链布局全球化和经济运行数字化等大背景下,以创新为核心的知识和技术密集型企业逐渐占据主导。与此相对应,财务资本和人力资本的相对地位也发生了重大变化。财务资本经过多年积累后不再稀缺,金融管制放松下私募基金等各种创新融资渠道的兴起部分替代了股票市场的资本供给功能。股票融资助力公司规模扩大的职能正在弱化,资本属性日渐丧失,股票市场更大程度上成为投资者实现投资退出变现的场所。反之,具有专业知识、技术和能力的人力资本在维持企业创新能力和竞争优势上正发挥着难以替代的作用(Zingales,2000)。由于在自然形态上与所有者不可分离的属性和在社会形态上的专用性特征,特定人力资本一旦投入固定企业就会形成相互绑定之势。与在经济金融化和资产证券化下能够自由退出的财务资本相比,人力资本所有者承担了更大的风险(方竹兰,1997)。因此,将股东视

为公司剩余风险的承担者天然享有控制权的"股权至上"逻辑不再成立，公司权力配置结果更多地取决于各经济参与方所拥有的资源禀赋的关键程度（Rajan & Zingales，1998）。

公司创始股东（通常兼任管理者）集财务资本和人力资本于一体，其实际控制权源于各类资本下的综合优势，远大于现有治理机制下仅由财务资本赋予的名义控制权（张伟华等，2016）。但是，在现行治理规则下，创始股东的实际权力并未得到"正式规则"的认同。同时，创始股东综合资源的投入及其相对于其他股东的价值优势或贡献具有不稳定性。因此，他们迫切希望通过建立正式制度安排来保障其实际控制权的合法性、永久性。这就形成新经济时代高科技公司构建双重股权结构的内在动力。另外，凭借良好的业绩表现和广阔的发展前景，很多的这类公司得到了资本市场的认可和外部投资者的追捧，资本市场及其定价机制成为催生双重股权结构的外在推力。在内外部因素的叠加作用下，差异化投票权制度在高科技和互联网公司大行其道。

尽管双重股权结构已被广泛实践，但相关理论争议并未结束。与以往不同的是，对这一既成事实的制度安排，人们主要讨论了创始股东在掌握公司控制权后的行为理性及其对公司价值的潜在影响。支持者认为，创始股东的特殊资源禀赋对公司发展极为关键，双重股权结构能有效隔绝市场的短期压力和外部股东的干扰（Jordan et al.，2016），为创始股东在融资、投资和经营活动中提供了更大的自主空间。首先，公司可以自由选择多样化融资方式，在满足资本需求的同时实现最优资本结构安排（Howell，2017）。其次，创始股东不必再为保住经营权而被迫选择风险较低或必须在任职期间产生回报的短期项目，降低了说服其他股东的信息传递成本和错失优质投资项目的效率损失。借助于内部人的信息优势，创始人可以更好地识别投资机会，将大量资源投向研发活动以形成和维持公司的创新能力和长期竞争优势（Goshen & Hamdani，2015）。此外，创始人对所创立的企业拥有强烈的心理所有权（Begley，1995），公司成长带来的成就感和自我实现的满足感远比获得经济利益更为重要。双重股权结构下，持续的经营控制权激励创始人投入大量的时间和精力，将公司的长期战略和优秀文化一以贯之，利用其卓越的战略眼光和管理技能助力公司价值提升（Arugaslan et al.，2010）。

对上述观点持怀疑态度的学者仍以代理理论为依据，认为双重股权结构赋予创始股东绝对控制权会增加两类代理成本发生的可能性：一是管理层卸责、过度投资等行为带来管理效率下降而形成的管理型代理成本；二是由过度支薪、关联方交易、资产转移等谋取控制权私益行为导致的控制型代理成本。部分研究表明，双重股权结构公司的高管薪酬和无效并购频率更高（Smart & Zutter，2003；Masulis et al.，2007），这在一定程度上引起了外部投资者对创始人滥用权力造成公司长期价值损失的担忧。Allaire（2018）统计了自 2007 年以来的共 37 项关于双重股权结构对公司价值影响的经验证据，发现正向和负向结果的数量相当、结论莫衷一是。

目前，由于反对者缺乏令人信服的证据来说服证券监管当局强制恢复"一股一票"的规定，人们对双重股权结构的关注点逐渐转向建制的完善，即如何赋予创始股东权力，在保证经营自主性的同时有效约束其代理行为。

简要归纳关于双重股权结构的理论争议，如表 6-3 所示。

表 6-3 关于双重股权结构理论争议的简要归纳

时期	经济背景	控制方	争论焦点	主流态度	代表文献
20世纪20年代	劳动、资本密集型企业"股权至上"理念	银行家	缓解融资顾虑 银行家控制手段	反对	Berle (1926) Ripley (1926)
20世纪80年代		经营者	应对收购威胁 管理层经济设防	部分支持	Seligman (1985) Fischel (1987) Gilson (1987) Gordon (1988)
21世纪初至今	知识、技术密集型企业 创新和企业家精神	创始人	实现长远战略 创始人权力滥用	支持	Arugaslan et al. (2010) Jordan et al. (2016)

四、双重股权结构的机制设计：日落条款和科创板借鉴

关于控制权分配的规定多列于公司章程之中，为有效平衡创始股东的权力，人们建议设置日落条款和日出条款，完善双重股权结构的制度设计。

（一）日落条款

所谓日落条款（sunset provision），是指在触发公司章程中事先设立的某些条件时，将部分或全部超额表决权股份转换为一般表决权股份的机制设计。Winden (2018) 对 139 家美国双重股权结构公司的章程条款进行统计，归纳出以下 6 种基本类型（见表 6-4）：时间日落（time-based sunset）、稀释日落（dilution sunset）、撤资日落（divestment sunset）、死亡日落（death & incapacity sunset）、分离日落（separation sunset）和转让日落（transfer sunset）。

表 6-4　日落条款类型归纳

类型	规定	转换对象	采用建议
时间日落	公司 IPO 后达到固定年限（通常为 7 年或 10 年）	所有的超额股份	不宜采用
稀释日落	创始人持有的超额表决权股份比例低于设定数值（通常为 10%）	创始人的超额股份	不宜采用
撤资日落	创始人持有的超额表决权股份数量低于某一规定值	创始人的超额股份	应该采用
死亡日落	创始人死亡或丧失行为能力	创始人的超额股份	应该采用
分离日落	创始人不再参与公司管理	创始人的超额股份	应该采用
转让日落	创始人向公司章程允许之外的个人、实体转让超额表决权股份	所转让的超额股份	应该采用

1. 时间日落

关于时间日落的大量讨论源自 Bebchuk & Kastiel（2017）的研究结论：双重股权结构随着时间的推移会逐渐变得低效。他们认为，创始人的领导才能因商业环境的变化而日渐退化，公司代理成本也随创始人股权比例的下降而不断上升，故建议将时间日落纳入公司章程。这一结论得到了部分经验证据的佐证，双重股权结构公司在成熟期的营业利润、劳动生产率和创新产出比单一股权结构公司下降得更多（Kim & Michaely，2019）；虽然公司估值在 IPO 早期普遍较高，但溢价会在 6~9 年内逐渐减少（Cremers et al.，2018）。然而，也有学者指出这些结果受样本和方法选择的影响，不具有可信度（Fisch & Solomon，2019）。出于对样本时间长度的要求，实证研究的考察对象以早期的双重股权结构公司为主，其公司特征、行业分布与现有公司大相径庭，样本选择存在偏误，而且在计量上多采用倾向评分匹配（PSM）的方法，配对标准选择的差异会导致对照样本的质量和范围存在很大的不确定性。从理论上说，日落时间应根据不同创始人的特质差异化设立，但由于没有人能够准确预判双重股权结构的有效期，因此强制规定日落年限可能会在淘汰低效公司的同时误伤制度良好运行的高效公司。为解决这一问题，有学者建议赋予公众股东延迟日落条款生效的权利，以方便不同公司进行灵活调整。但公众股东所掌握的信息不足以在获取控制权的现有价值还是双重股权结构的潜在价值之间有效抉择，集体行动问题依然存在。所以，基于固定时间的日落并非最好的选择。

2. 稀释和撤资日落

这两类日落机制的基本原理在于：确保创始人拥有足够的所有权以实现个人和公司利益的趋同，降低其"掏空"行为的动机。实务中，有54%的公司将稀释比例定为10%（Winden，2018）。如此一来，创始人可以通过将所有权比例长期维持在临界点来延长条款触发的时间。过低的标准设置和人为操纵的可能性致使稀释日落缺乏约束力，而且超额表决权股份的占比下降，既可能是创始人出售大量股票所致，也可能是公司再融资的结果。因此，与稀释日落相比，撤资日落更为合理，它更直接地显示了创始人的行为动机，但在边界值的设定上需要仔细斟酌。

3. 死亡、分离和转让日落

学者对这三类日落基本持认同态度，因为创始人的独特禀赋不再为公司创造价值，没有理由相信继任者会与创始人拥有相同的能力。关于前两种情况，不需要过多解释。关于转让日落，需要说明的是，实务中主要存在两种转让超额表决权股份不触发转让日落的情况。(1) 较为严格的谷歌模式，允许共同创始人之间的转让，但不允许转让给家庭成员、信托、个人退休账户和没有单独处置超额表决权股份权利的法人组织。(2) 较为宽松的脸书模式,允许转让给家庭成员、创始人或其家庭成员独家控制的慈善组织和实体。因为第三方并不拥有创始人的人力资本优势,所以应尽可能地避免转让日落的例外情况(Winden,2018)。

(二) 日出条款

日落条款旨在保证当创始人的资源优势不再为公司创造价值时,及时终止双重股权结构这一制度安排,以减少额外的效率损失。但研究发现,双重股权结构的有效性取决于众多特定因素的变化,如创始人的个人素质、愿景的实现程度、公司的资本结构和所处的行业等(Winden,2018)。由于不能准确识别所有的影响因素,更无法将其全面纳入具体条款之中,单纯依靠日落机制的设计难以避免双重股权结构的潜在缺陷。因此,需要适当地结合日出条款(sunrise provision),即公司章程中规定的差异化表决权制度设立的前置条件,通过事前设定和事中控制的双管齐下,对创始股东的行为进行有效规范(见表6-5)。

表6-5 日出条款内容归纳

设立时间	禁止公司在IPO之后设立新的差异化类别股
超额表决权的规定	限制并禁止提高超额表决权股份的表决权数量(在双重股权结构实行后)
独立董事选举权	赋予少数股东提名、选举独立董事的权利,提高独立董事占比
强制"一股一票"	批准特定事项时,如高管薪酬计划、修改公司章程等,所有股份的表决权相同

资料来源:根据 Winden(2018)、Bebchuk & Kastiel(2019)、Fisch & Solomon(2019)整理。

(三) 对中国科创板的借鉴意义

我国《公司法》明确规定,股东出席股东大会会议,所持每一股份有一表决权。同种类的每一股份应当具有同等权利。因此,我国资本市场自成立以来始终恪守"一股一票"的股东投票制度。2019年，为进一步落实国家创新驱动发展战略，提高资本市场对我国新兴产业的服务水平，上交所科创板正式设立，以重点支持新一代信息技术、高端装备、新材料、新能源、节能环保以及生物医药等高新技术和战略性信息产业。在此定位下，国务院授权允许在科创板上市的公司发行具有特别表决权的类别股份，开启了双重股权结构在我国资本市场的试点。不同于传统的A股市场，科创板对上市公司的行业类型、核心能力以及投资者门槛均进行了严格规定，差异化的表决权制度在科创板的率先实践不仅满足了国内高科技企业多样化的权力配置需求，增强了资本市场的活力，同时也成为我国循序渐进地推进股权制度改革的有益尝试。

通过归纳科创板关于特别表决权股份的规定（见表6-6），我们发现该制度全面借鉴了国外学者对双重股权结构日落和日出机制的设立建议，基本条款一应俱全。然而，若想让双重股权结构真正在国内资本市场落地生根，仅仅依赖完整的股权制度设计是无法实现的，还要进一步完善相关配套措施。美国的双重股权结构历经上百年的演进，已深深扎根于其特有的市场和监管环境，以机构投资者为主的市场结构、充分的信息披露规则、完善的股东集体诉讼制度和严苛的执法机制等均是差异化表决权制度得以顺利实施的必要条件。因此，即使是全新的科创板，也依然依托于我国固有的市场背景和制度环境，不可能也没有必要复制美国资本市场的基本要素。为了在制度实施过程中真正落实特别表决权的各项规定，我们仍需立足国内现实，在加强投资者保护、优化市场和法治环境等领域深耕细作，以防止公司实际控制人的权力滥用。

表6-6 科创板关于特别表决权股份的规定

日出条款	设立时间	在IPO并上市前设置表决权差异安排的，需经出席股东大会的股东所持2/3以上的表决权通过； IPO并上市后不得再以任何方式设置。
	股东身份	持有特别表决权股份的股东应当为对上市公司发展或业务增长做出重大贡献，并且在公司上市前及上市后持续担任公司董事的人员或者该等人员实际控制的持股主体。
	超额表决权的规定	上市公司章程应当规定每份特别表决权股份的表决权数量，每份特别表决权股份的表决权数量应当相同，且不得超过每份普通股份的表决权数量的10倍； 除同比例配股、转增股本情形外，不得在境内外发行特别表决权股份，不得提高全部特别表决权股份的表决权比例； 因股份回购等原因，可能导致特别表决权比例提高的，应当同时采取转股措施，保证特别表决权比例不高于原有水平。
	强制"一股一票"	对下列事项行使表决权时，每一特别表决权股份享有的表决权数量应当与每一普通股份的表决权数量相同： (1) 对公司章程做出修改； (2) 改变特别表决权股份享有的表决权数量，且须经出席股东大会的股东所持2/3以上的表决权通过； (3) 聘请或者解聘独立董事； (4) 聘请或者解聘为上市公司定期报告出具审计意见的会计师事务所； (5) 公司合并、分立、解散或者变更公司形式。
日落条款	稀释日落	持有特别表决权股份的股东在上市公司中拥有权益的股份合计低于公司全部已发行所有表决权股份的10%时，特别表决权股份应按照1∶1的比例转换为普通股份。
	分离日落	持有特别表决权股份的股东不再持续担任公司董事，或实际持有特别表决权股份的股东失去对相关持股主体的实际控制。
	死亡日落	持有特别表决权股份的股东丧失相应的履职能力、离任、死亡。
	转让日落	持有特别表决权股份的股东向他人转让所持有的特别表决权股份，或者将特别表决权股份的表决权委托他人行使。
	变更日落	公司控制权发生变更，上市公司发行的全部特别表决权股份均应转换为普通股份。

续表

配套措施	信息披露	上市公司具有表决权差异安排的，应在招股说明书等公开发行的文件中公开披露并特别提示有关差异化表决权安排的主要内容、相关风险和对公司治理的影响； 应当在定期报告中披露该等安排在报告期内的实施和变化情况； 特别表决权股份转换为普通股份，相关股东应当立即通知上市公司，上市公司应当及时披露具体情形、发生时间、转换为普通股份的特别表决权股份数量、剩余特别表决权股份数量等情况。
	内部监督	监事会应当在年度报告中，就下列事项出具专项意见： （1）持有特别表决权股份的股东是否持续符合要求； （2）特别表决权股份是否及时转换为普通股份； （3）上市公司特别表决权比例是否持续符合规定； （4）持有特别表决权股份的股东是否存在滥用特别表决权或者其他损害投资者合法权益的情形； （5）公司及持有特别表决权股份的股东遵守《上海证券交易所科创板股票上市规则》第四章其他规定的情况。
	外部监管	持有特别表决权股份的股东应按照所适用的法律法规及公司章程行使权利，不得滥用特别表决权，不得利用特别表决权损害投资者的合法权益。 出现以上情形的，交易所可以要求公司或持有特别表决权股份的股东予以改正。

资料来源：根据《关于在上海证券交易所设立科创板并试点注册制的实施意见》和《上海证券交易所科创板股票上市规则》整理。

值得注意的是，我国科创板已经在有计划地建立和完善各类基础制度和配套措施，在发行、交易和退市制度、信息披露、投资者保护以及持续监管机制等方面进行了大刀阔斧的变革，但如此大范围、深层次的制度建设绝不可能是一蹴而就的。所以，针对特别表决权制度在现阶段的具体实施，建议：

（1）对于已经在推行的制度改革，需要重点关注各项制度间的同步协调和配合。以信息披露机制为例，2019年7月12日，上交所连续发布8条备忘录以规范科创板上市公司的信息披露行为，但这仅是提高信息披露质量的基础，需要辅以严格的事后监管和违规处罚措施，才能保障效力的发挥。

（2）对于暂不具备实施条件的制度，需要积极寻求替代机制补足短板。例如股东集体诉讼制度，虽然科创板实施意见已明确指出提倡探索建立相应的证券民事诉讼法律，但考虑到我国集体诉讼律师等相关法律资源的匮乏，这一制度在现阶段并不具备可行性。为保证股东维权通道的畅通，可以由证券监管部门牵头建立专门处理股东与公司管理层之间纠纷的专业仲裁机构。

（3）针对我国资本市场中投资者能力欠缺的现状，需要强化对控股股东的硬性约束。一旦创始股东在较长时间内无法实现公司价值的提升，或严重违背了对股东的信托责任，就立即取消其投票特权。

五、研究结语

本节详细介绍了双重股权结构的历史演进状态，通过归纳不同时期理论争议的重点和内在逻辑发现：不同阶段的双重股权结构虽然在表现形式上大致相同，但成因存在本质区别。在"股权至上"理念下，"一股一票"是商业社会普遍接受的主流规则，20世纪20年代和80年代，双重股权结构的应用是公司控制人在家族控制或反收购的特定情境下被动采取的控制权维系手段。而21世纪双重股权结构的兴起，则更多地缘于"一股一票"制度已无法适应新经济背景下的公司权力配置需要。财务资本的逐利性使其不能更不愿承担创新活动带来的风险，公司创始股东为避免外部股东对公司长期发展战略和经营稳定性的干扰，主动进行了公司股权的重新配置和制度安排的再度变革。基于学者对双重股权结构中日落条款等机制的最新研究成果,还详细剖析了科创板特别表决权制度的机制设计,并针对我国市场和法治环境,建议相关部门完善相关配套制度,在实施过程中更好地落实各项具体规定。

第五节 创始股东的股东资源与控制权争夺：以雷士照明为例

从公司协同控制型治理角度看,如果股东的资源投入与其所分享的收益之间不匹配,将会引发股东之间的相互激励问题,并最终导致控制权争夺。[①]

一、引言

吸收外部股东的资本投入、打通资本市场通道是民营企业创始股东解决融资难题的核心途径（罗党论和甄丽明, 2008）。然而,创始股东面对资本瓶颈而选择外部股权融资时将面临两难困境：不吸收外部股东资本将无法实现公司快速增长；吸收外部股东资本则意味着在与他人分享公司收益的同时,面临控股权稀释甚至旁落的风险。因此,民营企业引入外部股东后的控制权配置直接影响股东之间的合作意愿、利益保证及公司战略目标设定,进而影响公司运营和公司价值。尽管创始股东在引入外部股东时目标明确、需求迫切,但受到不完全契约、市场变化及股东目标异质性等因素的影响（Poppo & Zenger, 2002）,创始股东与新进外部股东之间关系会发生动态变化,极端情况下甚至会爆发激烈的

[①] 张伟华,王斌,宋春霞. 股东资源、实际控制与公司控制权争夺——基于雷士照明的案例研究. 中国软科学, 2016 (10): 109-122.

控制权争夺。近年来频繁爆发的创始股东与外部股东之争已经成为民营企业发展绕不开的暗礁,俏江南创始股东张兰与鼎晖创投、相宜本草创始股东封帅与今日资本等的控制权争夺屡屡见诸媒体,对公司的健康运营产生很大的负面影响。如何增强股东之间的合作意愿、合理分配控制权、保证股东利益等问题,就成为民营企业创始股东进行股权融资决策时首要解决的问题,当然也是投资银行、产业投资者等外部股东必须考虑的问题。

在现有主流文献中,股权是控制权的基础,股东通过直接或者间接持股来行使对公司的实际控制权(La Porta et al., 1997),各股东依其持股比等比例分享公司剩余控制权(Grossman & Hart, 1986; Hart & Moore, 1990)。相应地,当股东之间发生控制权争夺时,持股比起到了决定性作用,持股比高的股东可以通过控制股东大会、董事会等机制来实现对公司投资和运营决策权的实际控制。但近年来随着资本市场的发展及控制权争夺事件的增多,也有部分文献注意到,除股权资本外,股东的社会资本在控制权争夺中也发挥重要作用。部分案例中,社会资本甚至替代股权资本发挥决定作用(赵晶等,2010;祝继高和王春飞,2012;梁上坤等,2015)。这些文献认为,除正式的股权外,实际控制人还可以通过社会资本来控制上市公司。大股东利用社会资本控制链可以加强其对股东大会、董事会及管理层的控制,从而保证控制权的稳定。特别是在股权相对集中的情形下,社会资本会对股权资本形成替代效应,而且随着投资者利益保护程度的减弱,这种替代效应会逐渐增强。这些研究对于我们打开股东关系和公司控制权配置的"黑箱"无疑前进了一大步。但是,已有文献并未解释创始股东与新进外部股东之间为什么会发生控制权争夺,也没有延伸探讨除股权资本和社会资本外的其他资源如何影响企业控制权归属等问题。而对这些问题的回答，显然有益于打开民营企业控制权配置的"黑箱"，深入揭示创始股东与外部股东之间的动态博弈关系及由此导致的控制权演化路径。

本节试图回答两个问题：第一，股东之间的资源博弈如何影响控制权的配置？第二，民营企业的创始股东与其引入的外部股东为什么会发生控制权争夺？我们以雷士照明的控制权争夺事件为案例研究上述问题。雷士照明的发展路径体现了中国民营企业发展的典型特点，该公司的发展进程几乎涵盖了民营企业初创与快速增长、面临资本短缺、引入外部股东、公开招股上市、公司治理冲突及创投矛盾等几乎所有关键词。从 2012 年到 2015 年短短 3 年时间，雷士照明先后发生两次控制权争夺事件，且两次结果并不相同。由于其较大的社会影响，大量公司公告和新闻报道使事件的发展脉络非常清楚，也使我们可以深入挖掘公司控制权争夺的原因及后果。

研究发现：（1）民营企业大股东之间具有"物以类聚，人以群分"的群体属性，维持其关系的核心在于股东资源及其相互依赖性，公司实际控制权配置取决于股东资源的投入，而非名义持股比。（2）公司创始股东引入外部股东后之所以会引发控制权争夺，与股东资源、基于股东资源的实际控制权及资源租金获取的正当性等因素密切相关。具体地说，由于股东投入的资源不同，产生了股东名义控制权与实际控制权的背离，当股东资源投入与其资源租金产出不匹配时，股东对公司的实际控制将为其谋取控制权私利提供激励和便利，而公司控制权争夺源于股东谋取私利行为打破了原有融资契约中的利益平衡。（3）控制权争夺是公司内部权力重新配置的一种市场化的常态机制，正是这一机制驱动了控制权的重新配置及公司治理的动态调整和不断完善。

二、基于股东资源观的理论分析与研究框架

（一）股东资源的异质性与股东关系形成

公司本质上是一系列显性契约的联结体（Alchian & Demsetz, 1972; Jensen & Meckling, 1976）。从公司内部看，这一系列契约并不单纯体现在"股东-董事会-经营者"这一代理链条中，更发生在"股东-股东"关系之间（La Porta et al., 1997; 2000）。已有关于"股东-股东"之间关系的研究均以持股比差异为依据，且重点关注"大股东-中小股东"之间的代理冲突及其利益输送等核心议题（Johnson et al., 2000a）。但是应该看到，已有理论体系中股东都被纯粹简化为公司资本的提供者或出资者，股东依其持股比等比例分享公司剩余控制权（Grossman & Hart, 1986; Hart & Moore, 1990）。显然，这一逻辑体系隐含假定股东之间具有同质性。然而，股东同质性忽略了不同类型股东在能力、意愿等方面的差异及其在行为、股东关系处理等诸多方面的影响（陈闯和杨威，2008），且在我国股权相对集中的情境下，过于强调股东同质性，将无法解释公司控制权配置等核心问题（汪青松，2012）。同时，在股东同质性假定下，我们无法解释民营企业中创始股东与外部股东间的选择性聚合关系。因为从同质性来看，无论是创始股东出让其股权给特定的外部股东，还是外部股东投资于民营企业，双方都是基于融资合约前的意愿及具体交易标准。但事实上，创始股东与潜在外部股东的结合是一个市场化的资源搜寻与相互选择的过程。在这一过程中，创始股东让渡部分股权给外部股东，除看重其出资实力外，更看重其能给公司带来的其他资源及未来在公司中可能扮演的角色，如引入财务投资者以帮助公司顺利上市，引入产业投资者以帮助公司提升技术、产品及管理能力

等。否则，在财务资本并不稀缺的今天，创始股东将股权让渡给有财务资本实力的"谁"都是无差异的。同样，外部股东之所以愿意出资给民营企业，除追求其最终盈利目标外，也要考虑创始股东的个人能力及资源禀赋。可见，大股东（包括公司创始股东、外部股东）在向公司投入财务资本的同时，连带注入了与其个体不可分离的其他非财务资源（如股东的社会关系、创业者的人力资本与管理权威等），正是股东所投入资源的异质性、潜在互补性等，才使股东之间合作成为可能。因此，创始股东与外部股东的聚合首先是因为异质性资源的互补与协同。

股东资源的概念源自管理学中的资源依赖理论。资源依赖理论认为，资源是企业经营和战略实现的基础，包括企业用以构建和实施其战略的有形资产和无形资产，具体包括但不限于工厂、设备等有形资产，技术知识、知识产权等无形资产，以及人力资源和其他贡献于公司内外活动的内外部利益相关者（Capron & Mitchell，2012）。沿用这一视角，股东资源是股东个体所拥有并投入公司，用以提升公司竞争优势与价值增长的所有要素，包括股东的财务资本、社会资本、人力资本等各种资源要素（Burt，1995），它具有资源概念的基本属性，如有价值、稀缺、不可模仿、不可替代性等（Rumelt，1984；Wernerfelt，1984；Barney，1991）。在引入外部股东的民营企业中，除财务资本外，各股东所连带投入的非财务资源非常多元，股东资源组合更具异质性。

（1）创始股东。创始股东集创业者与管理者于一体，是财务资本、社会资本与人力资本（管理资本）的集合体。创始股东的社会资本包括个人（interpersonal）关系资本、组织内（intra-organizational）关系资本（如组织内的横向关系与能力）、组织之间（inter-organization）关系资本（战略联盟、上下游公司之间的纵向关系）等多层类型（Hoang

& Antoncic，2003；Inkpen & Tsang，2005），它们综合体现了创始股东在社会结构、社会关系中所建立的信任、权威、关系等资源优势和能力（关鑫和高闯，2008）。创始股东的人力资本体现为创业者的经营才能、创新能力、管理经验等，这类资本不仅稀缺（周其仁，1997），而且专用性程度高、风险难以分散。相关研究表明，创始股东的私有资源越多，就越能增强对外部股东的吸引力（关鑫等，2010）。

（2）外部股东。外部股东的非财务资源因股东专业属性、能力等不同而不同，如投资银行、股权投资基金等外部股东的资源优势主要在于其丰富的公司治理经验，以及帮助公司打通资本市场通道的能力；产业投资者则兼具财务资本和其他诸如管理、技术、市场网络等各方资源优势，帮助公司提升在技术、营销、管理、国际化进程等各方面的能力。所有的这些均构成外部股东相对创始股东的独特资源优势和能力。

与财务资本不同，股东连带注入公司的非财务资源因难以合理量化而无法体现在资产负债表的"所有者权益"项目下。原因在于：（1）股东的非财务资源尽管随财务资本的投入而连带注入，但其投入量的多少存在不确定性；（2）这类资源的经济效果难以单独观测（Alchian & Demsetz，1972），人们无法对任何一种非财务资源对公司的边际贡献进行单独且有效的测度；（3）股东的非财务资源属于股东私产，且只依附于股东个体，与股东不可分割，因此难以找到可供交易的市场，从而对其价值进行公允定价；（4）资源价值具有权变性，股东资源的价值随资源稀缺、不可替代程度的改变而改变。因此，创始股东在引入外部股东时，各股东资源价值的认定依赖于合约各方资源之间的互相依赖程度及各方的谈判能力，创始股东对外部股东的财务资本、生产技术、营销网络、研发能力等各方面的资源依赖性越强，讨价还价的能力也就越弱,其非财务资源价值就越有可能被低估,反之则相反。一旦谈判结束,创始股东与外部股东在事后签订的正式融资合约中,经讨价还价所确定的持股比将通过合约条款显性化,而且极有可能固化(如合约规定不允许各方对原有持股比进行再谈判)。这种固化的合约关系既维护了大股东之间的联盟关系和公司内部秩序(权力被规则化),同时也增加了大股东之间未来关系的调整难度(如大股东的持股比不随其股东资源价值的增加而相应增加),并有可能增加公司控制权争夺风险。

(二)基于股东资源的控制权配置与控制权争夺

通常情况下,股东以财务资本投入量、持股比为标准分享公司收益,分红是股东共享公司收益的唯一合法形式。但正如刘少波(2007)所指出的,大股东显然不会屈就于与其他中小股东一样,仅以自己的股份获得公司的利润。但是由于现实法律、规则体系大多以股东各方事先固化的持股比作为收益分配依据,大股东连带注入的各种私有的非财务资源,尽管在理论上有权获得合理回报,但实际上往往落空。因此,当某一大股东认为其资源高价值、高投入量与依持股比分得的合法收益不对等时(事实上,各股东都可能自认为其实际分红收益低于其合理资源回报),则有可能为大股东寻租提供激励。这种寻租动机是否会转化为寻租行动,则取决于公司实际控制权的归属。

在传统理论中,股东权力作为一种法定权力,其来源的合法性基础是持股比(钱颖一,1995),它体现财务资本稀缺时代出现并承袭至今的股东至上主义(shareholders'supremacy)特征。或者说,在这种权力观中,人力资本及其他资源处于从属地位(Rajan & Zingales,1995)。然而,即便承认股东至上主义这一逻辑,股东权力来源也非持股比所能简单涵盖,股东权力源于各股东资源及其投入量,一些股东基于资源优势极有可能在事实上取得与其持股比不等的非比例性权力,如取得董事会中的超额席位,进而改变内部权力配置的基础。借用 Zingales(2000)的说法,股东依持股比而拥有的权力只是一种名义控制权(de jure control rights),而股东依其资源投入量和资源优势而拥有的权力是一种实际控制权(de facto control rights),它随股东资源价值的重要性、资源的可得性等因素的变化而变化(Donaldson & Preston,1995;马迎贤,2005)。股东对公司的实际控制权类似于周其仁(1997)所界定的,是股东排他性利用企业资产,特别是利用企业资产从事投资和市场运营的决策权。掌握实际控制权的大股东除借助股东大会机制、董事会机制、管理层聘任或解聘、公司内部授权等合法程序行使名义控制权外,更可能超越法定的治理程序,利用其资源优势、关系权力(尚玉钒等,2011)等对公司资产进行实际控制,如直接参与或干预公司日常经营、制定并实施投融资政策等。

当股东拥有对公司资产的实际控制权却得不到与其股东资源投入相对等的公正回报时,股东就极有可能将其寻租动机变为寻租行动,而公司外部融资中关系契约的不完备性、股东有限理性以及高昂的合约再谈判成本等,则间接助长其权力寻租。然而,股东任何单方面的寻租行为都将打破股东之间已有的契约关系及利益格局,从而产生控制权争夺。而源于股东资源投入与回报的不对等性的控制权争夺,在某种程度上是对股东初始合约不完善的一种修复机制,该机制影响着大股东之间关系的再协调及公司治理的动态调整。由此,构建本研究的逻辑框架,如图 6-2 所示。

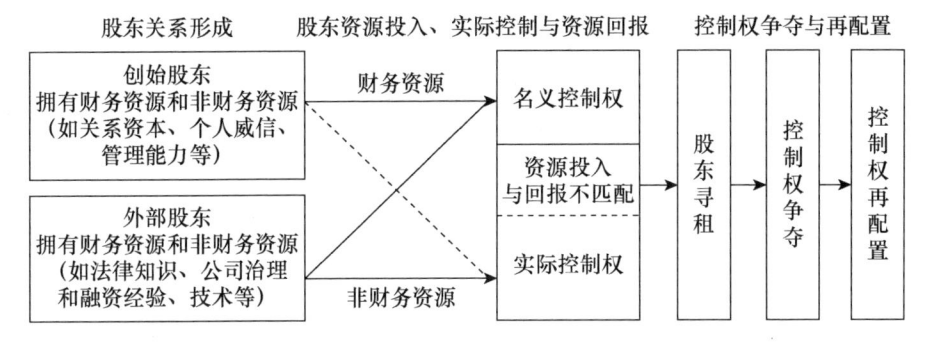

图 6-2　股东资源异质性、基于资源的控制权配置及控制权争夺

注：图中实线部分代表股东投入的财务资源（股权），经融资合约固化后表现为股东的名义控制权；虚线部分代表股东投入的非财务资源，大股东因各种资源禀赋等拥有实际控制权。

三、研究设计与案例描述

（一）研究设计

本研究采用探索性单案例研究法。首先，本研究旨在回答民营企业创始股东与外部股东为什么会发生控制权争夺及股东资源怎样影响最终控制权归属，属于回答"为什么"和"怎样"的问题，因此适合采用案例研究方法（Yin，2002）。其次，由于本研究要探索股东资源与公司控制权配置之间的关系，解答关于实际控制权归属的问题，属于已有文献中尚未深入解答和涉及的内容，因此需要采用探索性案例研究方法（陈晓萍等，2008）。最后，由于本研究系统和深入探索的特性，要求有丰富的案例数据做支撑，因此以单案例为基础进行分析（Yin，2002）。

本研究案例选择遵循典型性原则（Patton，1987），选择雷士照明的控制权争夺事件作为研究对象。第一，雷士照明的发展具有中国民营企业（尤其是民营上市公司）的典型性，其发展进程几乎涵盖了大部分民营企业初创与快速增长、面临资本短缺、引入外部股东、公开招股上市、公司治理冲突及创投矛盾等所有关键词，能够代表一类具有同样特征的民营企业的发展实践。第二，案例资料丰富。从2012年到2015年短短3年的时间，雷士照明的创始股东（吴长江）与外部股东先后发生两次重大的控制权争夺事件，且两次结果不相同。由于其较大的社会影响，大量公司公告和新闻报道使事件的发展脉络非常清楚，也使我们可以深入挖掘公司控制权争夺的原因及后果。本研究收集的所有资料均源于公开信息，包括：雷士照明按香港联交所要求披露的所有相关信息（定期报告、各类公告等），2012—2015年有关雷士照明控制权争夺的新闻评论、电视网络采访等媒体信息[1]。上述资料构建了相对完整、可靠的证据链，能最大限度地确保研究资料的可信度。

（二）案例背景与控制权争夺过程

雷士照明由吴长江及其两位同学于1998年底创立，主要从事新型照明产品的生产经营。公司2010年5月在港交所公开上市。在IPO前后，公司先后引入赛富、高盛、施耐德等多个外部股东入股，而创始人吴长江在公司所占的股份也在逐步下降。

雷士照明第一次引入外部股东发生在2005年，彼时吴长江与另外两位创始人杜刚、胡永宏在经营理念上发生分歧，并在雷士照明销售渠道改革的问题上爆发激烈冲突，杜刚和胡永宏最终同意以1.6亿元的对价向吴长江出让全部股份。但股东问题解决的同时，公司面临严重的资金短缺问题。在此背景下，通过多方运作，吴长江最终引入赛富和高盛两大机构作为外部股东。赛富和高盛的进入使得创始人吴长江的股权被稀释，并以34.4%的持股比例成为第二大股东，而赛富以36.05%的持

---

[1] 主要集中在《第一财经日报》、《中国证券报》、《东方财经》、中国经济网、和讯网、东方财富网等主流媒体上。

股比例成为第一大股东，高盛持股11.02%，为第三大股东。2010年5月20日，雷士照明在港交所上市，上市后赛富、吴长江及高盛三方的持股比例分别下降为23.41%、22.34%、7.15%。

2011年7月，由赛富和高盛牵线，雷士照明引入全球电气领域的500强企业施耐德作为战略性股东，由赛富、高盛联合吴长江等六大股东，共同向施耐德转让2.88亿股股票，转让后，施耐德以9.22%的持股比例成为雷士照明的第三大股东。与此同时，施耐德与雷士照明签订了为期十年的销售网络战略合作协议，据此，施耐德的电气产品可以通过雷士照明旗下的3 000家门店渠道进行销售。

吴长江与赛富、施耐德的控制权之争在2012年5月爆发。2012年5月25日，雷士照明突然发布公告称，创始股东吴长江因个人原因辞去公司CEO与董事长职务，公司由施耐德、赛富等外部股东联合控制，赛富代表阎焱出任董事长，施耐德代表张开鹏出任CEO。6月19日，公司股东大会否决吴长江的弟弟吴长勇进入董事会的提案。同年6月26日，董事会再次拒绝创始股东吴长江回归董事会的请求，吴长江失去公司控制权。7月13日，公司员工、经销商与供应商三方以罢工、停止下单、停止供货等为要挟，要求公司请吴长江重返董事会、主导公司运营。作为妥协，施耐德的股权代表李新宇、李瑞从雷士照明辞职，但公司仍反对吴长江重返董事会。吴长江立即宣布"正在走程序要求召开特别股东大会"作为反击，之后双方重返谈判桌。9月4日，吴长江正式回归，担任公司临时运营委员会负责人。2013年1月，公司董事会宣布吴长江正式接替张开鹏（CEO），临时运营委员会正式解散，吴长江重获公司控制权。

2012年12月底，吴长江将其持有的近20%的股份转让给香港德豪润达公司，后者成为公司第一大股东，同时吴长江通过认购德豪润达非公开增发的股份，成为德豪润达第二大股东。2013年1月13日，德豪润达董事长王冬雷进入公司董事会。4月3日，阎焱辞去公司董事长、非执行董事及薪酬委员会成员职务，王冬雷接任公司董事长。6月21日，公司股东大会选举吴长江为公司执行董事，吴长江借助德豪润达曲线回归董事会。

吴长江与德豪润达的蜜月期并未持续很久，德豪润达入主后将雷士照明的核心业务（球泡灯、T5和T8支架）转移到德豪润达生产，此举遭到吴长江方的强烈反对。2014年5月，德豪润达以合并雷士照明财务报表的名义，将穆宇的董事席位替换为德豪润达的代表。7月14日，雷士照明发布公告，宣布对旗下11家附属公司的董事会改组，吴长江及其团队退出董事会，其职务由德豪润达的王冬雷、肖宇等人接替。8月8日，雷士照明公告称，公司董事会决议罢免吴长江CEO以及吴长勇、穆宇等人副总裁的职务，并着手对公司中高层进行调整。8月29日，雷士照明召开股东大会通过决议，罢免了吴长江的董事职务及其在公司任何董事会下属委员会的职务。与上次控制权争夺不同的是，公司29家省级经销商签署声明表示支持公司决议。之后，雷士照明和经销商共同成立下属运营委员会协助公司运营，并设立独立调查委员会对吴长江进行调查。2015年1月，吴长江涉嫌挪用资金罪被批准逮捕，在此次控制权争夺中彻底失败。

四、案例分析

（一）股东资源异质性与股东关系形成

创始股东通过资本市场吸收各种不同类型的股东是获取自身所需资

源的重要方式。无论是在何时、出于何种动机引入外部股东，也无论对外部股东的确定采用何种筛选标准、给出何种溢价及附加何种对赌条款，有一点是肯定的，即创始股东与外部股东在签订融资合约之前，都会理性评估双方拥有的资源，最终股东关系的形成以股东之间资源的依赖、互补为首要因素，因为资源优势互补、风险共担下的股东群体目标一致性是实现股东各方利益最大化的核心，这种核心作用反过来又增强一方股东对另一方的信心，从而增进股东群体内的成员互信。基于异质性股东资源的相互依赖，并不纯粹是资本之间的经济结合，而是资源之间的协同融合，更是人与人之间的管理融合，传统公司观念中股东关系的"资合"属性在民营企业中体现得并不完全充分，它更具有"人合"属性（王斌和宋春霞，2015）。

本案例中，创始股东吴长江的资源不仅体现在其对公司创业资本的投入上，还包括公司从创立到发展过程中所积累的技术，管理经验，与员工、供应商甚至政府的关系等非财务资源。同时，吴长江集大股东与管理者于一身，对公司存在强烈的心理所有权（Begley, 1995），并依其在创业过程中积累起来的个人才能、家长权威、团队信任、差序格局等家族伦理关系，在公司中享有较高的地位和个人权威（Redding, 1996；储小平，2003；连燕玲等，2011）。具体而言，吴长江的非财务资源主要由以下方面构成：（1）企业家才能、个人权威与影响力等人力资本。吴长江作为创始人带领公司成为行业领先者，其个人先后获得"中国优秀民营企业家""安永企业家 2009 中国"等多项荣誉，体现了其作为创业家的创新精神、创新激情、变革推动力与高效利用各类资源的能力等素质。（2）与员工及供销商的情感契约、创业团队成员的互相信任等社会资本。吴长江通过人情理念和情感契约，保证了公司与供应商、经销商之间关系的稳定，正是这种情感投入，使其在面临第一次控制权争夺和资本短缺时，能得到公司员工、经销商、管理团队核心成员（如公司副总裁徐风云、刘双龙等）的强烈支持。（3）国内营销渠道等渠道资源。截至2012年末，公司共有独家区域经销商36个、专卖店3 231家，覆盖2 249个城市，尽管这些渠道资源在法律上独立于创始股东，但实际上被创始股东高度控制。随着与公司同生共长、合作共赢的发展历程越长，创始股东的权威性越加得到认可，实现了控制权与个人权威自动强化的正反馈循环（朱国泓和杜兴强，2010）。在2012年7月吴长江回归董事会被拒绝时，经销商曾表示如果吴长江不能重返雷士照明，则36个运营中心、3 000多个专卖店可以一夜之间把雷士照明的商标撤下，换上新商标。可见，创始股东的非财务资源具有重要价值，且其总是与创始股东个人联系在一起（周其仁，1997），作为私有资源，很难在短期内被内化为公司资源。

尽管吴长江的非财务资源对公司发展非常重要，但是在特定情况下，仍然需要引入外部股东进行资源补充。在本案例中，外部股东可区分为财务投资者（赛富、高盛）和产业投资者（施耐德、德豪润达）两类。财务投资者作为专业投资机构以获取投资收益为主要目的，其股东资源主要包括雄厚的财务资本、丰富的资本市场运作经验和规范的公司治理经验等。2006年，吴长江因为杜刚、胡永宏的退出而面临严重的资金短缺，第一次出让股权引入赛富主要是为了补充财务资本，而财务投资者先后投入的三笔资本（折合人民币约2.6亿元）为公司经营走上正轨提供了支持。2008年8月，高盛与赛富的注资（共计4 656万美元）也为公司收购世通投资提供了融资帮助。除财务资本外，赛富和高盛丰富的资本运作经验也是吴长江选择外部股东时考虑的重要因素。两者作为国际著名的投资公司,具有丰富的资本市场经验,这些经验对帮助雷士照明在港交所成功上市功不可没。正如吴长江本人所说:"高盛的政府资源和丰富的资本经验,无疑是独一无二的。"

产业投资者作为以谋求长期战略利益为目的、长期持有公司大量股份并与公司有密切业务关联的投资机构者,其拥有的非财务资源主要包括:(1)互补业务的从业经验。例如,施耐德在能源与基础设施、工业过程控制、楼宇自动化和数据中心与网络等领域处于世界领先地位,引入施耐德旨在提升公司在工程业务方面的能力、跨国公司的管理经验。(2)技术优势。德豪润达的优势资源集中体现为LED的研发与技术优势,公司引入德豪润达是为了降低LED照明产品的生产成本。表6-7是对本案例公司股东资源的基本描述。

表6-7 雷士照明的股东资源(除财务资本外)及其特点

股东类别	创始股东 (吴长江)	外部股东:财务投资者 (赛富、高盛等)	外部股东:产业投资者 (施耐德、德豪润达)
股东资源	人力资本:创新精神、创新激情以及变革推动力等企业家才能 社会资本:员工关系、供销商情感契约、创业团队信任等	专业资本:上市及资本运作经验、治理与管理能力等	技术资本:LED照明研发与技术优势、海外从业经验、工程照明业务开发
资源特点	不可替代、与股东个人不可分割	流动性强、可转让	专用性强、不易退出

吴长江在最初决定引入赛富、高盛等财务投资者及施耐德等产业投资者时,正是看中它们所拥有的丰富资源,以及这些资源与其自身资源的互补性,而外部股东愿意投资该公司在一定程度上也是看中创始股东的个人资源禀赋。创始股东以其资源禀赋与特点等主导公司的运营与管

理，而外部股东则以专业性、技术能力等指导、监督及完善公司治理，双方形成互补的资源结构，推动公司快速成长。

（二）基于股东资源的控制权配置与争夺

权力是通过契约来约定的（殷召良，2001），持股比就是这样一种广为接受的契约基础（钱颖一，2000）。表6-8反映了公司各股东持股比的演变过程。从表中可以看出，随着外部股东的逐渐引入，创始股东吴长江在公司的持股比（名义控制权）逐渐下降。

表6-8 雷士照明各类大股东的股权结构演变

阶段	时间	事件	创始股东持股比（%）			外部股东的持股比（%）		
			吴长江	赛富	高盛	世纪集团	施耐德	德豪润达
Pre-IPO引入财务投资者	2006年8月	引入赛富	41.79	35.71				
	2008年8月	引入高盛	34.4	36.05	11.02			
	2008年8月	引入世纪集团	29.33	30.73	9.39	14.75		
Post-IPO引入产业投资者	2010年5月	公司上市	22.34	23.41	7.15	11.23		
	2011年7月	引入施耐德	15.33	18.48	5.65	9.04	9.22	
第一次控制权争夺	2012年5月	创始人辞职	16.07	18.33	5.62	8.97	9.22	
	2012年12月	引入德豪润达	7.66	18.5	5.67		9.22	20.24
	2013年6月	吴长江增持	9.39	18.5	5.99		9.22	20.24
第二次控制权争夺	2015年1月	吴长江被捕退出公司		18.5	5.99		9.22	27.03

资料来源：根据雷士照明的招股说明书（2010）中的"历史与架构"章节内容、2010—2014年年报以及有关公告资料整理。

无论持股比是如何合理地反映已有的股东资源，固化的持股比仍难以反映股东资源价值的权变性。随着公司的发展，创始股东的人力资本、社会资本等股东资源优势作用越来越大，这种一次性被计入持股比的资本规则将受到挑战。尽管在第一次控制权争夺发生之前，吴长江在公司的持股比被多次稀释，其在公司的名义控制权逐渐降低，但由于其个人的非财务资源（包括个人经营才能，与管理团队、员工、供应商和渠道商的密切关系等人力和社会资源）对雷士照明的发展至关重要，因此吴长江对公司的实际控制权并未旁落，他仍然通过控制董事会和管理层来控制公司的运营和决策。

1. 董事会席位的超额控制

董事会始终是控制权争夺的主战场，董事会席位则是控制权争夺的主要目标，股东在董事会席位数的占比在一定程度上可以反映股东对董事会的实际控制程度。本研究用股东在董事会中的实际席位/董事会非独立董事人数来测定股东的实际控制权，以股东的持股比作为名义控制权，以两者的差额来测算股东在董事会中的超额控制程度。

在2012年第一次控制权争夺发生之前，公司董事会成员共9名，其中独立董事3名，创始股东吴长江的董事代表2名（吴长江与穆宇），可测算创始股东在董事会中的实际控制权＝2/(9－3)＝33.33%，此时吴长江的名义控制权仅为15.33%。由此可测算吴长江在公司董事会中的超额控制权＝33.33%－15.33%＝18%。董事会仅有的2名执行董事均为创始股东委派，吴长江本人担任董事长。

吴长江对董事会的控制还可以从公司2012年前的年报中反映。港交所《上市发行人董事进行证券交易的标准守则》规定，上市公司董事会主席与CEO的角色应分开且不应由同一人担任，以维护董事会决策的独立性。但雷士照明在2012年之前一直由吴长江一人兼任两职。对此，公司的解释是：吴长江先生是本公司董事长兼CEO，也是本集团的创办人。董事会相信，由于角色特殊，吴长江先生的经验及其于中国照明行业所建立的声誉，以及吴长江先生对本公司策略发展的重要性，故须由同一人担任董事长兼 CEO。双重角色有助于贯彻有力而统一的市场领导，对本公司有效率之业务规划和决策至关重要。

2. 管理层的实际控制

如前所述，对公司的实际控制在很大程度上体现为对公司资产的排他性支配权，公司董事会中的执行董事、以总经理为首的经营团队等，都可看作实际控制权的主要行权人。在第一次控制权争夺之前，吴长江一直担任公司董事长兼 CEO，拥有较大的实际控制权。公司副总裁穆宇（执行董事）从公司创业之初就追随吴长江，一直在公司的实际运营中发挥重要作用。吴长江之弟吴长勇也在公司担任副总裁，且自 1998 年进入公司以来，一直负责公司的采购与物流等核心管理工作。公司高管团队并没有因为赛富和高盛的进入而发生较大变化，他们中的大部分成员都与吴长江有深厚的关系，这些高管控制了公司的采购、物流、销售、研发和生产等几乎所有的重要方面。

上述分析表明，在第一次控制权争夺之前，尽管吴长江在公司的名义控制权低于外部股东（赛富、高盛），但通过对董事会和管理层的实际控制，吴长江拥有对雷士照明的实际控制权。这种实际控制权的基础是吴长江本人所拥有的非财务资源，这种非财务资源并未在以财务资本为基础计算的持股比中体现，也难以与基于初始融资合约中的持股比所分得的财务收益相匹配。这种资源投入与回报的不匹配将可能诱发大股东的寻租动机。典型情形是，当股东分红收益低于其股东资源投入应得的回报，且在事后无法对持股比契约进行修正时，拥有实际控制权的股东将可能在契约执行上做手脚。在本案例中，拥有实际控制权的创始股东吴长江由于难以取得应得的回报，通过关联交易、资金往来及相互占用等方式取得实际控制权的私有收益（见表 6-9）。

表 6-9 雷士照明与吴长江关联企业之间的关联交易　　金额单位：千美元

与吴长江关联企业的交易	2009 年	2010 年	2011 年	2012 年
销售产品及材料	94		521	
购买原材料与产品	9 325	6 754	8 073	6 022
收取商标使用费	2 249	3 179	7 729	2 417
收取分销佣金	2 406	4 210	3 864	1 027
租金收入	401	118		
销售水电		56		
利息收入			259	523
与吴长江关联企业的交易总额	14 475	14 317	20 446	9 985
公司年度关联交易总额	37 560	36 809	50 192	29 071
占比（%）	38.5	38.9	40.7	34.3

资料来源：根据雷士照明 2010—2012 年的年报数据整理。

从表 6-9 来看，雷士照明与吴长江关联企业的交易总额占公司关联交易总额的比例在 2009—2012 年一直维持在 30% 以上，其中购买原材料与产品、收取商标使用费及收取分销佣金数额较大。

在会计术语上，由上述交易形成的关联应收、应付款项可以更直观地反映资金的相互占用情况。如表 6-10 及图 6-3 所示，2007—2012 年雷士照明的关联应收款项（包括应收款项、其他应收款、应收票据与预付账款）总额及关联应收款项占销售收入的比例均呈上升趋势，而关联应付款项（包括应付款项、其他应付款与应付票据）总额及关联应付款项占销售收入的比例则呈下降趋势。应收与应付之间的差额占销售收入的比例呈明显上升趋势。有趣的是，该比例在 2010 年上市之前小于零，而在 2010 年之后大于零，这说明公司上市前的关联交易更多体现为公司占用关联方资金，上市之后更多体现为公司被关联方占用资金。这些关联公司中的很多公司由吴长江及其亲属、好友控制，比如，吴长江的岳母陈敏对圣地爱司、重庆恩林、山东雷士的持股均超过 35%，岳父吴宪明对重庆恩纬西持股近50%，吴长江本人控制齐天照明等公司，以及其表亲殷研控制长鑫五金等。这些公司通过与雷士照明的关联交易，占用了雷士照明大量资金。公司2012年8月14日《股价敏感资料》公告披露，截至2012年8月7日，关联公司（圣地爱司、山东雷士、重庆恩纬西等）分别有未偿付贸易应付款余额1 969.5万元、4 708万元、2 418.8万元，其中重庆恩纬西明确宣布无力偿还，所欠款项由公司在当年全额计提减值。

表6-10 与关联公司之间的应收、应付款项

时间	关联应收款项 金额（千美元）	关联应收款项 占销售收入比例（%）	关联应付款项 金额（千美元）	关联应付款项 占销售收入比例（%）	两者差额占销售收入比例（%）
2007年	3 460	2.66	10 797	8.30	−5.6
2008年	219	0.08	11 573	4.51	−4.4
2009年	7 226	2.36	21 153	6.92	−4.5
2010年	4 273	0.90	4 543	0.96	−0.06
2011年	16 871	2.86	2 945	0.50	2.3
2012年	7 679	1.36	4 456	0.79	0.8

资料来源：根据雷士照明2010—2012年的年报数据整理。

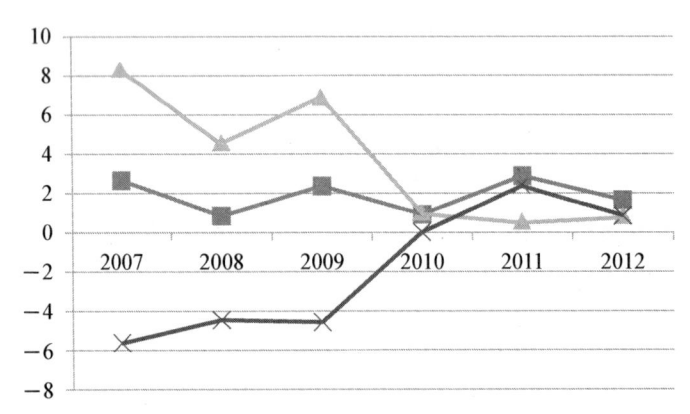

图6-3 关联交易中的应收、应付款项

第六章　股东资源与董事会机制：协同控制型治理　269

除此之外，根据媒体报道，创始股东直接获取的私有收益还包括：将公司总部部分部门搬迁至重庆市南岸区，其关联公司（吴长江的妻子吴恋掌控的香港无极照明）由此获得 2 000 万元的政府补贴和一宗土地；从经销商获得个人贷款投资其关联公司，并以"由公司提供好处"的方式作为回报；在重庆万州设立生产基地，为其关联公司重庆雷士房地产开发有限公司（吴长江通过其妻吴恋设立，吴恋持股 60%）创造发展房地产的优惠机会；等等。

创始股东利用掌握的公司实际控制权谋取私利的行为严重侵害了外部股东的利益，从而催生了创始股东与外部股东的控制权争夺，这种控制权争夺诱发了公司控制权的再配置。案例中，尽管赛富和高盛等外部股东凭借持股比的优势暂时驱逐了吴长江，但是吴长江基于自身的非财务资源实际控制了公司，依据该优势向股权资本拥有者发起冲击，由于这些资源在控制权争夺时对雷士照明的发展非常重要，当吴长江威胁要撤出这些资源时，公司的短期经营立即陷入极大困难，从而使外部股东不得不做出妥协，向吴长江让渡部分控制权。2012 年 12 月，控制权争夺结束后，吴长江及其引入的德豪润达在共 6 席的董事会席位（独立董事席位除外）中占 4 席，而吴长江和穆宇重新接任公司执行董事和CEO。尽管赛富、高盛及施耐德的持股比（总和）远超吴长江的持股比，但前者在董事会中仅占 2 席。这种控制权再配置的结果仍然体现了股东资源的对比。

雷士照明的第二次控制权争夺起因和过程和第一次如出一辙，区别仅在于最终的结果。在入股雷士照明之前，德豪润达在 LED 项目上的总投资已近 70 亿元，是国内 LED 产业中的龙头企业，拥有一系列制造芯片的先进技术和较强的研发能力。其创始人王冬雷一直希望通过并购尽快打造LED全产业链，牢固控制LED产业的两端——核心技术和品牌、渠道。入股雷士照明，德豪润达看中的正是其强大的品牌和渠道资源。而吴长江选择德豪润达则更多将后者定位为"白衣骑士"，目的是对抗赛富、施耐德等外部股东，重新夺回公司控制权。

在德豪润达入主之初，由于吴长江自身拥有的非财务资源对雷士照明的发展非常重要，因此尽管其持股不足10%，但仍然通过控制董事会和管理层，掌握着公司的实际控制权。资源投入与回报的不匹配再次诱发吴长江的寻租动机。根据雷士照明的公告，在2013年11月至2014年7月期间，吴长江代表公司共订立了14份质押担保协议，为重庆恩纬西、雷立捷、华标、江特、无极房地产向银行借贷进行担保，贷款总额约6.4亿元，并提取5.5亿元，这5家公司都由吴长江的妻子吴恋、岳父吴宪明等人持有。

吴长江的上述行为再次诱发其与德豪润达的控制权争夺。但与第一次控制权争夺不同的是，德豪润达此时拥有的股东资源远超吴长江，且其控制了维系雷士照明发展的几乎所有关键资源。首先，通过与吴长江换股，德豪润达对雷士照明的持股比达到20.24%，而吴长江的持股比仅为7.66%，利用股权上的优势，德豪润达顺利控制董事会，并罢免了穆宇、吴长勇等高管，直接削弱了吴长江在组织内部的社会资本。其次，德豪润达掌握LED生产的核心技术，其产业与雷士照明存在较强的互补性。而德豪润达在渠道管理方面的丰富经验也使其在争取经销商支持方面获得成功。在吴长江与德豪润达的控制权争夺中，29家经销商宣布支持德豪润达。这些经销商的支持使吴长江在第一次控制权争夺中所仰仗的营销网络资源价值彻底丧失。最后，在第一次控制权争夺时，赛富、施耐德等外部股东拥有的资源都不足以取代吴长江的资源，但第二次控制权争夺时，作为本土产业投资者的德豪润达所拥有的股东资源（包括财务、技术、渠道、经营能力、与政府关系等），与吴长江拥有的股东资源不仅不能相互依赖、互补，反而因产业股东的资源同质性而发生全面替代，因此，吴长江在第二次控制权争夺中落败也理所当然。

3. 基于股东资源对比的控制权重新配置：市场反应的证据

传统公司治理所关注的核心问题是如何确保财务资本所有者获得投资回报（Shleifer & Vishny，1997）。在财务资本本位的治理结构中，公司民主只是体现资本民主，参与公司治理是财务资本所有者的专利，人力资本、社会资本等股东资源价值并未在资源回报上得到正当体现。在这种情形下，凭股东资源优势获得超额控制的大股东不可避免地会利用寻租获取私利，大股东之间的控制权争夺不可避免，它也给公司的发展及价值增值带来了不可避免的交易成本。正如Zingales（2000）所言，公司治理体系的首要任务是保证捕捉机会的能力和因其能力所获得的报酬之间取得一致，如果不能达到这个要求，终究会导致治理架空。而源于股东资源的投入与回报不对等性的控制权争夺，在某种程度上是对股东初始合约不完善的一种修复机制，该机制影响着大股东之间关系的再协调——公司治理的动态调整。因此，控制权争夺作为一种市场常态化的权力修复机制，在本质上是推动公司治理动态演变的核心助力。尽管两次控制权争夺的结果不同，但都推动了公司的治理调整，包括董事会、管理层等治理结构因控制权争夺发生多次改变，但决定治理结构调整的根源仍然是股东资源。

股东资源的价值也可以通过公司两次控制权争夺的市场反应体现出来。图6-4至图6-6是三次典型事件的市场反应。

图 6-4 是 2012 年 5 月 25 日吴长江第一次被逐出公司前后 10 日公司股票的累计超额回报率，从图中可以看出，事件窗口内，公司股票的累计超额回报率大幅下降，一度达到近 −50%，说明吴长江的个人资源对公司的发展非常重要，市场对失去吴长江的公司前景非常悲观。

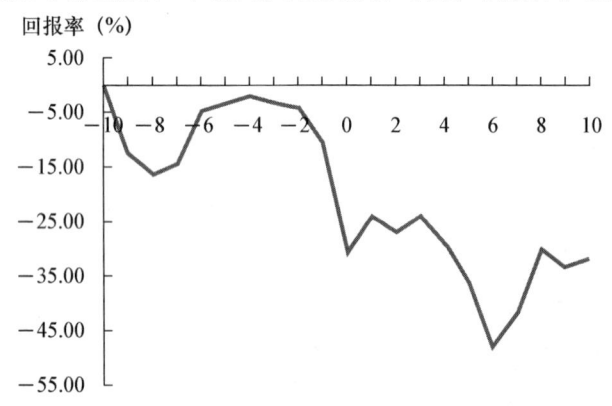

图 6-4　创始股东第一次被逐前后 10 日公司股票的累计超额回报率

图 6-5 是 2012 年 9 月 4 日吴长江回归公司临时运营委员会、重掌公司控制权前后 10 日公司股票的累计超额回报率，从图中可以看出，事件窗口内，公司股票的累计超额回报率大幅提高，最高达到 45%，再次说明吴长江的个人资源对公司发展的重要性，这也正是吴长江能取得第一次控制权争夺最终胜利的基础。

2014 年 7 月 14 日雷士照明发布公告，宣布对旗下 11 家附属公司的董事会改组，吴长江及其团队退出董事会，拉开控制权争夺的序幕。8 月 8 日，雷士照明发布公告称，公司董事会决议罢免吴长江 CEO 以及吴长勇、穆宇等人副总裁的职务，并着手对公司中高层进行调整。图 6-6 是 7 月 14 日前 10 个交易日至 8 月 8 日[①]公司股票的累计超额回

---

① 由于 2014 年 8 月 9 日雷士照明停牌，直到 2015 年 11 月 4 日才复牌，因此对累计超额回报率的计算截至 2014 年 8 月 8 日。

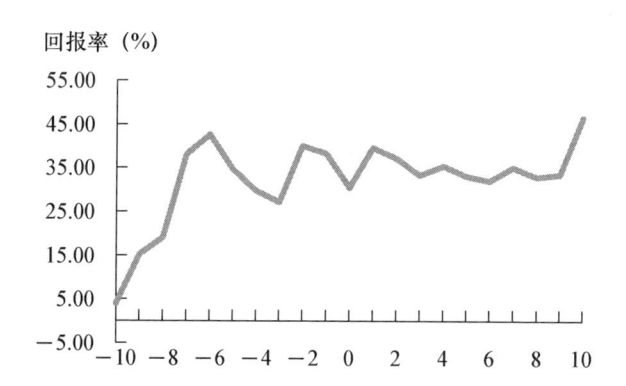

第六章　股东资源与董事会机制：协同控制型治理 273

图 6-5　创始股东 2012 年 9 月 4 日回归前后 10 日公司股票的累计超额回报率

报率，从图中可以看出，与第一次控制权争夺相比，事件窗口内，公司股票的累计超额回报率并未发生大幅变化，市场对吴长江的再次被逐并没有太大反应，这在一定程度上说明产业投资者德豪润达入主公司后，创始股东的资源价值已经发生变化，不再对公司发展具有决定性作用。

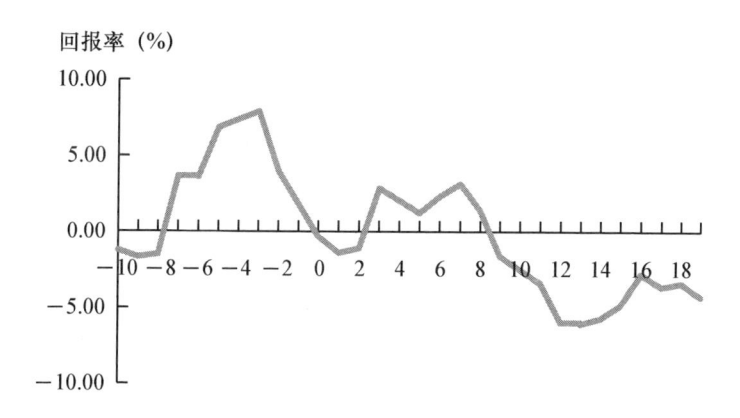

图 6-6　第二次控制权争夺前后公司股票的累计超额回报率

五、研究结论及启示

本节基于管理学中的资源基础理论，以雷士照明控制权争夺为例，研究了民营企业股东关系形成和股东（创始股东与外部股东）之间的控制权争夺问题。通过研究发现：股东基于各自资源禀赋而聚合于公司，具有"物以类聚，人以群分"的群体属性。股东资源投入与资源回报之间的不对等，是引致股东之间矛盾的主要根源，尤其当具有资源优势的大股东取得与其持股比（名义控制权）不相称的实际控制权时，权力的寻租动机极有可能变为寻租事实，从而导致股东之间的公司控制权争夺。而公司治理在很大程度上正是在这种控制权争夺过程中得以调整和逐步完善。

上述研究结论对于民营企业发展具有重要启示。在大量民营企业面临融资约束的今天，融资风险及控制权争夺几乎是创始股东融资决策时最头疼也最敏感的话题，其中，股东关系是永远绕不开的议题。对创始股东而言，欲建立基于股东资源的股东关系，并保证公司发展与价值可持续性增值，首当其冲的是解决合作伙伴的选择问题。民营企业创始股东在选择投资者，尤其是在选择财务投资者或产业投资者时，需要立足于自身资源，并考虑投资者不同的资源禀赋、价值取向与目标要求等，只有这样才有可能产生其间的联盟与共生关系。

同时应该看到的是，外部股东中的财务投资者与产业投资者存在本质差异。前者在公司中倾向扮演公司治理规则的制定者、监督者、已投股份的套利者等多重角色，而后者往往扮演公司战略的规划者、战略执行的评价者以及潜在的产业整合者等另类角色。相较而言，创始股东与财务投资者之间的资源互补方式更简单、目标更纯粹。与产业投资者的联盟关系则可能相反：资源互补性要求更高、股东各方目标更多元、合作风险更大、成功概率更低。原因就在于产业投资者除投入财务资本外，还可能提供行业管理经验、生产技术、营销渠道等战略性资源，在其股东资源占优时，极可能基于战略需要、借产业投资之名而行产业整合之实，深度介入被投资公司的实际运作，从而表现得更积极主动，更具侵略性、全面替代性。如何根据自身资源选择合适的投资者，并合理配置公司控制权，是民营企业创始股东不得不深入思考的问题。

第七章/Chapter Seven

大股东联盟控制、利他主义与投资者关系管理

第一节 大股东联盟控制下的潜在问题："大股东-中小股东"的利益冲突

大股东控制下的一个基本理论命题是：大股东（及其联盟）会通过各种利益输送渠道侵占中小股东的利益，以谋取控制权私利（Johnson et al., 2000b）。到目前为止，理论界对该命题的研究（无论中西）尚未形成统一结论，但多数研究倾向于证实该命题，即大股东存在道德风险与利益输送行为。

实证结果并不等于研究结论，从结果推导出结论，既要符合理论逻辑，也需要符合实际情况。由于存在冲突性的理论，无论实证结果是显著正相关还是显著负相关，研究者都不难为自己的实证结果找到合适的理论逻辑（陆正飞，2020）。中国公司（尤其是国有控股公司）的历史沿革、经济与社会制度背景、股东期望、社会责任等与西方公司完全不同，但面临的市场环境、竞争压力、管理能力、监管要求等与西方公司

几近相同,这在某种程度上预示着:第一,中国公司的大股东、董事会、管理层等,承受着远非西方纯粹的市场机制所能涵盖的各种压力;第二,中国公司管理层所面临的"激励-约束"不相容问题已非常突出,迫切需要通过深化改革,尤其是当下的混合所有制、经理人才市场化、股权激励计划等改革举措来逐步化解。

回到大股东控股的公司架构。可以说,在现实中,相对于所投入的资源和所承受的压力(经济、社会等各方面),大股东利用控制权谋求私利、侵占中小股东权益的行为,并不是真正的主流,尤其是国有控股公司的大股东,他们可能并没有时间和精力来策划不正当关联交易等利益输送行为。尽管在理论上不能排除大股东曾有过此类念想,但将动机落实到具体行动并体现为研究者所观察到的各种经济后果,远非理论所描述的那样简单。

西方研究表明,股东越有能力,公司法就越不重要。股东能力的提升降低了管理层的代理成本,强化了市场参与者对构建庭外私人秩序的偏好,最终将公司法推进了阴影之中(Goshen & Hannes,2019)。

一、从个案谈起:贵州茅台"捐赠门"事件

2020年10月26日,贵州茅台酒股份有限公司(简称贵州茅台)发布《贵州茅台第三届董事会2020年度第四次会议决议公告》,宣布公司以下议案获董事会决议通过:(1)《关于向贵州省见义勇为基金会捐资的议案》,公司控股子公司贵州茅台酒销售有限公司向贵州省见义勇为基金会捐资200万元。(2)《关于向仁怀市人民政府捐资专项建设酒类火灾处置专业队的议案》,公司向仁怀市人民政府捐资1 200万元专项建设酒类火灾处置专业队。(3)《关于向仁怀市人民政府捐资专项建

设茅台镇骑龙1万吨生活污水处理厂的议案》，公司向仁怀市人民政府捐资2.6亿元专项建设茅台镇骑龙1万吨生活污水处理厂。（4）《关于向习水县人民政府捐资专项建设习水县习新大道建设工程的议案》，公司向习水县人民政府捐资不超过5.46亿元专项建设习水县习新大道建设工程。该工程建成后，公司酱香系列酒生产基地可直通高速公路，大大降低物流运输成本，打破生产物流运输瓶颈，全面提升通行能力和物流运输能力。

经计算得出，公司决议对外捐赠总额高达8.2亿元。公告一经发布，立即引起了市场的强烈反应。甚至有媒体表示，贵州茅台"捐赠门"事件是贵州茅台中小股东的自救，是中国资本市场股东意识觉醒的标志性事件！贵州茅台公益捐赠这件好事变成了好事者围观的对象。[①]

贵州茅台"捐赠门"事件之所以引起外界的广泛关注，主要是因为：第一，程序不合理。此次对外捐赠金额较大，董事会存在越过股东大会审批该事项的违规嫌疑；第二，大股东利用其持股优势对地方政府进行利益输送（况且在商业逻辑上，政府部门不应成为受捐对象），侵占了中小股东权益。查阅相关资料发现，公司控股股东（第一大股东）——中国贵州茅台酒厂（集团）有限责任公司（简称茅台集团）持有贵州茅台54%的股份，而贵州省国有资产监督管理委员会100%控股茅台集团，为贵州茅台的实际控制人。捐赠议案引发了一起集体诉讼：一位名为"茅台900元真不算高"的投资者，联合多位贵州茅台中小股东发起集体诉讼，并向国家信访局、中国证监会、上交所等监管机构举报贵州茅台上述涉嫌违规的行为。根据其在社交平台公开发布的诉讼进展，已有超过230位贵州茅台股东报名参加集体诉讼，另有超过100位

---

① https://xueqiu.com/6787638107/165122701.

贵州茅台股东或非股东表达了向其捐赠诉讼费的意向。"捐赠门"事件一时沸沸扬扬，好不热闹。

让人意想不到的是，2021年2月9日，贵州茅台召开第三届董事会2021年度第一次会议，并发布了《关于终止有关捐赠事项的议案》的公告。会议决定终止2020年10月由董事会通过的所有捐赠事项。从公司发布公告要捐赠到宣布终止，历时3个多月，一波三折的"捐赠门"事件最终回到原点、恢复平静。市场普遍认为，这是中小股东的胜利！

二、案例引发的思考

应该说，贵州茅台的"捐赠门"是一个不大不小的事件。之所以产生如此大的市场反应，尤其是遭到中小股东的强烈反对，主要原因在于：（1）树大招风。贵州茅台作为国内最知名的大公司之一（无论是营业规模、盈利水平还是股价等），容易引起市场的高度关注，即使捐赠金额占公司规模的比例并不高。（2）决策程序存在不合理之处。例如，董事会对高额捐赠的决策权是否超出了股东大会的授权范围，捐赠是否属于交易而应纳入董事会的决策范围，捐赠对象为什么是地方政府。试想，如果高额捐赠属于股东大会的决策事项，则控股股东在此次捐赠决策中应当回避表决，中小股东将拥有很大的话语权，决策结果可想而知。可见，程序公正是保证利益公平的前提。

之所以选择贵州茅台"捐赠门"事件进行讨论，出发点不是上述两点，也不是对这一事件进行价值、道德等方面的事后判断，而是试图通过典型案例来说明以下几个问题：（1）在大股东控制的公司中，大股东与中小股东之间必然存在利益冲突吗？（2）大股东与中小股东之间代理冲突的本质是什么？（3）如何通过程序正义来避免此类冲突？（4）公司的投资者关系管理（investor relations management，IRM）为什么重要？

（一）再议股东资源的价值属性

从股东资源角度，大股东所提供的股东资源是其他中小股东，尤其是散户股东所不可比拟的。如果不讨论二级市场定价是否公允等问题，中小股东对公司的投入只是财务资本，而大股东不但投入了各种资源，还要在公司的现实运作中，充分利用资源维护、增加公司价值。

大股东投入的股东资源具有以下基本属性：

（1）专用性强。如同威廉姆斯的交易成本经济学中资产专用性[①]的概念，股东资源同样具有专用性，一旦股东将其投入公司，即为公司专属专用。资源的专用性越强，其在某一产业或专业领域内的价值增值潜力就越高；一旦离开该产业或领域，其价值增值潜力也就越低。显然，资源专用性也与资产专用性一样存在潜在风险，大股东将股东资源投入公司，其用途即被公司锁定。对资源提供者而言，这种资源用途的锁定效应是双向的：既可以在谈判中为其索取额外控制权及资源溢价提供某种可能性（我有而别人没有），也会给其带来因资源用途单一而在交易中发生折价转让的风险。因此，资源专用性既成就了大股东的潜在高收益，同时也隐含着大股东的潜在高风险。

（2）排他性强。通常，股东资源的使用及控制都存在一定的排他性：股东资源只能用于 A 公司而不能同时用于 B 公司，即使 A、B 公司属于同一行业、同一控制人。排他性既来自知识产权保护和大股东之间某些事先的契约要求，也来自为保护公司利益而采用的竞业条款等。

[①] 专用性的对称是通用性。

资源使用上的排他性进一步锁定了大股东的资源价值，从而在某种程度上强化了资源型股东与公司的目标一致性、利益一致性。

（3）流动性差。大股东一旦投入其资源并与其他股东的资源混合成公司资源联合体，则意味着：第一，对某一大股东的资源价值进行单独估计，将变得非常困难；第二，不同于大多数财务型股东（或非资源型股东）——他们可以通过二级市场定价（无论定价是否公允、合理）实现股份的低成本转让、变现，大股东的资源难以与公司实体运作过程分割，更难以在资源市场上以较低的交易成本转让、变现。

上述特征无非说明一点：拥有资源的大股东如果不能与公司保持同心、同步，则其股东资源是没有意义的——不但不能体现资源的价值，而且有可能产生价值贬损的风险。

（二）大股东与中小股东的价值目标、价值取向一致性问题

与资源型大股东不同，中小股东对公司的支持是金融性的。它意味着：(1)以财务资本为主要投入，除此之外无其他资源投入；(2)交易性，即他们不愿也无力介入公司运作，或者说，相比大股东资源投入与公司运营高度融合的状况，中小股东的财务资本与公司运营是高度分离的，他们的投资完全是交易性的；(3)短期导向，即不同于大股东资源被公司长期锁定的风险（因而须以追求长期价值为根本），中小股东的投资交易属于短期导向的——高换手率、低交易成本、低持有期限。

那么，中小股东的利益从何而来？这仍然需要依靠公司及其背后的大股东。从这层意义上，中小股东具有某种寄生性，即西方理论中的搭便车者。作为搭便车者的中小股东，并不是不希望公司存在大股东（或者恰恰相反，否则，他们将无法、无处去搭便车），而是希望公司及大股东将车开得既稳又快，或者非进行取舍，则可以不稳但必须开得更快一些。

如果以上论述或判断在逻辑上没有问题，也就意味着，我们至少在理论建构上，不应将大股东与中小股东作为两极，在利益上进行非此即彼的对立。或者更具体地说，大股东与中小股东在终极的价值目标上是一致的，两者不同的是价值取向，大股东更关注公司长期价值增长，而中小股东更希望从公司长期价值增长的波段中取得短期收益。如此看来，现实中尽管存在"大股东-中小股东"之间的代理关系，但这种代理关系并不必然导致代理冲突、利益对立，就类似于内部人控制并不意味着必然产生内部人控制问题。目标一致性是调和两者关系的出发点、根本点，价值取向只是一种手段或方法，不会改变两者相互共生的基本面，或者说，至少在理论上不存在所谓的代理冲突等之类的预设或人为假定。

回到贵州茅台的案例。如果没有茅台集团及其背后（含实际控制人、地方政府等）的大股东及其各类资源的支持，作为上市公司的贵州茅台，就不可能达到现在的价值——不仅体现在盈利上，更重要的还体现在资源属性及其价值上。这里所强调的不是公司盈利的多少，而是公司值钱与否。在这层意义上，中小股东搭大股东的便车，是不言而喻的。这倒不是说中小股东是可有可无、无关紧要的，而是中小股东在共享公司价值增值的过程中需要充分认识到：大股东投入及公司资源形成，既是初始投入的过程，也是后续维护和不断积累的过程。① 只有保证大股东及公司资源的持续积累，并实现公司长期价值增值，才能真正保证中小股东在价值波段中得以博得短期收益，这是两者在价值目标上

---

① 经济学家路德维希·冯·米塞斯在《人类行为的经济学分析》一书中对投资者、企业家评价道："自封的道德家们不会注意这样的事实，经济获得发展的最初条件是由于投资者的节省，从而积累了附加的资本货物，而具体利用这些条件使经济发展成为可能的是企业家。其他人什么贡献也没有，却从别人那里获得了充足的好处。"这一论述同样可以证明，身兼投入资源及管理者双重角色的创始股东，对公司发展的贡献巨大。

的一致性。进一步延伸的含义则是，任何与公司资源维护、积累有关的公司支出都应是合理的，反之则是不恰当的。

（三）程序正义与冲突避免

马基雅维利在《君主论》中提倡"只要目的正当，可以不择手段"，这一观点显然完全有悖于程序正义。如前所述，在政治或法律上，程序正义作为一个重要概念，既指信息收集方式的公平性，也指制定决策方式的公平性：(1) 从信息收集方式的公平性看，对于事关全体股东利益的重大决策，如果大股东不提供信息，或者不能提供完整和可靠的信息，不能有效表达相关信息，都将导致中小股东对某个决策事项的误判或误解。(2) 从制定决策方式的公平性看，信息收集方式的公平性事关信息的有效性，但并不意味着决策方式的公平性。决策方式公平性的关键在于决策时是否保护了各利益相关方重要的价值和利益。比如，对于事关各利益相关方的重大决策，公司及大股东是否听取了各方的意见，是否保证了各方参与讨论或论证的机会和权利，是否在履行了上述必要程序之后才进行决策判断。可见，程序正义是一套维护行为正常运作的程序机制，是避免各方利益冲突的根本制度。尽管程序正义并不必然保证决策正确、结果正义，但只有保证程序正义，才能使决策结果被接受。

回到贵州茅台的案例。广受中小股东诟病的与其说是捐赠金额，不如说是决策程序本身。比如，在公司法以及贵州茅台决策规则中应明确规定：捐赠是否应作为一项交易而被纳入董事会的决策范围——哪些事项应当由董事会决策，而哪些事项应当由股东大会来审批；多大的捐赠金额可以授权董事会来决策——董事会决策权限是如何确定的；对于由股东大会决策的事项，如何保证中小股东的知情权（信息收集方式公平性），保证其有机会参与决策过程（制定决策方式公平性）。如果上述问题都能解决，则无论贵州茅台"捐赠门"事件的最终决策结果怎样（捐或不捐、多捐或少捐等），都应当是程序正义的结果，应当被各利益相关方接受和维护。

（四）延伸含义：信息披露是维护信息收集公平性的核心机制

避免大股东与中小股东利益冲突的关键，是维护事关各方利益的决策事项的程序正义。其中，从信息收集公平性看，信息披露是维护信息收集的程序正义、保护投资者权益的关键。

第二节 大股东利己主义、利他主义及其调和

"经济人"假设是传统经济学的立论前提，并被标签化为个体行为的利己主义与经济理性。尽管该假设历来受到奥地利学派经济学家的指责[1]，但作为一个经典假设，依旧是经济学维持其逻辑自洽性的重要基石。确实，人们普遍认为，经济学家在处理市场经济时都很不现实地假设所有人都希望得到最大的利益，他们虚构了一个极端自私且理性化的人类形象，但是，到目前为止，还没有其他假说比"经济人"假设更能突出其在理论建构中的内核地位。

---

[1] 正如经济学家路德维希·冯·米塞斯在《人类行为的经济学分析》一书中所言，"把经济学解释为是对'经济人'行为的描述，是德国经济社会科学、历史学派和美国制度学派最基本的错误。传统的或正统的经济学并不涉及真实的人类行为，而只是涉及一个假想的形象，一个由'经济的'动机驱使的人的形象——将获取最大物质和金钱利益作为唯一动机"。经济学对人的假定过于狭窄，"他们不得不用只能解释商人行为的理论来满足自己，而没有追寻将每个人的选择作为最终决定因素……经济学故意使用一个只由'经济的'动机驱使的虚构的人类形象，故意忽视所有其他的动机，虽然他们完全知道真实的人受许多其他'非经济动机'的驱使"。

一、基本问题的讨论

正如人的行为一样，大股东向公司提供股东资源时，同样有其终极目标要求并依赖于其天生的算计。理论上，在其他条件不变的情况下，选择以最便宜的价格买进、以最昂贵的价格卖出是其行为的本能，且这里并不涉及道德约束等特殊前提。因此，作为市场主体的大股东，其个体利己主义及理性算计，会自发促使社会资源的合理配置——这正是"看不见的手"指引下的人的行为。

经济学逻辑上，利己主义无关道德、价值判断。但是，利己主义的对称概念——利他主义则事关人的行为及道德性。"利他"一词最早由社会哲学家孔德提出，具体是指一个人对他人的无私行为。社会学家、社会生物学家都对其做了多方面的研究，因此利他主义有众多的定义。比如，社会学家特雷沃斯将利他行为定义为对履行这种行为的有机体明显不利，而对另一个与自己没什么关联的有机体却有利的行为。而在经济学领域，利他主义假设的提出历来与人们对"经济人"假设的批评息息相关（杨春学，1997）。其实，亚当·斯密在《道德情操论》中指出，从他人的幸福中获得快乐的利他主义是人类的本性之一，这是一种同情心，体现了慈爱和善、怜悯共情。[①]

回到常识问题。现实社会中人的本能使人根本上具有利己的倾向，但人又有社会性的需求，而社会性限制了人类实现利己目的的手段选择。一方面，个体的"小我"就是"己"的核心，出于发散性以及追

---

① 但总的来说，亚当·斯密在《道德情操论》中体现的利他主义只是一种表面说辞，其核心还是立足于利己、自爱，这与《国富论》的底层逻辑是一致的。正如他所说的，"毫无疑问，每个人生来首先和主要关心自己，而且，他比任何其他人都更适合关心自己"。

求、欲望的层级性和互动的紧密程度，人类的行为是以"己"的需要为根本出发点；另一方面，随着"己"的圈层扩展而形成不断膨胀的"大我"，在追求"大我"利益的过程中，"小己"会采取有利于其他"小己"的方式，由此，"大我"这一追求在某种程度上说就是利他的。可见，完整的人性包含利己和利他两种属性，社会人企图与同胞共享欢乐，得到其他人的赏识和好感，在悲痛时给予或者得到安慰。从这层意义上看，互惠的利他主义实际上能够更好地达到"己"的目的，"利他"是一种更为有效的"为己"手段。

二、家族企业的大股东：利己与利他

在公司治理中，利他主义的研究主要来自对家族企业代理成本的讨论，主要是因为利他主义为家族企业的研究提供了一个独特的视角（Van den Berghe & Carchon，2003）。也就是说，虽然利他主义行为在市场中可能缺乏效率，但在家庭中则可能有效，它有利于维护家族利益，促使家庭成员相互体谅和爱护（Becker，1974）。可见，利他主义涉及家族成员之间，尤其是家族企业所有者（股东）与家族企业经理人（代理人）之间的代理问题。

Stark（1998）认为，利他主义有利于激励家族企业所有者和家族企业经理人基于拥有企业财产剩余索取权的信念而行事，利他主义使每个被雇佣的家族企业经理人成为企业事实上的所有者。Eaton et al.（2002）认为，当家族企业所有者和家族企业经理人都向对方实施利他主义，并且这种利他主义的强度一致且对称时，利他主义有利于减轻家族企业的代理问题。Van den Berghe & Carchon（2003）认为，利他主义有利于鼓励家族成员采取降低代理成本的行为，改善家族企业的绩效。Chami（1999）和 Chrisman et al.（2005）的研究表明，当企业主与家族企业经理人之间存在对称且高水平的利他行为时，家族企业中代理关系的效率就很高。对称、双向的利他行为能够缓解委托代理双方的利益冲突，有效缓解和抑制偷懒、在职消费等行为，促使家族企业经理人把机会主义行为的成本内部化，因为家族企业经理人会像企业主那样不需要外在的物质激励，全心全意、尽忠尽职地工作，体现出一种典型的家族企业"管家逻辑"（Davis et al.，1997）。

当然，与此相反的观点则认为，家族企业的利他主义也有可能存在严重的代理问题。Buchanan（1975）描述的"撒玛利亚人困境"表明，家庭中的代理问题会随着父母和子女之间利他主义水平的不对称性加剧而恶化，当父母的利他主义水平远高于子女时，父母会持续对子女付出，使子女可以获得更多的资源。子女被宠坏、推卸责任、偷懒等完全与父母的利他主义水平正相关。Bergstrom（1989）也指出，家族中存在信息不对称，家族的善意常常被利用，导致家族子嗣"偷懒"而不是"工作"。

家族企业为研究利他主义行为提供了很好的场景。虽然角度不同，研究结论不一，但也能让我们看到这样一个事实：利他主义看似利他，其实最终也是利己——有利于家族企业自身的长远规划与发展。

三、大股东的利己与利他

（一）大股东联盟内部的利己与利他

要对大股东的行为进行分析，不得不涉及大股东联盟内部各股东之间的利己与利他行为。无论大股东之间是出于关系治理（非正式规制）还是契约治理（正式规制），最终让他们走到一起的还是股东资源的预期效应,即让各自的股东资源在信任、合作的互补关系中发挥潜能并产生最大效用。如果上述逻辑成立,那么各大股东的利己主义行为无疑体现了股东及其资源最原始的获利天性,而大股东之间的合作及利他主义倾向,则是实现各利己主义的合法、不可或缺的手段。所谓合法,是指大股东之间的合作基于法律、符合正义规则;所谓不可或缺,是指没有信任基础的合作或者低信任的尔虞我诈式合作,都不可能真正实现大股东各自的利益目标。利己是天性,利他是手段。

(二)大股东联盟与中小股东之间的利己、利他

关心他人就是关心自己。大股东联盟要发挥各自的股东资源优势、整合股东资源效应,自然离不开中小股东的鼎力相助。在社会学逻辑上,大股东联盟对中小股东的利他行为就等于利己。

中国证券登记结算有限责任公司发布的《中国证券登记结算统计年鉴(2019)》显示,2019年底,中国资本市场的投资者结构,属于自然人投资者的总数为15 975.24万,非自然人投资者(含各类机构、法人等)总数为38.02万;从增量看,2019年全年新增投资者1 324.80万,其中自然人投资者为1 322.11万。由此也可大致看出,中小股东是中国资本市场的主力军。

通常,中小股东有着与大股东不同的价值取向,具体表现在:第一,尽管他们以追求价值增值为根本,但在具体方式上更为短期化;第二,中小股东作为一个整体是真实存在的,但作为个体是模糊的——他们不断以"买入—短期持有—卖出"等方式进出市场,难以形成对公司的绝对忠诚,更谈不上作为模糊的个体股东对公司进行资源投入;第三,中小股东的频繁交易为公司股票的公允定价提供了重要基础,或者说,正是由于这一定价机制,一定程度上锚定了大股东的股权价值,从

而为大股东大宗股权交易、股权质押及融资、大股东资信等提供了必要的价值显示功能。需要强调的是，大股东及其公司正常治理、管理和业务经营行为，不应受到市场定价、股价波动的影响，不应过于关注定价噪声的影响。否则，大股东及公司的价值创造导向将会蜕变为市值管理导向，显然，这种本末倒置的导向将不利于公司保持其应有的战略定力及持续的价值创造活动。

大股东联盟控制下的公司与中小股东之间存在某种定价互动下的市场默契，这并不取决于中小股东的行动，而是取决于大股东及其联盟治理下能否做优做强公司，并释放利他的善意。做优做强公司的关键是"做"——它是公司治理与管理的"天道"，释放利他善意的核心是"说"——将公司情况真实、准确、完整地披露给市场（尤其是处于信息劣势的中小股东）。显然，"做"与"说"同等重要。在这里，最好的公司是"既做又说"，次之则为"只做不说"，最差的公司是"不做不说"或者"只说不做"。而"做"的本质则是利他上的利己。

由此看出，保护中小股东的根本是让大股东具有利他意识上的利己，即一方面是"做"——做优做强公司，另一方面是"说"——以信息披露为核心，加强投资者关系管理。

四、续议："一股独大"公司的天然缺陷

从我国上市公司股东结构、股权结构可以看出，"一股独大"的公司并非个例。从学术定义看，"一股独大"有两层含义：一是存在唯一大股东；二是其他股东或个体或联合都不足以对唯一大股东产生实质影响。可见，"一股独大"的公司在治理、管理上属于股东之间权力制衡最差的公司。

"一股独大"公司的不足可从以下方面进行归纳：（1）资源不足。公司有且仅有大股东提供公司发展所需的各种资源，因此除垄断行业或全能企业外，属于竞争性行业的这类企业，其股东资源是最匮乏的。（2）利己导向。在"一股独大"的公司眼中，只有自己没有他人，因此利己主义动机和行为倾向最为强烈，特别是非国有企业，追求控制权私利成为其不二的目标或价值取向。同样，除履行行政式社会责任外，国有企业利己远比利他更加"理直气壮""道德高尚"。长此以往，这类公司都有可能偏离其应有的价值取向和长期增值目标。（3）不讲利他。公司长期以来形成的"一股独大"结构格局，使大股东没有机会与其他潜在大股东合作（或者即使有，也不想合作），因而，在公司战略、业务运营等市场竞争方面，缺乏利他而利己的管理信念，缺乏与上下游产业链中的他人共生、共赢的合作意识与能力（如上游挤供应商、下游压经销商等非合作或非正当的商业行为），或者说，缺乏利他而利己、在竞争中求合作的大格局观，从而不利于公司运营生态的多样化和稳定性，影响产业运营质量和效率，最终影响长期价值目标的实现。

五、特殊行业：对银行、保险机构大股东的行为监管

银行保险等金融机构是一个特殊的行业。近年来，少数银行保险机构大股东滥用股东权利，不当干预公司经营，违规谋取控制权，利用关联交易进行利益输送和资产转移，严重损害中小股东及金融消费者的合法权益。为此，中国银保监会于2021年10月正式发布实施了《银行保险机构大股东行为监管办法（试行）》（以下简称《办法》），旨在加强银行保险机构的公司治理监管，规范大股东行为，保护银行保险机构及利益相关者的合法权益。该办法明确界定了大股东认定的标准，并且从持

股行为、治理行为、交易行为、责任义务等四个方面来规范大股东行为，强化其责任义务。

（一）大股东认定标准

《办法》规定，符合下列条件之一者即为银行保险机构的大股东：(1) 持有国有控股大型商业银行、全国性股份制商业银行、外资法人银行、民营银行、保险机构、金融资产管理公司、金融租赁公司、消费金融公司和汽车金融公司等机构15%以上股权的；(2) 持有城市商业银行、农村商业银行等机构10%以上股权的；(3) 实际持有银行保险机构股权最多，且持股比例不低于5%的（含持股数量相同的股东）；(4) 提名董事2名以上的；(5) 银行保险机构董事会认为对银行保险机构经营管理有控制性影响的；(6) 银保监会或其派出机构认定的其他情形。

（二）大股东行为的规范

从大股东行为监管角度，《办法》强调以下方面：一是强调大股东对银行保险机构的支持责任，特别是资本补充的责任；二是强调大股东股权的相对稳定；三是制约大股东在参与公司治理过程中的行为；四是对关联交易的关注，如非公开发行债券担保的关注。

《办法》从以下方面规范大股东行为：(1) 持股行为。强调大股东应当以自有资金入股，股权关系真实、透明，并进一步规范交叉持股、股权质押①等行为。(2) 治理行为。明确大股东参与公司治理的行为规范，规范行使表决权、提名权等股东权利，严禁不当干预；支持党的领导与公司治理有机融合。(3) 交易行为。从大股东角度，明确交易的行

---

① 《办法》第十条明确规定，银行保险机构大股东质押银行保险机构股权数量超过其所持股权数量的50%时，大股东及其所提名董事不得行使在股东（大）会和董事会上的表决权。

为规范以及不当关联交易的表现形式，要求履行交易管理和配合提供材料等相关义务。(4) 责任义务。明确大股东在落实监管规定、配合风险处置、信息报送、舆情管控、资本补充、股东权利协商等方面的责任义务。比如，要求银行保险机构大股东应当支持银行保险机构根据自身经营状况、风险状况、资本规划以及市场环境调整利润分配政策，平衡好现金分红和资本补充的关系，对资本充足率不符合监管要求或偿付能力不达标等情形，大股东应支持其减少或不进行现金分红。

《办法》充分体现了行业特性。但是还应该看到，对大股东的行为监管并不只是针对银行保险机构等特殊行业的特殊监管要求，同样适用于工商企业大股东。

第三节　投资者关系管理：集聚股东资源的重要机制

过往研究表明，大股东控制在很大程度上与侵占中小股东权益画等号。但是，现实并不总是这样。如果大股东置中小股东权益于不顾，长期来看受伤害最大的还是大股东自己，因为他们在公司中具有更高的权益份额。

首先需要说明的是，中小股东对公司发展及价值增值不是不重要，而是相反：中小股东群体（包括其背后的分析师、媒体关注等）对公司的持续关注甚至是监督，能在一定程度上校正大股东的不当行为（尤其是那些与大股东自身利益相关的关联交易，因大股东回避表决，从而使中小股东有更多的话语权）。从长期发展来看，做好大股东与中小股东之间的信息沟通、消除两者之间的信息不对称，强化他们之间的互信关

第七章 大股东联盟控制、利他主义与投资者关系管理 293

系,建立相对稳定的利益共同体,最终实现多赢,是公司发展所应采取的资本市场策略。投资者关系管理是建立信任、维系市场高效运作的核心。

一、投资者关系管理的内涵:概念及管理重点

(一)基本概念

投资者关系管理是西方发达资本市场的产物。1953年3月,美国管理协会(AMA)为指导公司进行股东关系操作出具了第一份研究报告,随后,通用电气公司首次设立了专业的投资者关系管理部门。1963年《投资理念和投资教育会议》在底特律召开,通过此次会议,投资者关系管理得到学术界的认可。随着资本市场的发展,各国对于投资者关系越来越重视,美国投资者关系协会(NIRI)、英国投资者关系协会(IRS)、加拿大投资者关系协会(CIRI)等协会组织纷纷成立,为促进公司管理层、投资公众与金融界的沟通交流提供专业指导与途径。各协会基于本国市场情况对这一概念的解释各有不同,但核心都定义其目的是加强公司与外界的沟通,并且强调这种交流是主动和双向的,从而保护投资者的正当权益,提高公司整体价值。

2003年,深交所率先发布《深圳证券交易所上市公司投资者关系管理指引》,并指出:投资者关系管理是指上市公司通过各种方式的投资者关系活动,加强与投资者和潜在投资者之间的沟通,增进投资者对上市公司了解的管理行为。随后,我国证监会于2005年发布《上市公司与投资者关系工作指引》,2021年2月又发布《上市公司投资者关系管理指引》(征求意见稿),对2005年的工作指引进行了全面修订,并明确指出:投资者关系管理是指上市公司通过互动交流、诉求处理、信

息披露和股东权利维护等工作，加强与投资者及潜在投资者之间的沟通，增进投资者对公司的了解和认同，以提升公司治理水平和企业整体价值，形成尊重投资者、敬畏投资者和回报投资者的公司文化的相关活动。从这一概念可以看出，投资者关系管理是上市公司积极主动的管理策略，沟通与建立互信是重点，提升治理水平与企业整体价值是核心。

我国学术界也对投资者关系管理进行了研究。李心丹等（2006）将投资者关系管理定义为公司的一种战略管理行为，是上市公司综合运用财经和营销原理，通过管理公司与资本市场各参与者的沟通交流，加强公司与投资界的联系与了解，使投资者对公司更加认同与支持，同时促进公司改善治理机制，积极保护投资者合法权益的活动。马连福等（2008）则认为，投资者关系管理是公司的一种自主性治理，即从迎合制度或法律法规的强制要求，到自主改善资本市场中的信息配置，以获得投资者的了解与支持，进而保护投资者权益，其目的是提高公司治理效率。

（二）管理原则

在新修订的投资者关系管理指引中，特别强调上市公司应遵循以下管理原则：（1）合规性。公司应当在遵守相关法律法规，真实、准确、完整、及时、公平地披露信息的基础上，积极进行投资者关系管理。（2）主动性。公司应当主动开展投资者关系管理活动，听取投资者意见建议，及时回应投资者诉求。（3）平等性。公司在投资者关系管理中应当平等对待所有投资者，尤其应该为中小投资者参与投资者关系管理活动创造机会。（4）诚实守信。公司在投资者关系管理活动中应当讲诚信、守底线、负责任、有担当，以培育健康良好的市场生态。

二、投资者关系管理的核心：信息沟通的内容及方式

相比法定信息披露，投资者关系管理的核心在于通过信息沟通，提高公司透明度，消除公司与外部投资者之间的信息不对称。信息沟通的内容是核心，信息沟通的方式是关键。

（一）沟通内容：法定信息披露中的财务数字及其他信息需求

沟通内容主要包括：(1) 法定信息披露及其说明。(2) 发展战略。(3) 经营管理信息。(4) 发生的重大事件。(5) 环境保护、社会责任和公司治理信息。(6) 文化建设。(7) 股东权利行使方式、途径和程序等。(8) 投资者诉求信息。(9) 其他相关信息。从上述内容不难看出，法定信息披露、投资者高度关注的战略与经营管理信息、事关公司可持续发展的信息等，是强化投资者关系管理、提高公司透明度的重点。

法定信息披露中的核心内容是公司发布的定期报告（如年报、半年报或季报等）。各种定期报告中的主要内容则是基于一般公认会计原则（GAAP）的确认标准、计量属性发布的财务报告。以公司净利为例，一方面（从报表提供方），利润表中的净利润是在经多次扣除和调整后计算得出的，难以反映公司的核心盈利能力；另一方面（从报表解读方），大量投资者（尤其是非专业的投资者）并不一定能够真正完整地了解净利润数字背后的经济意义。

从报表提供方看，涉及财务报告的效用到底是什么这一本质问题。理论上，财务报告的效用取决于不同使用者及其各不相同的目的，财务报告的功能有以下三种：(1) 估值目的（valuation），即对资本提供者的决策有用性；(2) 履行经管责任和业绩评价目的（stewardship），即

提供全面且透明的信息以监督资本的有效利用及绩效评价；（3）问责目的（accountability），即对负有责任的相关单位或组织提供问责行动。使用者持不同目的会有不同的信息需求：专业投资者在进行公司估值、价格判断时，会认为财务报告信息的有用性要远高于用于对管理层的绩效评价及问责（Cascino et al., 2016）；股东及潜在权益投资者不认为所有的财务报告信息都同样有用，他们可能更看重合并利润表中的数字，而不是资产负债表中的数字，尽管对业绩表现不好的公司，资产负债表中的数字与他们评价公司价值更相关（Cascino et al., 2013; 2016）。但无论使用者是谁或者他们出于何种目的，都离不开对报表数字的业务解读。而从外部股东角度，要真正挖掘数字背后的战略、业务经营与财务内涵，如果不借助与公司管理层面对面的沟通，显然是非常困难的。信息沟通成为连接公司（包括大股东群体、董事会及高管团队）与外部股东的有效机制，也是提高公司透明度、提升公司股票定价效率最关键的要素。

　　大量研究表明，财务报告对于评估公司价值、绩效的作用越来越小。这是因为现代公司的构建基石是在研发、品牌、客户关系、计算机数据和软件，以及人力资本等方面的投资。这些无形资产的投资与工业化时代的工厂、建筑并无不同。然而，这些无形资产的投资在计算利润时却被当作支出，而不是资产，结果是公司为了提高未来利润在这方面投资越多，其报告的亏损就可能越高。为此，大量公司（尤其是美国公司）通过加回无形资产费用的方式（Govindarajan et al., 2021），提供非 GAAP（non-GAAP）下的收益。所谓非 GAAP 下的收益，是指不遵守会计规则计算的利润数字，或者剔除不需要现金支付或对了解公司未来价值不重要的收益项目后测算的自定义收益。数据表明，超过

95%的标准普尔500强公司同时报告GAAP和非GAAP收益。为此，公司首先要计算报告GAAP收益，然后详细说明从GAAP收益中增加或减去的项目，以得出非GAAP收益。

那么，GAAP收益与非GAAP收益的差异主要体现在哪些地方？Govindarajan et al.（2021）认为，扭曲核心盈利能力的项目主要有以下三项：股票期权支出、并购业务的无形资产减值和重组费用。(1) 股票期权支出。越来越多的公司通过股票和股票期权向员工支付薪酬，而不是通过常规工资和基于绩效的现金奖金。据统计，基于股票的薪酬占CEO薪酬总额的比例高达70%。GAAP要求在计算收益时扣除基于股票的激励成本，但基于股票的激励并不要求公司支付现金。相反，当员工行使股票期权时，还可以帮助公司节省高达10%的税款。因此，许多公司采用加回股票期权支出的方式报告非GAAP收益，这可能更能代表公司的现金性利润。(2) 并购业务的无形资产减值。收购其他公司已成为现代公司青睐的增长方式。其中，很大一部分的收购费用是无形资产的支付对价（例如，脸书收购WhatsApp时支付了170亿美元，而该公司的资产几乎全部是无形资产）。因此，公司每年必须测试收购的无形资产是否仍然保持原始价值，否则，在计算GAAP收益时必须进行减值处理，即使这些减值对公司的现金流没有影响。尽管从会计角度，这种减值并非无关紧要，但扣除此类金额后计算的任何损益数字，都无法用于预测公司未来利润。(3) 重组成本和出售资产的损失。技术进步正在加快，产品、企业的过时速度也在加快。因此，公司频繁关闭无盈利分部（unremunerative business segments）、亏空出售无用资产、支付工人遣散费等，都属于正常现象，这些成本当然要从GAAP收益中扣除。然而，重组事件并非每年都发生，扣除一次性项目后计算的收益对于预测未来也没有什么用处。因此，公司非 GAAP 收益报告不包括此类重组成本的预付费用，是可以理解的。

非 GAAP 收益报告是否对投资者有信息价值，或者公司是否会利用该报告来误导投资者？在这一问题上，理论研究仍存在较大分歧。一些研究表明，投资者和分析师在确定公司（尤其是亏损公司）的核心盈利能力时，认为非 GAAP 收益更具信息含量。董事会基于非 GAAP 业绩来确定 CEO 的绩效奖金，尽管会导致薪酬增加，但可能对股东有利。否则，可能会对股东造成进一步伤害，如 CEO 推迟关闭亏损企业等。但也有其他研究声称，公司提供非 GAAP 收益只是为了机会性地报告更高利润，有时公司可能会选择性地剔除不利项目，以满足投资者对公司利润业绩的预期。①

可见，法定信息披露中的财务数字能否满足投资者分析和解读公司核心竞争力的需求，存在很大争议和较大的提升空间。这也是未来财务会计需要研究的重要议题，即公司如何提供有用的会计信息，满足投资者投资决策（及估值）、监督公司运营及绩效评价，甚至问责公司等需要。

从报表解读方角度看，除专业投资者（如专业投资机构及证券分析师等）能合理地解读财务数字背后存在的业务逻辑外，大量散户投资者在面对财务报告时，多多少少都会表现出某种无能为力，这是会计的专业属性所决定的，即便能用最通俗的语言来表达，底线也是对核心会计概念进行准确定义，而这些定义、内涵通常都是以会计术语的方式体现

---

① 2016 年，时任 SEC 主席玛丽·乔·怀特就认为："你们的投资者关系人，你们的首席财务官，他们喜欢非 GAAP，是因为他们讲了一个更好的故事，但我们在这个领域有很多顾虑。"具体参见：https://www.sec.gov/news/speech/chair-white-icgn-speech.html。

在定期财务报告中，显然，没有接受过专业训练的普通投资者是无法真正深入理解的。

（二）沟通方式：多渠道、多平台、全方位

随着现代信息传播技术的发展，投资者关系管理中的信息沟通方式日趋多元化。上市公司可以通过公司官网、新媒体平台、电话、传真、电子邮箱、投资者教育基地等渠道，利用中国投资者网站、证券交易所网络基础设施等平台，采取股东大会、投资者说明会、路演、分析师会议、接待来访、座谈交流等方式，与投资者进行全面沟通，并在遵守信息披露规则的前提下，建立与投资者的重大事件沟通机制。

（三）内容与方式的匹配性

从沟通内容与沟通方式的相互作用或配对关系看，法定信息披露主要借助公司官网、各种媒体平台、证券交易所网络基础设施平台等，而其他大量需要沟通的内容（发展战略、经营管理信息、重大事故、ESG信息等），除借助信息平台外，还可以借助股东大会、投资者说明会、路演、分析师会议、业绩说明会、接待来访等各种线下或线上的面对面沟通方式。

各种信息平台所发布的法定信息是投资者关系管理的基本素材，而线下或线上的面对面沟通方式则为投资者进一步解读法定信息、挖掘法定信息背后的战略与业务内涵、证实（伪）或佐证投资者对公司的各种预设或判断等，提供了有力且有效的支撑。

从信息与资本市场角度看，正是公司所从事的这些投资者关系管理活动，增强了大股东与外部股东之间的互信，提高了公司透明度，增进了市场对公司的理解，从而为公司战略、投融资活动及可持续发展提供了机制性保障。

三、关于投资者关系管理的信息效应、治理效应

在通常意义上,投资者关系管理的根本目的是消除公司与股东之间的信息不对称。西方研究表明,公司与投资者关系会影响公司的信息和交易环境,而通过投资者关系管理可以改善信息环境,减少投资者之间的信息不对称,提升公司治理效率与效果(Leuz & Verrecchia,2000;Rodrigues & Galdi,2017)。从大的逻辑看,投资者关系管理的效应可分为以下两类。

(一)信息效应

信息效应是指借助投资者关系管理活动,提升投资者对公司的认知,并提高股票流动性及市场定价效率。Vlittis & Charitou(2012)运用事件研究法,观察了 146 家公司在 1999—2005 年发布投资者关系工作相关报告时的股价变化,发现发布公告会导致正的超额收益,且在公告前公司估值越低,非系统性风险越高,CEO 持股比例越高,市场反应越强烈,超额收益越高。此外,研究还实证检验了投资者关系管理的长期影响,发现投资者关系活动可以显著提高上市公司对外信息披露程度,提升股票流动性,提高公司透明度。Kirk & Vincent(2014)则强调专业投资者关系部门的重要性,实证结果表明,开展专业投资者关系活动可以增加市场曝光率,吸引分析师跟踪与机构投资者持股,提高股票流动性和定价效率。

我国学者如权小锋等(2016a)也认为,公司通过现有或潜在投资者和分析师等的调研或来访自愿地向投资者披露相关信息,可以提高各种市场参与者的知情权,改善公司信息环境,提高透明度,抑制股价崩盘风险。

（二）治理效应

治理效应是指借助投资者关系管理活动，增加投资者对公司管理层的关注，并强化对大股东、管理层的治理与监督效用。Vlittis & Charitou（2012）认为，投资者关系管理有助于增加投资者对公司的关注，既有利于降低资本成本，也能降低投资者与管理层之间的代理成本，从而提高公司价值。Bushman & Smith（2001）认为，投资者关系活动能够让股东更好地监督管理者，规范管理层决策行为。Dolphin（2004）在对英国公司投资者关系的战略运用进行调查后发现，管理层有强烈动机通过这种交流来获得投资者支持，并且公司与投资者的良好沟通可以让投资者更好地发挥监督作用，减少管理层机会主义行为。Chang et al.（2006）认为，投资者关系活动的意义在于监督管理层。

马连福等（2015a）则认为，投资者关系活动的重点在于双向沟通，一个方向是公司向投资者传递有关公司目前业绩和未来战略的信息；另一个方向是投资者向公司提出意见或建议，公司以此了解投资者动态并做出反应。这种双向沟通行为可以满足投资者对公司透明度的要求，从而缓解公司的融资约束问题。同时，投资者关系活动不但可以改善上市公司的信息披露，保障投资者的知情权，而且可以通过这一自主治理机制，使投资者能更好地行使监督权和建议权（马连福和王元芳，2011）。杨德明和辛清泉（2006）认为，通过上市公司投资者关系管理与投资者沟通互动，投资者更容易发现管理层和大股东对中小股东权益的侵占行为，从而对此起到约束和制衡作用。权小锋和陆正飞（2016）认为，从经营层面看，投资者关系活动是一种减少公司与投资者之间信息不对称的工具；从管理层面看，投资者关系活动是一种吸引更多监督、规范自身行为的自我完善机制，从信息途径和代理途径两方面提高上市公司的信息可靠性，从而降低审计风险。万晓文和庄慧（2016）发现，投资者关系管理能降低股东监督管理层的成本（即代理成本）。权小锋等（2016b）认为，投资者关系管理活动作为一种治理机制，在公司与投资者深入沟通的过程中能够规范上市公司行为，抑制管理层、大股东的代理问题，减少上市公司信息的违规披露问题，并且在抑制上市公司违规风险问题上与内部控制机制产生互补作用。

四、换一个角度看问题：投资者关系管理的资源集聚效应

应该看到，无论是信息效应还是治理效应，都是基于传统市场逻辑与委托代理模型等理论框架。在某种程度上，这是一种消极意义上的积极后果，也就是说，它是基于大股东与中小股东之间天然存在且难以调和的代理矛盾，积极地（或者是不得不）从事投资者关系管理所产生的正面的经济后果。显然，这也在一定程度上反映了中国资本市场、公司财务运作的事实（或经验证据）。

但是，从积极意义上看，如果我们不认为大股东与中小股东之间的代理矛盾是天然不可调和的，而是认为大股东联盟与中小股东（外部股东联盟）之间是共生、共享、共赢式的合作关系，那么，投资者关系管理就是一种正向、积极的且以股东资源集聚为根本的市场策略，该市场策略主要涉及以下方面。

（一）管理主体

表面上看，投资者关系管理的主体是公司，但在实际运作中，离不开大股东及其联盟、董事会及经营者等具体的行动人。人与人之间的沟通受两方面影响：一是沟通意愿（即想不想沟通）；二是沟通能力（即如何有效沟通以达到预期目的）。因此，在这样一个两维空间中，我们

第七章 大股东联盟控制、利他主义与投资者关系管理

至少可以划分为以下六个区域，如表7-1所示。

表7-1 投资者关系管理中的管理主体

投资者关系管理的主体：行为		沟通意愿		
		强		弱
		善意	恶意	
沟通能力	强	A	C	E
	弱	B	D	F

（1）沟通意愿。意愿是意向、愿望的复合，既有某种行为的意向，也有希望通过该行为实现某种愿望的含义。具体来看，公司投资者关系管理在很大程度上体现了大股东及其联盟、董事会及经营者的意向及愿望，如通过沟通实现再融资、股票合理定价、其他投资者对公司发展战略的支持等。上述愿望越强烈，其沟通的意愿也越强烈，反之则相反。因此有理由假定，相对于非国有控股公司，国有控股公司及其被大股东背书的再融资能力具有明显优势——此为国有大股东的股东资源，在这种情形下，其因再融资目的而进行投资者关系管理的意愿并不强烈；同样也有理由假定，无论是国有控股公司还是非国有控股公司，如果公司股价被严重高估或低估（尤其是低估），则其希望通过对外沟通解释来修复、调整股价的愿望都同样强烈。

需要强调的是，大股东联盟控制的公司（股东结构多元化）比"一股独大"的公司，有更强烈的市场沟通意愿。原因在于，一方面其希望借助沟通释放大股东之间合作能力和发展潜质的信号，另一方面希望通过沟通部分消弭、解除市场对大股东联盟"合谋"的疑虑或猜忌。但是，这只是一种善意的假设！也就是说，如果"一股独大"的公司出于非善甚至恶的愿望，也有可能表现出很强烈的沟通意愿——省却需要与其他大股东进行"合谋"的麻烦，利用其信息优势及沟通意愿操纵股

价、恶意减持并套现。可见，相比多元化的股东结构，"一股独大"情形下大股东的沟通意愿越强烈，其沟通动机就越值得市场怀疑。

一旦沟通意愿形成，并逐步发展成为公司大股东、管理者的市场行为习性，则会大大提升公司投资者关系管理的自觉性、主动性，并在公司上下形成提高公司透明度的市场文化。

（2）沟通能力。从表面上看，能力涉及方式、方法，它可以从公司经验教训中进行总结，也可通过学习他人获得。从本质上看，沟通能力主要涉及沟通内容的真实、准确和完整性，与沟通技巧无关。可见，沟通能力的强、弱之分主要体现在所沟通的信息的真实、准确和完整上：一是信息真实性，绝对不说没有依据的假话，但不意味着真话必须全说；二是信息准确性，前后逻辑不一致的真话是非常值得怀疑的；三是完整性，真话一定要全说。

根据上述理解并结合表 7-1 的框架，可以简要归纳出投资者关系管理各区域的基本含义：A——投资者关系管理行为的"优质区"；B——投资者关系管理行为的"良好区"；C——投资者关系管理行为的"作恶区"；D——投资者关系管理行为的"劣质区"；E——投资者关系管理行为的"无为区"；F——投资者关系管理行为的"无害区"。

（二）管理目标

投资者关系管理的根本目的是创造价值。该目标可能是前述信息效应、治理效应的经济后果，但从资源效应看，它希望借助公司与外部投资者的信息沟通与交流，在提高市场定价效率的同时，提升外部投资者对公司的认知能力、关注能力，激发外部投资者向公司持续投入公司所需的各种资源（如顺利完成再融资、帮助公司合理选择特定募资对象、提供良好的投资机会、促进公司完善各项管理制度如人力资源及薪酬管理政策等），最终实现公司的可持续发展与价值增值。

显然，上述资源效应所表达的是市场希望看到的正面目标，而且从管理目标的定位到管理目标的最终实现，依赖的是大股东联盟对股东资源的投入，以及对其他投资者的资源吸附能力，再辅以"治理-管理"活动的有序开展。如果没有这些机制共同作用，那么目标定位与目标实现就可能成为并行的存在，永远没有交集。

但是，在中国资本市场的现实中，我们也看到，少数公司借市值管理[①]快速填补了目标定位与目标实现两者间的鸿沟，即借投资者关系管理之名，行操纵股价赚快钱之实，这类公司的投资者关系管理事实上已沦为市值管理的工具。

(三) 管理行动

借助法定信息披露这一基础，并就公司战略、资源、商业模式、运营管理等各重大事项，进行公司与投资者之间的面对面、一对多、双向式的沟通，既能提高公司透明度，又能强化公司与投资者之间的相互信任和相互支持，从而达到共生、共享、共赢的合作目标。

(四) 延伸讨论：价值基础管理与投资者关系管理

曾几何时，市值管理被当作一个时尚的概念流行于资本市场，市值管理这一概念首次在官方文件中出现是在 2014 年。2014 年 5 月 9 日，

[①] 什么是市值管理？是否存在市值管理与伪市值管理之分？这其实是一个很严肃的话题。2021 年 5 月 22 日，在中国证券业协会第七次会员大会上，中国证监会主席易会满以"坚持稳中求进 优化发展生态 推动证券行业高质量发展新进步"为题发表了讲话，系统阐述了证券业高质量发展并重点强调了伪市值管理的本质与危害，指出伪市值管理本质是指上市公司、实际控制人与相关机构和个人相互勾结，滥用持股、资金、信息等优势操纵股价，侵害投资者合法权益，扰乱市场秩序的行为，并声明对伪市值管理要保持零容忍态势，提醒上市公司及实际控制人、行业机构和从业人员要敬畏法治、敬畏投资者，远离操纵市场、内幕交易等乱象，珍视自身声誉和职业操守，共同维护公开公平公正的市场秩序。

国务院发布《关于进一步促进资本市场健康发展的若干意见》（国发〔2014〕17号，简称国九条），该意见第二条"发展多层次股票市场"中明确以下总体要求与具体任务：积极稳妥推进股票发行注册制改革、加快多层次股权市场建设、提高上市公司质量、鼓励市场化并购重组、完善退市制度作为顶层设计的纲领性文件。在"提高上市公司质量"中进一步阐述：引导上市公司通过资本市场完善现代企业制度，建立健全市场化经营机制，规范经营决策。督促上市公司以投资者需求为导向，履行好信息披露义务，严格执行企业会计准则和财务报告制度，提高财务信息的可比性，增强信息披露的有效性。促进上市公司提高效益，增强持续回报投资者能力，为股东创造更多价值。规范上市公司控股股东、实际控制人行为，保障公司独立主体地位，维护各类股东的平等权利。鼓励上市公司建立市值管理制度。完善上市公司股权激励制度，允许上市公司按规定通过多种形式开展员工持股计划。

什么是市值管理？相关文件并没有做出完整解释，但从市场实践看，市值管理通常是指通过大股东增持、股票回购、股权激励、定向增发、并购重组等各种市场操作，达到提升股价、稳定公司控制权、防范敌意收购、降低融资成本等目的。其实，市值管理不在于如何通过市场层面的财务操作增加价值，而在于通过真真正正的基于价值的管理（value-based management，VBM）即财务学逻辑上的价值基础管理来提升或创造价值。具体地说，它是以价值创造为导向，通过在"使命目标—战略规划—业务运营"等商业行为中植入价值理念，确定价值标准、发现价值（鉴别价值驱动因素）、实现价值（收入实现、成本控制、现金流管理等）、维护价值（风险管理与内部控制）、评估价值（绩效评估与市场增值，如经济增加值、市场增加值等）等，进而实现公司可持续价值增长的一系列管理行动。

可见，价值基础管理是根本，如果存在市值管理这一概念，其要义也在于价值管理，而不是单纯的市场操作及管理。或者说，市值管理的主体主要是上市公司或者控股股东，管理措施仅限于大股东增持、回购、并购、增发等市场投融资行为，它是价值基础管理的一部分，甚至是很小的一部分。

价值创造是一个持续的、需要付出巨大努力的管理过程。显然，公司控股股东、其他大股东等希望获得短、平、快的收益而采用的花样繁多的各种市场操作，都不属于市值管理，更谈不上价值管理。或者说，价值基础管理、市值管理的主体是公司，而不是公司大股东。现实中，上市公司大股东出于赚快钱、满足定向增发机构所承诺的各种价值兜底、大股东过高的股权质押率及对股价爆仓的担心等，利用自身的信息优势（内幕消息）并与相关投资机构（如券商、基金、信托等）等联手合谋操纵股价的行为，与市值管理都毫不相干。同样，因合谋需要所进行的所谓的投资者关系管理，与原本意义上的投资者关系管理也风马牛不相及，或者反过来，现在大力提倡的投资者关系管理，其任务之一就是要通过有效的关系管理，建立起大股东与中小股东之间的信任与目标趋同性，进而杜绝各种非正当的市值管理行为。

五、补充：投资者关系管理水平的测度

在投资者关系管理水平的测度上，国内外学者并未形成统一观点。国外学者对于投资者关系管理水平的衡量方法基本分为两类：(1) 采用协会或专业机构的评级打分法。评级依据多为机构对公司有关投资者关系的调研活动或排名评奖活动，如 Brown & Hillegeist（2007）使用了

美国投资管理与研究协会（AIMR）对信息披露和投资者关系活动的评级；Agarwal et al.（2008）使用全球权威投资者关系杂志 *IR Magazine* 的评奖结果衡量投资者关系管理水平。(2) 采用内容分析法。基于学者自身对投资者关系管理的理解，构建投资者关系评价体系，如 Marston & Straker（2001）从公司与分析师或基金管理者的互动以及公司内部投资者关系组织的设置这两方面，来衡量投资者关系管理水平。Bushee & Miller（2012）认为投资者关系应包括是否增加有用性的信息，是否提高公司的可视性，是否吸引投资者、分析师和媒体三个方面，通过检验聘请专业投资者关系公司后上市公司某些特征的变化，来证明投资者关系对公司发展的重要性。另外，随着互联网的发展，西方学者常采用基于公司网站进行的投资者关系管理做实证研究。

我国学者对投资者关系的评价方法大多采用内容分析法，即基于学者自身对投资者关系管理的理解，构建多指标评价体系。林斌等（2005）从上市公司网站投资者关系这一视角展开研究，构建公司网站投资者关系指数。李心丹等（2006）则用投资者关系管理在目前水平下的状态指标、影响投资者关系管理水平的质量指标以及管理指标，构建其综合评价体系。其中，状态指标包括股价波动率、前十大股东变化率、分析报告的数量；质量指标是将投资者关系管理看作一项沟通活动而进行评价，包括沟通质量和披露质量；管理指标是从活动组织的角度对投资者关系管理进行分析，包括对活动过程的组织评价和对组织部门的评价，并以此设计了南京大学投资者关系管理指数（CIRI^{NJU}）。马连福等（2014）将投资者关系作为一种公司沟通战略，并通过三层次五维度——沟通保障、沟通途径（具体包括现场沟通、电话沟通和网络沟通）和沟通反馈，构建南开大学投资者关系互动指数（IRII^{NK}）。

我们认为，既然投资者关系管理的核心是信息沟通，既然信息沟通方式既有"走出去"（如路演、投资者说明会），也有"请进来"（接待来访、现场调研、举办各种座谈会和业绩说明会等），既然信息沟通强调内容真实、准确、完整，并体现公司董事会、管理层等面对股东时所表现出的尊重、真诚及善意，既然影响投资者高度关注的沟通事项是投融资政策，就可以从投资者关系实践角度，衡量上市公司对投资者关系活动的重视程度及活动效果，构建新的评价体系。

为此，可以从公司投资者关系管理活动次数、接待者类型、活动方式及关注投融资问题的比例这四个方面，构建简洁、合理的投资者关系管理指标。之所以选取这四个方面，理由如下：

（1）活动次数。公司进行投资者关系管理活动的次数越多，说明公司开展这种沟通交流活动越积极，披露的信息可能越多，接受的反馈建议越多，从而投资者的关注和监督机会越多，获得有价值信息的概率越大，故定义活动次数越多，投资者关系管理水平越高。

（2）接待者类型。尽管公司董事会秘书是负责投资者关系工作的核心人员，尽管公司可视情况设立该职位或设立投资者关系管理这一专职部门，但任何沟通，尤其是面对面、一对多、双向式的沟通，都离不开公司高层的参与，以体现其沟通内容的专业性、权威性。可以看出，上市公司接待者级别越高（如董事长、总经理）或越专业（如财务总监、研发总监等），说明公司对投资者关系管理活动越重视，所得到的预期管理效果也越好。

（3）活动方式。活动方式越正式，信息的准确性越高。相对于电话沟通，接受实地调研的沟通效率更高且效果更好。

（4）关注投融资问题的比例。在上市公司与投资者沟通过程中，问题复杂多样，其基本类型可分为战略及投融资类、运营类和其他类别。其中，战略及投融资问题是投资者最关注的问题，也是董事会涉及议案最多、决策风险最大、决策后果最显著（直接影响公司成长及价值增值潜质等）的问题。

由此，可以构建测度投资者关系管理水平的简单模型，并对上面的各维度进行定义并人为赋值，具体见表7-2。此种测度方法还有以下优势：第一，过滤掉公司具有共性且差异不大的沟通内容和方式（如网站平台等的法定信息披露）；第二，突出面对面沟通的潜在效果；第三，数据可得且简单明了。

表7-2 投资者关系管理指标衡量

测度的维度	内容说明	赋值
活动次数	某一上市公司一年内开展的投资者关系活动的总次数	实际次数
接待者类型	董事长（包括副董事长）	5
	总经理	4
	副总经理、财务总监等	3
	董事会秘书、主要部门负责人（如财务部部长等）	2
	其他（证券事务代表、综合事务部门经理等）	1
活动方式	路演、公开会议（如策略分析会、分析师会议、新闻发布会、业绩说明会）	3
	接受现场调研（如现场参观、机构调研、机构投资者实地调研、特定对象调研）和媒体采访	2
	电话沟通（如电话会议调研、分析师电话会议、来电咨询）	1
	其他（如个人投资者咨询沟通、一对多沟通）	

$$\text{投资者关系管理分值} = \sum \text{活动次数} \times \text{接待者类型} \times \text{活动方式} \times \text{关注投融资问题的比例}$$

第八章/Chapter Eight

股东资源理论与国有企业混合所有制改革

第一节 引子：中国经济为什么能持续增长？

自改革开放以来，中国经济持续增长、综合国力不断提高，可以称为奇迹。尽管西方学者、政客几乎每隔5～10年就会提出各种各样的"中国崩溃论"，但中国非但没有崩溃，反而消除了绝对贫困，倒是"中国崩溃论"屡屡崩溃。[①]

如何解释这一现象，是经济学家的责任。经济学家从不同角度进行了分析，如人口红利、吸引外资、后发及比较优势等。江小涓（2019）认为，我国在吸引外资时不仅引进了财务资本，还引进了外资连带的技术、先进产品、管理经验等。因此，资金向来不是单纯意义的生产要素，它往往是其他多种要素的流动载体。除此之外，有一点也是不应忽视的，那就是中国政府的强大作用。正如经济学家金刻羽所指出的，中

---

① 王斌. 股东资源理论与国有企业混合所有制改革：以中国联通为例. 北京工商大学学报（社会科学版），2021（5）.

国政府与市场的关系与众不同，政府（尤其是地方政府）的资源、力量和动员能力都是其他国家不可比拟的。比如，在中国的这套系统中，政治和经济是紧密联系在一起的，政府有一系列考核目标，要推动发展、吸引投资、保护环境、推动创新。另外，再看国有企业（简称国企）和民营企业（简称民企）的关系，中国的国企和民企的关系也是非常紧密的，一些国企直接或间接地成为民企的股东，国企和民企在资源上的互补性（如民企具有良好的企业文化、产品创新等，国企具有融资等优势），就像太极图一样，有黑有白，两者共存。①

第二节　国企混合所有制改革的背景：制度梳理与理论回顾

2013年党的十八届三中全会通过《中共中央关于全面深化改革若干重大问题的决定》，明确提出"积极发展混合所有制经济"这一战略举措，混合所有制改革（以下简称混改）已然成为国企改革的重要抓手。为稳步推进混改，中央及各级政府相继出台了相关文件和政策，从指导思想、改革原则、基本流程、操作规范、相关政策支持等方面，为深入有序推进混改提供了政策规范。2021年政府工作报告明确指出，要"深入推进重点领域改革，更大激发市场主体活力"，重点是"深入实施国企改革三年行动，做强做优做大国有资本和国有企业，深化国有企业混合所有制改革"。国企混改制度体系的发展脉络如表8-1所示。

---

① 金刻羽：西方人眼中，中国经济为何总是濒临崩溃?. [2021-05-26]. https://www.chinanews.com.cn/cj/2021/05-26/9485850.shtml.

表 8-1 国企混改的制度体系

内容		制度名称	文件标号
国家层面	1. 国企改革意见	中共中央 国务院关于深化国有企业改革的指导意见	中发〔2015〕22号
	2. 国家混改意见	国务院关于国有企业发展混合所有制经济的意见	国发〔2015〕54号
	3. 引入非国有资本意见	关于印发《关于鼓励和规范国有企业投资项目引入非国有资本的指导意见》的通知	发改经体〔2015〕2423号
	4. 中央企业混改规定	关于印发《中央企业实施混合所有制改革有关事项的规定》的通知	国资发产权〔2016〕295号
	5. 混改若干政策	关于深化混合所有制改革试点若干政策的意见	发改经体〔2017〕2057号
	6. 非上市公司交易	企业国有资产交易监督管理办法	国资委 财政部令32号
	7. 上市公司	上市公司国有股权监督管理办法	国资委 财政部 证监会令36号
	8. 员工持股	关于印发《关于国有控股混合所有制企业开展员工持股试点的意见》的通知	国资发改革〔2016〕133号
地方层面（以北京市为例）	1. 混改意见	北京市人民政府关于市属国有企业发展混合所有制经济的实施意见	京政发〔2016〕38号
	2. 混改指引	关于印发《市属国有企业混合所有制改革操作指引》的通知	京国资发〔2019〕15号
	3. 资产交易	关于贯彻落实《企业国有资产交易监督管理办法》的意见	京国资发〔2017〕10号
	4. 员工持股	关于市属国有控股混合所有制企业开展员工持股试点的实施办法	京国资发〔2017〕21号
	5. 公司制改制	市属国有企业公司制改制工作实施方案	京国资发〔2017〕31号

为进一步深化国资国企改革，国务院国企改革领导小组办公室于2018年3月开展了"双百行动"①，即选取百家中央企业子企业和百家地方国有骨干企业作为新一轮国企改革的样本企业（即"双百企业"，截至2020年底共446家），进行股权多元化与混改。国企混改作为国企改革的重要突破口，旨在：第一，优化资源配置，推动技术创新，扩大市场占有率，提高企业经营业绩和核心竞争力；第二，完善法人治理结构，实现企业体制机制改革创新；第三，实现国有资本保值增值，放大国有资本的功能，增强国有经济活力、控制力、影响力和抗风险能力。

从混合所有制概念的提出到国企混改政策的理论支持，始终伴随着理论探讨的不断深入。

一、混改的理论逻辑

有关国企混改逻辑的研究，大多以国企面临的各种问题为基础。黄群慧（2013）指出，混改过程中存在国企使命模糊、国企领导人"官员"身份、民营企业发展不成熟、法律体系和市场环境有待完善等一系列障碍。张辉等（2016）研究发现，混改有利于缓解国企政策性负担，从而提升国企的经营效率。郑志刚（2020）则以不完全契约理论（incomplete contracting theory）和分权控制理论（shared control theory）

---

① 国企改革"双百行动"的主要目标可以简要概括为"五突破一加强"，其中"五突破"主要是指在股权多元化和混改、健全法人治理结构、完善市场化经营机制、健全激励约束机制、全面解决历史遗留问题方面率先突破，"一加强"是指全面加强党的领导、党的建设。据国资委2020年统计，全国共有113户"双百企业"（占比28.68%）在企业本级层面开展了混改，228户"双百企业"（占比57.87%）在所属各级子企业层面开展了混改，共涉及3 466户子企业。"双百企业"在本级和各级子企业通过混改共引入非国有资本5 384亿元。国企混改涉及产权转让、增资扩股、投资并购、出资新设、上市重组（如IPO及上市公司资产重组、证券发行、资产注入、吸收合并）等多种具体混改形式。

为指导，指出国企混改一方面需要在股东层面引入盈利动机明确的民资背景的战略投资者，解决国企所有者缺位问题；另一方面，需要形成主要股东之间的竞争关系，建立一种自动纠错机制，以有效避免大股东"一股独大"容易导致的监督过度、决策失误，形成对经理人的制约，避免内部人控制问题。

二、国企混改的经济后果研究

（一）混改与公司绩效

大量早期关于股权结构的研究表明，过度集中的国有持股不利于公司绩效的提升，相对分散和民营化的股权结构更有利于公司绩效的提升（Megginson & Netter，2001；Kang & Kim，2012；刘小玄和李利英，2005；李远勤和张祥建，2008；黄建山和李春米，2009）。近年来，在直接观察混改对公司绩效影响的文献中，无论是采用托宾Q值（任广乾等，2020）、资本配置效率（祁怀锦等，2019）、保值增值率（祁怀锦等，2018）、净资产收益率（郝阳和龚六堂，2017），还是其他指标度量公司绩效，均支持混改可以提升公司绩效这一结论（马连福等，2015b；郝阳和龚六堂，2017；张文魁，2017）。

但是，在公司绩效提升路径上存在理论分歧。一些学者认为，可以借助混改提升公司投资效率，从而提升公司绩效（孙姝等，2019），而郝阳和龚六堂（2017）则认为是异质性股东的互补使公司发挥了不同所有制资本的优势。同时，綦好东等（2017）也看到公司在混改推进的过程中，受到了部分既得利益者的阻碍、落后激励机制的制约、意识形态的固化及公众对变革的担忧等阻力的影响，进而表现出国企混改的意愿不强。

（二）混改与治理

非国有股东通过行使投票权和影响高层决策的方式对国有股东的行为进行约束和干预，减轻政府因政治目标而强加给企业的政策负担，使国企形成高效的激励机制和经营机制，完善公司治理结构。大量研究表明，当非国有股东委派董监高参与国企治理时，混改的积极效应更为显著（蔡贵龙等，2018；逯东等，2019；汤泰劼等，2020）。

（三）基于股东资源理论的评论

国企混改过程，既是"混"，更是"改"。其中，"混"是基础，"改"是核心，应该以"混"促"改"。目前有关混改逻辑及经济后果的研究，主要以产权理论、委托代理理论等为基础逻辑，过于侧重引入新股东对老股东的权力制衡和治理，过于强调"分匀蛋糕"，而忽略大股东的资源投入及整合效应、寓权力制衡于公司战略运营中的协同管理等"做大蛋糕"的动机，因而难以借混改这一中介作用，构建起股东及其资源投入与公司价值创造之间的财务逻辑（王斌，2020）。显然，以缓解国企"一股独大"所带来的各种治理、管理问题为目的，引入新股东进行国企混改，既大大低估了混改的战略意义，也与取长补短、相互促进、共同发展的混改初衷不完全吻合。

国企混改表面上看是国企股权结构的再调整（或股权多元化），本质上是股东结构的全面重构——它绕不开股东尤其是资源型大股东这一特殊群体。从根本上看，它具有宏大的战略意义，即借助混改及过程实践，解决国企高质量发展、民营资本不断壮大、中国经济产业持续升级、迎接数字化时代的经济转型等诸多重大问题，具体包括：（1）借助混改及股东结构重构，解决国企所有者缺位问题，以资本的方式落实国有与民营股东的权利与责任，并力图将资本的经济属性与国企的社会属性高度融合；（2）借助混改，增加大股东对公司的资源性投入，整合股东资源与公司资源以形成公司独特的资源优势与竞争力；（3）借助混改，构建起中国式的国有与民营企业相互融合发展的共生、共赢、共享生态；（4）借助混改，提升中国企业的产业链、价值链的发展能力，借助民营股东及其资源实力，促进中国经济产业升级，并实现中国企业的数字化转型，助力中国数字经济的未来发展；（5）借助混改，以价值创造为根本，将公司治理、权力制衡寓于公司运营与管理之中，构建新型的大股东协同治理模式。

可见，国企混改是一篇大文章。要做好这篇文章，重要前提是要明确国企股东结构重构的战略意义，以及各大股东背后的股东资源这一关键词对深化混改的实践意义。

第三节 国企混改实践：以中国联通为例

中国联合网络通信集团有限公司（简称联通集团）是中国唯一一家在纽约、香港、上海三地同时上市的电信运营企业，也是目前唯一一家在集团层面进行混改试点的中央企业。2017年8月，联通集团通过下属A股上市公司——中国联合网络通信股份有限公司（简称中国联通），实施一项新的混合所有制计划，即引入一些新股东，以期改善公司治理和业务结构。[1]

一、公司基本情况

2009年1月6日，中国联通由原中国网通和原中国联通合并重组

---

[1] http://www.chinaunicom.com.cn/.

而成，公司在国内 31 个省（自治区、直辖市）及境外多个国家和地区设有分支机构，拥有覆盖全国、通达世界的现代通信网络，主要经营固定通信业务，移动通信业务，国内、国际通信设施服务业务，数据通信业务，网络接入业务，各类电信增值业务，与通信信息业务相关的系统集成业务等。

中国联通在 2019 年《财富》世界 500 强中位列第 262 名。作为支撑党政军系统、各行各业、广大人民群众的基础通信企业，中国联通在国民经济中具有基础性、支柱性、战略性、先导性的基本功能、地位与作用，具有技术密集、全程全网、规模经济、服务经济社会与民生的特征与属性。2020 年末，中国联通 A 股及 H 股的股权结构如图 8-1 所示。

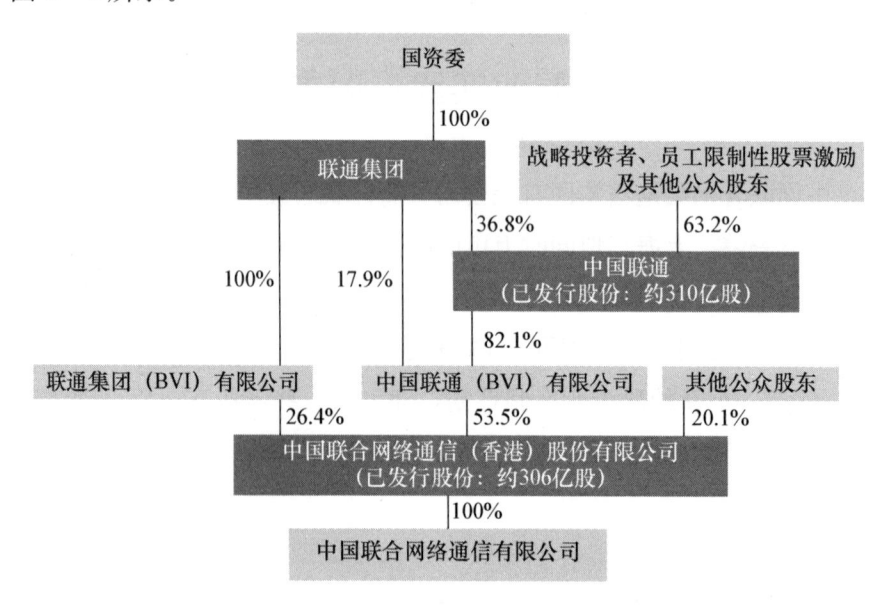

图 8-1　中国联通 A 股及 H 股的股权结构

二、混改方案及实施

中国联通在混改前的总股本约为 211.97 亿股,其混改方案可概括为"定向增发+股权转让+股权激励",三项交易的总对价合计约 780 亿元。

(一)向战略投资者定向增发股份

2017 年 8 月,中国联通以每股 6.83 元向战略投资者非公开发行不超过约 90.37 亿股股份,募集资金不超过约 617.25 亿元。这些战略投资者具体包括:

(1) 2 家金融企业和产业集团(中国人寿、中国中车)。

(2) 5 家大型互联网巨头(腾讯、百度、京东、阿里巴巴、苏宁)。

(3) 5 家垂直行业公司(光启、滴滴、宿迁科技、用友、宜通世纪)。

(4) 2 家产业基金(淮海方舟基金、兴全基金)。

主要战略投资者的出资额及占比分别是:中国人寿 217 亿元,占 10.22%;腾讯 110 亿元,占 5.21%;百度 70 亿元,占 3.31%;京东 50 亿元,占 2.36%;阿里巴巴 43.3 亿元,占 2.05%;苏宁 40 亿元,占 1.88%;光启 40 亿元,占 1.88%;淮海方舟基金 40 亿元,占 1.88%;兴全基金 7 亿元,占 0.33%;等等。

(二)股权转让

联通集团向中国国有企业结构调整基金股份有限公司协议转让其持有的本公司约 19 亿股股份,转让价款约 129.75 亿元,占 6.11%。

(三)股权激励

中国联通向核心员工首期授予不超过约 8.48 亿股限制性股票,募集资金总额不超过约 32.13 亿元。首次授予的激励对象（不包括预留部分）包括公司中层管理人员以及对上市公司经营业绩和持续发展有直接影响的核心管理人才及专业人才（不包括董事及高级管理人员），授予总人数不超过 7 550 人（激励对象不包括独立董事和监事以及由公司控股股东以外的人员担任的外部董事）。

（四）混改后的大股东联盟及多元化股权结构

上述混改交易完成后，中国联通的股权结构发生了变化。

（1）第一大股东：联通集团持有公司约 36.67% 的股份。

（2）其他大股东：混改引入的各战略投资者合计持有公司约 35.19% 的股份。

（3）员工持股：实施限制性股票激励后，员工持股约占 2.6%。

（4）其他公众股东（中小股东）：合计持股 25.5%。

正如公司官网①所示，中国联通混改有"三个没想到"：一是没想到这么多主体参与；二是没想到国有股权释放比例这么多，民营资本参与比例这么高，混改方案写满诚意；三是没想到开放合作的力度这么大，国内所有重要的互联网公司集体进入。公司这次混改筹集到的资本将用于联通 4G 和 5G 业务以及新领域合作业务的开发建设。

三、董事会改组及民营资本产权代表的超额席位

混改完成后，中国联通于 2018 年 2 月重构其新一届董事会，具体表现为：

（1）扩大董事会规模：由原来 7 名成员扩大至 13 名。

（2）优化董事会结构：新一届董事会由 8 名非独立董事、5 名独立

---

① 具体参见：http://www.chinaunicom.com.cn/news/201708/1503301913304050446.html.

董事组成。在 8 名非独立董事中，除 3 名内部董事（执行董事）外，还包括新增的 5 名分别来自中国人寿、腾讯、百度、京东、阿里巴巴的大股东董事（产权代表）。同时，公司根据新的董事会人员结构，重新构建了董事会下属的各专门委员会。

在董事会构成中，民营资本的产权代表占董事会席位的 31%（4/13），如果不考虑独立董事名额，民营资本的产权代表在非独立董事席位中的占比达 50%（4/8）。

四、2020 年末持股结构：国有资本、大股东联盟及民营资本的制约性

尽管中国联通早在 2018 年就进行了混改，并于 2020 年 11 月 2 日解禁了 90.37 亿股的定增限售股[①]，但到 2020 年末，这些战略投资者都没有从公司股东中退出，而是继续持有公司股份。截至 2020 年末，公司前十大股东的结构及持股情况如表 8-2 所示。

表 8-2　2020 年末前十大股东的结构及持股情况

股东名称	期末持股数（股）	比例（%）	股东性质
中国联合网络通信集团有限公司	11 399 724 220	36.8	国有
中国人寿保险股份有限公司	3 190 419 687	10.3	国有
中国国有企业结构调整基金股份有限公司	1 899 764 201	6.1	国有
深圳市腾讯信达有限合伙企业（有限合伙）	1 610 541 728	5.2	民营
宿迁京东三弘企业管理中心（有限合伙）	732 064 421	2.4	民营
杭州阿里创业投资有限公司	633 254 734	2.0	民营
香港中央结算有限公司	602 895 630	1.9	未知
苏宁易购集团股份有限公司	585 651 537	1.9	民营

---

① 这批限售股占总股本的 29.14%，占流通股的 42.05%，是解禁前流通盘的 42.03%，约合解禁市值 431.08 亿元。

续表

股东名称	期末持股数（股）	比例（%）	股东性质
深圳光启互联技术投资合伙企业（有限合伙）	585 651 537	1.9	民营
深圳淮海方舟信息产业股权投资基金（有限合伙）	585 651 537	1.9	民营
兴瀚资管-兴业"万利宝-财智人生-稳盈"开放式理财产品	585 651 537	1.9	未知
嘉兴小度投资管理有限公司-宁波梅山保税港区百度鹏寰投资合伙企业（有限合伙）	439 238 653	1.4	未知
中央汇金资产管理有限责任公司	288 488 300	0.9	国有

资料来源：中国联通2020年年度报告.

从表8-2中可以看出，前十大股东中，包括联通集团、中国人寿、中国国有企业结构调整基金股份有限公司在内的国有资本占公司股权的比例合计为53.2%，而当时参与混改的民营资本占公司股权的比例合计为15.3%。从董事会席位看，持股为15.3%的民营资本在8个非独立董事席位中拥有4个席位，既保持第一大股东对公司的控制（联通集团36.8%）、国有资本对公司的绝对控制（53.2%），又在公司的大股东联盟中维持着民营资本对国有资本的制约，并借民营资本的产权代表在公司董事会上的超额席位来影响公司重大决策（如战略调整、业务转型、投融资、管理机制转换等）。

五、战略投资者选择及对其股东资源的利用

战略投资者能否与企业互为协同、长期发展，对企业混改尤为重要。

（一）战略投资者的选择标准

中国联通在混改之时就明确提出选择战略投资者的标准：一是产业实力强（solid fundamental），二是协同合作潜力大（synergetic cooperation），三是业务互补（complementary edges）。可见，混改企业引进的不只是资本，还包括股东所拥有的各种战略性资源。正如"三个没想到"的宣传稿中所言，"比钱更重要的是拉来了 13 家战略投资者，其中包括光环夺目的 BATJ 四大互联网巨头"。中国联通 2020 年年报声称，此次混改引入的战略投资者与中国联通的主业关联度高、互补性强，有助于将公司在网络、客户、数据、营销服务及产业链影响力等方面的资源优势与战略投资者的机制优势、创新业务优势相结合，实现公司治理机制现代化和经营机制市场化。通过与新引入战略投资者在云计算、大数据、物联网、人工智能、家庭互联网、数字内容、零售体系、支付金融等领域开展深度战略合作，聚合资源、整合优势、能力互补、互利共赢，推动重点业务和产业链融合发展，扩大中国联通在创新业务领域的中高端供给，培育壮大公司创新发展的新动能。

中国联通 2020 年年报称，公司不断探索完善公司混改新治理，紧扣自身资源禀赋，加快推进全面数字化转型，将战略投资者合作伙伴的优势资源注入公司发展之中，持续巩固混改转型发展的根基。2020 年，公司生态合作稳步推进，云粒、云景、云镝、云盾、智慧足迹等合资公司持续推进产品研发迭代，助推市场拓展，公司在智慧城市、旅游、工业互联网、网络安全、人口大数据等领域的产品能力和市场份额显著提升。积极布局新赛道，与百度、阿里巴巴、京东成立数个战略合作中心及联合实验室，探索人工智能、边缘计算、网络切片等 5G 业务应用场景，借力混改股东资源打造差异化竞争优势。

（二）大股东联盟下的股东资源利用模式：公司与民营股东开展业务合作

如何利用股东资源，引起国有资本与民营资本之间的"化学反应"

是一大挑战。

自引入战略投资者以来,中国联通的战略及业务结构都面临调整与转型。除传统通信业务以外,公司在大力发展创新业务,包括视频及家庭互联网、金融创新业务、云计算、大数据、物联网、产业互联网业务等。中国联通始终坚持把自主创新摆在公司发展全局的核心位置,全面落实"互联网+"行动计划,推动实施国家大数据战略,聚焦数字政务、智慧城市、医疗健康、工业制造、在线教育、生态环保、文化旅游等领域,坚持以云业务为引领,综合运用自主大数据、人工智能等创新基础能力,发挥自研产品研发优势,创新商务模式,为服务政务公开、社会治理及企业数字化转型提供信息化支撑。混改后,中国联通的明显变化便是去电信化,开始推崇高效互联网化。

那么,如何利用民营资本的技术、市场、机制等各方面的优势,将各方股东资源为公司所用,并最终为全体股东创造价值?混改不再是一句口号,需要落实在具体的行动上。从中国联通的案例中,我们可以看到,大股东联盟中各股东资源的利用模式主要是公司与民营股东开展各种业务合作。表8-3列示了2017—2019年中国联通与各民营大股东资源整合的落地事件。

表8-3 中国联通混改前后与民营大股东资源的融合与业务合作

时间	民营大股东	合作主题	业务领域	预期效果
2017年5月	阿里巴巴	中国联通联合阿里钉钉推出"钉钉卡",惠及4 300万中小企业	互联网化的创新与合作	帮助中小企业降低成本、提升效率

续表

时间	民营大股东	合作主题	业务领域	预期效果
2017年10月	阿里巴巴	中国联通宣布混改后与阿里巴巴的首项业务合作：相互开放云计算资源	在云业务层面开展深度合作	以沃云云计算为服务品牌，为客户提供强大、通用、普惠的公共云计算能力，实现双方在云资源上的共享、共赢
2017年10月	腾讯	中国联通混改与腾讯合作迈大步，在云计算、网络服务等领域全面开展深度合作	在云计算和网络服务领域相互开放资源，推进深度融合创新，打造全新的"云、管、端"互联网产业生态平台	腾讯基于自身能力，向联通沃云提供公有云技术支撑，全面开展基于"专有云"和"混合云"的深度业务合作
2017年11月	宜通世纪	中国联通与宜通世纪签署战略合作框架协议	围绕"共同扩展、联合创新"的主题，深化合作、共赢发展，在物联网、智慧医疗、基础通信业务等领域展开深入合作	共同打造具有中国联通自主知识产权的物联网平台和行业应用
2017年12月	光启	混改后深化业务合作，中国联通与光启技术、光启科学分别签署业务合作框架协议	在军民融合、公共安全、智慧城市、智慧交通等领域展开深入合作	发挥各自的技术、资源和生态优势，围绕"共同扩展、联合创新"主题，深化合作、共赢发展
2017年12月	用友	中国联通与用友签署合作框架协议	利用各自的技术和经验优势，探索在大数据、物联网、人工智能等领域的合作	培育经济社会发展新动能，构筑数字经济新生态，服务经济升级发展

续表

时间	民营大股东	合作主题	业务领域	预期效果
2017年12月	苏宁	联通支付公司与苏宁金融、苏宁银行签署战略合作协议	支付金融	打造"通信＋支付/金融"生态圈，实施账户经营，助推公司互联网化运营
2017年12月	腾讯	中国联通与腾讯达成战略合作，推出双方合作产品——腾讯王卡	基础通信领域	腾讯王卡用户突破5 000万
2018年1月	阿里巴巴	中国联通协同阿里巴巴打造智能资产交易平台，终端类资产处置收益率提升50%	打造中国大型企业公开、透明、阳光、高效的资产交易平台	借助该平台实现资源配置优化、存量资源盘活能力提升的目标
2018年1月	腾讯	联通大数据公司与腾讯签署战略协议，将在信息安全等多领域深化合作	联合组建大数据实验室，在跨平台数据聚合、数据挖掘能力、网络安全技术、产业链整合等方面投入资源，维护信息安全、金融反欺诈等	赋能相关产业，服务百姓民生
2018年3月	苏宁	中国联通与苏宁达成战略合作，智慧零售助力联通互联网化运营	推进联通营业厅的智慧升级，共同筹划成立联合技术实验室，共同研究5G技术在智能家居、车联网等方面的应用	拓展业务

续表

时间	民营大股东	合作主题	业务领域	预期效果
2018年6月	京东	中国联通与京东签署"京东便利店"项目战略合作协议	中国联通将入驻"京东便利店"并在"掌柜宝"上线提供通信服务	帮助门店突破传统经营格局，增加收入来源，扩大利润空间，提升形象和品质
2018年7月	腾讯	中国联通与腾讯首推基站无线优化解决方案，大幅提升用户游戏体验	推出基于业务体验的基站无线优化解决方案，并在江苏联通、山东联通、广东联通进行4G-QoS加速试点	中国联通全网所有基站游戏流畅对局率由80%上升到87%，极大地改善了中国联通用户的游戏体验
2018年8月	阿里巴巴	中国联通与阿里巴巴联合打造政企数字化转型的领跑者，合资企业云粒智慧在京成立	云粒智慧科技有限公司成立并推出中国联通在政务领域打造的两项最新产品——"智慧政务大脑"与"生态环境大脑"	借助阿里巴巴在云计算、大数据、人工智能、区块链等领先技术领域的深耕积累，聚焦政务、金融、生态环境、公安、制造等领域，孵化新一代的政企行业应用，为政企客户提供创新且务实的解决方案、云产品服务和IT技术服务，站在巨人肩膀上，致力于成为中国最强的政企应用软件服务供应商

续表

时间	民营大股东	合作主题	业务领域	预期效果
2018年9月	百度	中国联通携手华为、百度开展远程驾驶与自动驾驶实车演示	验证5G网络高带宽和低时延特性在智能交通场景中的保障能力	联合通信运营商、通信设备商、智能驾驶科技公司等合作伙伴，打造"车、路、云"三重平行交通体系
2019年1月	京东	中国联通网络技术研究院与京东物流达成战略合作，共建"5G+智能物流"新生态	打造中国联通与京东物流"5G示范园区""智能物流园区""5G+智能物流"相关产品，树立5G和物流结合的示范标杆	5G及物联网技术在现代物流领域和企业用户场景的应用，促成技术和产品的落地
2019年2月	网宿科技	中国联通携手混改合作伙伴网宿科技，成立合资企业云际智慧	成立云际智慧科技有限公司，专注于内容分发网络（content delivery network，CDN）、边缘计算等领域的技术创新	成为5G时代边缘计算能力的提供者、人工智能时代智慧生活的服务者
2019年3月	腾讯	中国联通与腾讯联手服务文旅市场，合资企业云景文旅在贵阳成立	成立云景文旅科技有限公司，聚焦"科技＋文化＋旅游"的融合创新及落地实践	为客户提供智慧、多元、有品位、高质量的智慧文旅信息化产业服务
2019年4月	京东	中国联通混改新成果：京东数字科技战略投资智慧足迹	二级公司的混改，京东数字科技增资入股智慧足迹数据科技有限公司	智慧足迹将聚焦"人口＋大数据"，连接人-物-企，成为全域数据智能科技服务商

资料来源：中国联通官网.

六、中国联通混改的经济后果

到目前为止，我们仍然很难用最严谨的证据来体现中国联通混改实践的经济后果。尽管如此，我们仍可从以下方面进行初步讨论。

（一）促进中国联通的战略调整、业务创新及产业转型

以 2018 年的混改元年为例，中国联通深化实施聚焦创新合作战略，积极推进互联网化运营，基于新治理、新基因、新运营、新动能、新生态的"五新"理念，进行战略调整与产业升级。具体表现在业务发展上，借力战略投资者优势资源，丰富填充优质视频内容，加快布局智能家居业务，增强用户黏性和产品竞争力，聚焦政务、教育、医卫、金融、交通、旅游等重点行业市场，充分发挥与战略投资者的资源互补和业务协同优势，通过业务和资本的深度合作，积极构建差异化的竞争优势。年报显示，2018 年，公司创新业务正逐步成为收入增长的主要驱动力。全年产业互联网业务收入同比增长 45%，达到 230 亿元，占整体主营业务收入的比例提高至 8.7%。其中，信息和通信技术（ICT）业务收入达到 56 亿元，同比增长 69%；互联网数据中心（IDC）及云计算业务收入达到 147 亿元，同比增长 33%；物联网业务及大数据业务收入分别达到 21 亿元和 6 亿元，同比分别增长 48% 和 284%。受益于新业务的快速增长拉动和固网宽带业务发展的持续改善，公司固网主营业务收入达到 963 亿元，同比增长 6%。

（二）加强股东资源的快速整合与综合利用

2018 年年报显示，公司积极推进与战略投资者的全面深度合作，充分挖掘和聚合各方优势资源，促进能力互补、互利共赢，推动重点业务和产业链融合发展，为公司经营转型与创新变革提供新动能。例如，

中国联通与腾讯、阿里巴巴、百度、京东、滴滴等深化互联网触点合作，精准有效触达新用户，2I2C用户全年净增加4 400万户，总数约9 400万户；在内容聚合方面，引入百度、爱奇艺、腾讯等优质视频内容提供商，增强交互式网络电视（IPTV）与手机视频业务的竞争力；在产业互联网领域，聚焦云计算、大数据、物联网及人工智能，与腾讯、百度、阿里巴巴、京东、滴滴等深入推进业务合作。此外，中国联通还与阿里巴巴、腾讯开展沃云公有云产品及混合云产品合作；与阿里巴巴、腾讯、网宿等分别成立云粒智慧、云景文旅、云际智慧等合资企业，深化资本合作，以轻资产模式加快拓展产业互联网领域的发展机会，为公司未来创新发展积蓄动能。

（三）建立良好的协同治理模式及激励机制，规范公司运营与管理

2018年2月，公司股东大会审议通过董事会、监事会提前换届议案，结合战略投资者情况，引入新的国有股东和非国有股东代表担任公司董事或监事。公司新一届董事会、监事会人员构成更加多元，董事会各专门委员会设置更加科学，为董事会与监事会的规范运作、高效运行、有效制衡、科学决策奠定了坚实基础。

（四）取得良好的财务业绩

从财务数据上看，以2017年为界线，中国联通混改后的财务绩效表现明显向好，具体见表8-4。由于缺乏分部报告及相关信息，目前无法确定中国联通与其战略投资者之间业务合作所取得的增量或独立的经营绩效。但从中国联通自2017年以来的各项业绩表现看，仍然有理由相信，中国联通的深化混改（第二次混改）已取得明显的财务成效。

表 8-4　2016—2020 年中国联通的主要财务指标

指标	2020 年	2019 年	2018 年	2017 年	2016 年
总资产（亿元）	5 824.75	5 642.10	5 417.62	5 736.17	6 159.07
主营业务收入（亿元）	3 038.38	2 171.21	2 197.12	2 057.78	2 071.39
净利润（亿元）	125.24	112.64	93.00	16.83	4.40
资产负债率（%）	43.09	42.67	41.50	46.48	62.57
营业收入增长率（%）	4.58	−0.12	5.84	0.23	−0.10
净资产收益率（%）	3.74	3.48	2.91	0.31	0.20
每股收益（元）	0.18	0.16	0.13	0.02	0.01
每股经营现金流（元）	3.46	3.10	3.05	3.02	3.75
总资产净利率（%）	2.18	2.04	1.67	0.28	0.08

第四节　透过联通案例看国企混改：对混改要素的逻辑归纳

透过中国联通的混改案例，可以对国企混改所涉及的核心要素归纳如下。

一、混改主体

混改主体主要指国有及国有控股企业、国有实际控制企业等。可见，混改是国企吸收外部新股东的行为，表面上看，它是资本的一种组织形式（涉及国企股权结构的再调整），但从根本上看，它是通过吸收外部股东，重构国企股东结构。具体地说，国企的混改主体事实上可分为两个层面。

（一）国企集团层面

国企集团（一级公司）层面进行整体混改。这类混改大多体现为国企集团的整体上市，如上港集团等。但是，集团层面的混改并非中国国企混改的首选主体。原因有两点：

（1）财务逻辑。由于集团大多由各业务板块组成，除非集团整体只有单一业务（主业十分突出的集团），否则，由各板块业务组成且整体上市的集团并不受资本市场的青睐。核心原因就在于：在财务逻辑上，资本市场上的股东能够自制投资组合，且交易成本极低，无须由集团通过多元化的业务板块组合来替其操心，更何况多元化集团在进行资产组合、业务调整时还将面临很高的交易成本（如进入或退出某一行业，各种成本、代价通常极高）。这就是多元化公司整体上市所普遍面临的折价问题。从公司财务逻辑和资本市场价值发现角度看，集团层面各业务板块的分部上市，比集团整体上市要强得多。

（2）政策逻辑。中国国企（集团）因功能定位不同而分为以下类型[1]：第一，主业处于充分竞争行业和领域的商业类（即商业一类），其以增强国有经济活力、放大国有资本功能、实现国有资本保值增值为导向；第二，主业处于关系国家安全、国民经济命脉的重要行业和关键领域，主要承担重大专项任务的商业类（即商业二类，也称特殊功能类），其以支持企业可持续发展和服务国家战略为导向；第三，公益类，其以支持企业更好地保障民生、服务社会、提供公共产品和服务为导向。在这一分类的前提下，各类企业的考核重点也不相同。比照中央企业分类，各省（直辖市、自治区）等地方国资委也基本参照这一分类，对国企集团进行不同的功能定位。显然，对于公益类国企集团，无论是集团层面还是下属公司层面，都不是混改的主体，而对于商业一类、二

---

[1] 始于国务院国资委、财政部和发展改革委于2015年12月发布的《关于国企功能界定与分类的指导意见》（国资发研究〔2015〕170号）。

类的国企集团，因国有资本在中国经济中的重要地位，除非特殊情形，否则也不可能在集团层面（尤其是在中央企业层面）进行各种形式的混改。

（二）国企集团下属公司层面

国企集团控股下的各级经营单位（包括二、三级等），无论是中央企业还是地方国企，都可以成为混改的主体。

二、参与主体

混改政策意将国有资本、集体资本和非公有资本结合成混合所有制形式，显然，参与混改的主体既包括国企及国有资本，也包括非国企及非公有资本。这里的非公有资本主要指民营资本及民营企业。

（一）国企参与混改

在国企混改中，从股东资源理论看，被普遍预测的混改形式是国企接受非国有等主体的资源投入及混改，混改逻辑即为股东资源异质性与预期互补效应。国企具有多方面的同质性（尤其是在股东资源上），因此，国企参与国企的混改并不被看作主流模式。但并非尽然：同质性资源的国有大股东依然具有参与混改的潜质、能力。事实上，国企之间的混改（如宁波港吸收上港集团作为战略投资者的混改案例）并不少见。究其原因，除了国企之间因"同性"而天然拥有的信任优势及关系网络之外，更重要的原因是尽管资源同质但存在资源量级落差，可以产生股东资源的某种直接输出，而不完全是互补。国企参与混改有以下三种情形[①]：

---

① 逻辑上也可细分为以下三类：一是中央企业参与地方国企的混改，或地方国企参与更下一层国企的混改；二是发达地区（如东部沿海地区）国企参与欠发达地区（如西部地区）国企的混改；三是资源、能力优势明显的国企参与同级资源、能力相对较劣的国企的混改。

（1）纵向式混改。它是指中央企业参与地方国企的混改、经济发达地区的国企参与经济欠发达地区的国企的混改。在这类混改中，混改主体与参与主体之间的股东资源存在较大的量级落差，从而能产生参与主体股东资源的对外输出（投入）。

（2）横向式混改。它是指在某一产业领域拥有资源优势的国企，参与另一家非同业的国企混改，以帮助混改企业调整战略，进行产业整合，提高运营的效率、效果。从股东资源角度，上述两种情形都属于因股东资源价值落差而进行的混改。

（3）其他目的的混改。如为保持国有资本的控股地位，混改主体在混改过程中，引入同级的国有资本进行混改，从而提高国有资本对混改主体的控股比例，强化对混改主体的国有资本控制权。

（二）民企参与混改

从根本上看，民企参与混改是国企混改的核心。在国企混改中引入民营资本，不仅可以发挥股东资源的异质性、互补性等带来可预期的整合效应，还可以使国企转换机制，规范治理管理，进而激发企业活力。

在中国联通混改的案例中，就参与主体而言，除联通集团之外，参与非公开发行的主体既包括中国人寿、中国中车等国企，也包括5家民营大型互联网巨头（腾讯、百度、京东、阿里巴巴、苏宁）、5家垂直行业的民企（光启、滴滴、宿迁科技、用友、宜通世纪）和2家产业基金（淮海方舟基金、兴全基金）。

事实上，作为国有资本代表的中国人寿参与中国联通的混改，其主要目的有两个：一是出于中国人寿自身的资产配置，二是（也许是更重要的）通过中国人寿这一持股主体，解决中国联通的国有资本占优的问题。中国联通2020年年报显示，截至2020年底，联通集团（国有资本，占 36.8%）、中国人寿（国有资本，占 10.3%）及国有企业结构调整基金（国有资本，占 6.1%）三家公司，合计拥有中国联通 53.2%的股份，实现了国有资本对中国联通的绝对控制。

（三）高管及员工参与混改

国企管理层及核心员工代表着企业的领导力、核心团队及其人才资本价值，是企业的宝贵财富。因此，在国企混改中，通过股权激励及员工持股计划，吸收管理层及核心员工参与混改，是激发员工的积极性、增强国企活力的重要形式。以股权激励方式参与国企混改，需要厘清的理论问题包括以下几点。

（1）激励强度及效果。例如，是多期激励还是单期激励，员工股权激励股份占公司股本比例的高低及其效果差异问题。据 2021 年第一季度末对上交所上市公司的统计，员工股权激励占公司股份的比例在 3%以上的高比例激励公司占比不足 15%，大部分实施股权激励的公司，员工股权激励占比在 3%以下。

（2）激励对象及效果。股权激励对象分高管、员工两个层次，因而形成高管激励与混合激励（含高管在内的员工激励）这两种类型。显然，这两者的激励效果可能存在差异。据对上交所 2020 年上市公司的统计，所有实施股权激励的公司中，40%为高管激励，60%为混合激励。

（3）实施股权激励的企业属性。员工以股权激励方式参与国企混改，是混改的重要方向，但事实上这样的案例并不多见。上市公司的实践也表明，上交所科创板公司（多为民企和民营资本）的股权激励案例远多于传统国企。

在中国联通的案例中，通过股权激励及员工持股计划，将员工纳入混改主体之中，是国企混改的重要方向。

三、混改行为（方式）

混改主要通过产权转让、增资扩股、投资并购、出资新设、上市重组等方式进行。其中，上市重组是最主要的混改方式，具体分为以下两种：（1）IPO 属于一次混改；（2）上市后公司资产重组、发行证券、资产注入、吸收合并（可称为上市公司深化混改或二次混改）等，这些方式受《上市公司国有股权监督管理办法》（国资委 财政部 证监会令36号）的制度规范。

显然，如果中国联通 2000 年公开发行上市属于一次混改[①]，2018年所开展的"股权转让＋非公开发行＋员工持股"则属于典型的二次混改。通过中国联通的案例可以看到，上市公司的混改形式主要包括：（1）股权转让。如大股东股权转让、回购股票用于股权激励等，属于存量调整。（2）股票增发。如换股性资产注入、股票发行（再融资）、换股合并等，属于增量调整。

四、中国资本市场中的国企与民企：太极图中的交融关系

从治理层面上看，国企（尤其是国有控股上市公司）比民企（尤其是民营控股上市公司）更具有治理上的优势。

（一）国企与民企的界限：清晰吗？

正如本章开篇所说的，中国经济发展将是国企与民企共生、共赢、共享的过程。除非存在纯粹的控股关系（100％控股），否则国企中有民

---

① 资料显示，2000 年 6 月中国联通的前身（中国联合通信有限公司）在香港、纽约成功上市，并于 2002 年 10 月实现 A 股上市。2009 年 1 月经国务院批准，中国联合通信有限公司与中国网络通信集团公司重组合并，新公司名称为中国联合网络通信集团有限公司，即中国联通。

营股东，民企中也存在国有股东，也就是说，民企和国企之间的界限十分模糊。根据Wind数据库统计，截至2018年6月，63%的国有上市公司的前十大股东中有自然人股东，22%的民营上市公司中也存在国有大股东。

国企和民企之间"我中有你、你中有我"的关系，在很大程度上描述了中国经济的现状，也有助于解释中国经济的区域性差异：无论是国有还是民营属性，公司大股东联盟中的股东属性越纯粹（即国企民企的融合程度越低），该区域经济的发达程度往往越低于国企民企融合程度高的经济区域。同时，这也部分解释了外国机构投资者对中国民企的投资意愿：被调查的外国机构投资者投资中国民企的意愿只有23%，而大多数（67%）直接选择不投资或投资意向不清（10%）。[①]

(二) 国企与民企的治理：治理资源的互补性

一个不争的事实是，中国民企（尤其是民企集团）的所有权结构和股东关系是非常复杂的，有时无法穿透到真正的终极控制人。与此相反，中国国企的所有权结构和股东关系相对简单、透明得多，这一方面得益于国企产权交易的公开化（由各级国有产权交易市场进行公开、挂牌交易），另一方面得益于国资部门为防止产权交易中国有资本流失而进行的强有力监管。国企的治理存在形式重于实质的风险，相反，民企的治理则存在实质重于形式的风险。

(1) 尽管国企的治理框架是完善的，"股东大会-董事会-经营团队"之间存在严格的权利安排与治理界限，但由于国有控股股东的目标存在非单一性（既有经济目标，同时更要考虑政治或社会目标），因此

---

① 亚洲公司治理协会（ACGA）2018年发布的中国公司治理报告《治理在觉醒：中国公司治理进化史》。

在重大决策事项上的择优标准并非单纯的经济理性，很可能将其他因素纳入约束条件甚至当作重要的择优标准。相反，民企的决策取向则更为单一、纯粹，即以绩效为目标。这在一定程度上产生了两者在治理规则、决策观念与决策标准上的互补性、替代性。

（2）国企董事长与总经理的两职分离度要远高于民企。但相比民企，国企董事会并没有自主推选董事长的权力[①]，董事长往往是第一大股东的产权代表，并行使对公司的治理权。尽管国企总经理与董事长之职是分离的，但总经理同样受派于第一大股东，或者说，国有第一大股东对两个"一把手"具有委派权，因此，虽然在公司层面上董事长与总经理的领导体制是分离的，但实质上是合一的——全部归属于国有第一大股东（在国有绝对控股的公司中尤其明显）。这也表明，如果民营资本与民营股东能有效参与国企混改，至少在两职合一或两职分离这一点上存在制度互补的空间。民营大股东（及其联盟）入股国企后，极有可能会促使国企加强体制机制的改进、转型，即让管理层来自市场，真正承担决策执行者的执行责任，并接受市场检验。也就是说，混改使高管团队的市场化构建及其发展有了可以改善的制度空间。

（3）国企的管理层缺乏有效的激励机制。这是因为管理层的绩效评价通常与管理层激励及未来职位晋升并不必然挂钩，管理层的个人利益与公司利益之间缺乏必要的股权联结，因此在管理机制上缺乏应有的灵

---

① 对于董事长一职，国企与民企有着根本差异。如果说"民企董事长是谁"这一问题很重要，是因为他事关公司发展，那么，对于国企而言，"国企董事长是谁"就变得相对不那么重要。从这一意义上看，国企总经理在公司运营管理中的重要性要远高于国企董事长，因为他尽管受大股东在决策、委派及考核等各方面的影响，但毕竟在公司是做具体工作的执行者，离开这一岗位，公司是无法运转的。亚洲公司治理协会 2017 年外国机构投资者调查问卷表明，在"由谁来担任董事长一职是否会影响外国投资者的投资决策"这一问题上，只有 17% 的被调查者认为国企一定会，而有高达 81% 的被调查者认为民企一定会。

活性。相反，民企的管理层与公司利益之间存在较强的股权关系，绩效目标设定与市场化的考核有利于发挥民企管理层的管理潜能和优势，管理层的人力资本能得到更好的发挥。这也说明，民营资本参与混改后，需要对国企的体制机制进行某种合理的嫁接，只有这样才能保证各方股东的利益目标得以实现。

(4) 股东大会机制。从总体上看，国企股东（大）会对董事会的问责相对有限，这一方面体现了国有大股东的利他主义，因此也带来较大的制度成本和效率损失；另一方面，国有大股东行为的多目标性，给董事会评价及问责留下某种"借口"（如履行国企特有的社会责任而产生高成本）。因此，一旦民营资本及民营大股东参与国企混改，会明显增强股东大会对董事会、董事会对高管团队的问责能力，这源于资本、股东资源在逐利上的目标单一性、纯粹性。尤其是在回避表决制度的安排下，民营大股东有机会、有能力来质疑甚至否决国有大股东的相关议案，而不只是像中小股东一样在股东大会上充当"沉默的羔羊"。可见，民营大股东参与国企混改，在很大程度上是将监督权、权力制衡等内置于股东大会、董事会的决策之中，并通过运营管理过程中的预算控制等手段，实现"自组织式"的监督意图。显然，这种置于治理体系中的权力制衡，并不是为了制衡而制衡，而是为了实现各方股东共同利益目标而形成的机制修复、自我平衡，属于大股东联盟下的协同控制型治理。

（三）国企混改：一个让国有及民营资本均受益并壮大中国经济的过程

如果国企混改只是国企出于单向思维而进行的混改，那么这样的混改将不可能成功。原因在于：第一，发展壮大国有经济与民营经济，应该是并行不悖的混改目标。如果国企混改只是出于单项国有资本获取收益的目的，则无法提高民营资本参与混改的积极性。第二，民营资本的核心诉求是借其出资及股东资源投入，并通过合理治理机制的保障，取得与其投入相对等的收益。如果资本、股东资源的投入没有取得相应的收益回报，资本的收益权就是一句空话。第三，民营资本与国有资本的相互交融，大大突破了单一资本及控股主体下的股东资源的有限性。聚合股东资源、吸附更多公司所需的资源，将为中国国民经济的发展提供无限发展的空间。

第五节 混改本质："混"的是股东资源（物质基础），"改"的是公司治理（上层建筑）

国企混改作为一种资本组织形式，是通过股东结构重构、股东资源优势互补，完善法人治理、放大国有资本功能、提升企业价值创造能力的重要改革举措。国企混改绝对不等于简单的股权多元化，相反，构建异质性、互补性的资源型大股东的联盟，通过良序治理和管理发挥公司资源的价值增值优势，才是根本要义。寻找股东资源的优化配置，并将潜在资源优势真正有效转化为实在的价值增值，是必须面临的两个核心问题。前者涉及"与谁混"，而后者关注"如何改"。

一、"与谁混"——混改参与者的要求及实体认定

"与谁混"是启动混改的关键。从实践来看，国企要从战略定位、主业发展需要、体制机制创新等角度，并同步考虑品牌、管理、人才、技术、市场、资本等因素，寻找参与混改的合作伙伴。可以看出，以混改之名进行股权上的深度合作，其实质是股东结构的重构及股东背后股

东资源的互补考量。

以国有控股上市公司二次混改为例。其主要形式是通过增发股票（再融资）改变国有公司股权结构、股东结构。2020年2月14日，中国证监会颁布修订后的《上市公司证券发行管理办法》以及《上市公司非公开发行股票实施细则（2020修正）》（俗称"再融资新规"），对混改参与者的类型及要求进行了明确规定。

（一）战略投资者

2020年3月20日，中国证监会在《发行监管问答——关于上市公司非公开发行股票引入战略投资者有关事项的监管要求》（简称《发行监管问答》）中明确指出：战略投资者，是指具有同行业或相关行业较强的重要战略性资源，与上市公司谋求双方协调互补的长期共同战略利益，愿意长期持有上市公司较大比例股份，愿意并且有能力认真履行相应职责，委派董事实际参与公司治理，提升上市公司治理水平，帮助上市公司显著提高公司质量和内在价值，具有良好诚信记录，最近三年未受到证监会行政处罚或被追究刑事责任的投资者。

同时，战略投资者还需要符合标准要求：（1）能够给上市公司带来国际国内领先的核心技术资源，显著增强上市公司的核心竞争力和创新能力，带动上市公司的产业技术升级，显著提升上市公司的盈利能力。（2）能够给上市公司带来国际国内领先的市场、渠道、品牌等战略性资源，大幅促进上市公司市场拓展，推动实现上市公司销售业绩大幅提升。

可见，同行业或相关行业较强的重要战略性资源是战略投资者认定的基本条件，同时，积极参与上市公司治理（委派董事）以及公司管理，是战略投资者区别于财务投资者的关键。

（二）投资基金

投资基金是公司重要的股权持有者，但因其持股时间短、持股数量不多而被视为公司的财务投资者。但是，依照中国证监会《发行监管问答》的相关要求，如果各种投资基金在公司再融资中能够给上市公司带来战略性资源，与上市公司签署战略合作协议安排，承诺其持股锁定期并对公司治理、管理产生影响，同样，这类投资基金也属于资源型股东，并符合混改参与者的要求。

（三）混改参与者标准的一般性讨论

对于那些拟进行混改的国企，首先需要分析厘清的是自身的股东资源优势与劣势，并在此基础上设定其他外部大股东的准入门槛，预判外部大股东的资源状况及与自身资源的互补性，了解各外部大股东的资源水平与预期投入状态，以及股东资源对公司价值增值的积极或不利影响。从具体操作看，国企在混改时所设立的外部大股东的准入门槛应当包括：第一，具有财务出资实力（基本门槛）；第二，具有某种独特资源，如市场开发能力、产品研发实力、数字资本及利用能力、组织能力资源等；第三，其他外部资源的吸附能力，也就是说，"与谁混"并不仅仅关注现时谁能给公司带来多少互补资源，而且更看重混改后的未来谁能给公司吸附更多的其他外部资源。归纳来看，国企混改的对象至少要达到以下要求或标准：

（1）基本要求：诚信经营、治理规范，具有良好的市场信誉。

（2）战略契合：具有产业协同性，有助于企业产业转型、升级。

（3）股东资源互补：能够提供资金、技术、管理、市场等资源，并形成资源互补，以及公司在未来所需的其他资源的吸附能力。

（4）文化相近：认同国企发展等。

二、"如何混"——四种模式及其比较

对国企而言（无论是上市还是非上市），从逻辑归纳上不难发现，国有大股东（A）在进行混改并吸收其他外部股东时，有以下五种模式：

（1）吸收一个或多个其他国有股东（a），从而形成"A+a"模式；

（2）吸收一个或多个非国有股东（b），从而形成"A+b"模式；

（3）吸收公司管理层及内部员工（c）入股（员工持股计划），从而形成"A+c"模式；

（4）吸收投资基金（d）入股，从而形成"A+d"模式；

（5）同时吸收上述各类股东，从而形成相对复杂的"A+a+b+c+d"模式。

根据国有特性，国企混改之后，国有大股东的控股地位不变，但并不刻意谋求绝对控股。

上述各种模式的背后都体现着某种选择逻辑。从股东资源视角，资源异质性及资源优势互补是根本。国企选择"与谁混"既取决于国企自身的资源优势和能力，又取决于拟参与混改的各外部大股东的资源禀赋与参与意愿。从普遍意义上看，国有股东（无论是中央企业还是地方国企，无论是总部一级公司还是集团下属二、三级公司）的股东资源主要体现在融资能力、社会资本等方面，而非国有股东（主要指民营资本、外商资本、高管及员工等）的股东资源则体现在其他独特资源和组织能力资本上，如市场营销、研发资源、激励机制、组织能力等方面。

根据前面的分析，国有控股下的"A+a"模式有其相对独特的应用领域或条件，它取决于国企股东资源的落差程度，落差越大越有可能

产生更好的资源互补效应，若两者的股东资源差异不大，则这类模式的混改在某种程度上就是为了混改而混改。另外，"A＋a"的混改模式除了股东资源互补性不强外，也难以带来体制机制创新。

相比而言，"A＋b""A＋c""A＋d"等才能真正体现混改的要义，即放大国有资本的作用，并实现国有资本与民营资本优势互补的目标。上述四种模式的简要对比如表8-5所示。

表8-5 国企混改模式比较

混改模式	核心动机	股东资源互补性	操作方式	治理优劣分析
国有资本"A＋a"	优化国有资本配置、产业布局	资源同质性强、互补性低	国有资本重组、无偿划拨等	不能解决国企公司治理重形式无实质的问题
民营资本"A＋b"	股东资源投入的业绩预期及要求	资源异质性强、互补性高	基于市场定价的股票增发或转让	优势：融大股东联盟内部监督于董事会协同治理之中；劣势：大股东联盟与中小股东之间存在代理冲突
员工资本"A＋c"	激发员工积极性	资源上具有较低的互补性	基于业绩的股权激励	高管占优下的内部人控制
投资基金"A＋d"	多元化投资战略及收益要求	资源互补性不强，但能提供治理、规则等方面的股东资源	投资入股或大股东转让	短期利益及其治理导向

三、"如何改"——混改后大股东联盟的良序治理

根据国企完善治理、强化激励、突出主业、提高效率的混改要求，激活各股东的资源投入并将其真正转化为公司竞争力和价值增值，需要

发挥股东资源的互补性及其吸附效应，而效应发挥的基础设施在于良序治理。完善治理、强化激励既是混改的要求，更是保证混改成功的重要条件。

（一）良序治理对外部股东的重要性

外部股东（尤其是民营资本）之所以参与国企混改，投入其自身的各种资源要素，终极目标是要实现其资源的最大化利用。为保证各类股东资源有机聚合并产生最大效应，外部股东尤其关注企业体制、机制的灵活性，具体包括：引入战略投资者以优化公司股东结构；加强董事会建设，积极探索党的领导与完善公司治理的有机结合；实施经理层市场化选聘和身份转换，有效提升公司经营决策的执行能力；加快实施薪酬制度改革和劳动用工制度改革；探索员工持股可行路径等，从而形成协调运转、有效制衡的法人治理结构和市场化激励约束机制。

（二）如何建立良序治理

两权分离下的公司治理历来没有统一模式、最佳模式。但总的来说，西方公司治理并不关注大股东的作用，这与西方公司股权结构高度分散这一背景相关。或者说，西方公司治理的核心议题是在大股东缺失的情形下如何解决"股东-经营者"之间因信息不对称、利益不一致而产生的代理冲突。其治理机制或强调外部市场机制（如并购市场、人力资本市场、个人声誉机制等），或强调董事会建制的有效性（如独立董事占优），或强调经营者目标与激励机制设计之间的兼容性等。

但在中国公司的制度背景中，大股东的存在是一种常态。以国企混改为例，混改之后的国企内将长期存在由多个大股东组成的大股东联盟。如何构建以大股东联盟为主体的良序治理，则是问题的关键。其难点在于：第一，针对大股东联盟这一特定群体，如何保护并激发各大股东的资源投入热情，并依资源投入水平配置控制权、公平分享收益；第二，针对全体股东，如何从制度规则上保护中小股东权益。显然，从大股东联盟治理角度，既要关注大股东的资源投入、风险承担、收益分享等相关治理制度安排，更需要关注中小股东的权益保护。从根本上看，有资源投入、有能力输出、有风险担当的大股东联盟是解决公司发展问题的关键，"做大蛋糕"比"分匀蛋糕"意义更重大。大股东联盟下的良序治理需要考虑以下基本规则：

（1）股东大会。混改后形成的股东大会实质上由大股东联盟构成。股东大会作为公司的最高权力机构，需要清晰界定其对董事会的授权范围、幅度，明确各股东的义务与责任。

（2）董事会。混改后，要按各股东资源投入价值的相对重要程度等标准，不等比例地派出相关董事人选以构成高效董事会；要保证董事会结构的权力制衡性、股东资源的可用性、董事会运作的规范性、董事变更的有序性、国有大股东外派外部董事的制度连续性，真正落实董事会职权，发挥董事会的核心治理功能。

（3）重新定位董事会功能。从传统意义上的决策监督型董事会，重新定位为效能型（赋能型）董事会，既要强调董事会的决策、监督职责，更要强调董事会的赋能性，即聚合股东资源、吸附其他外部资源、激活经营者能量，使其成为公司发展的"发动机""助推器"。

（4）转变机制，规范经营者行为。转变国企激励机制、强化经营者受托责任和绩效目标、加大经营者授权范围和力度、优化决策审批流程等，是激发经营者能力的根本。

四、动态优化股东资源，完善股东进入或退出机制

混改并不是一个截面事件，而是一个序时的、资源不断优化配置的

过程。也就是说，混改后所形成的大股东联盟不可能固化不变，需要根据公司发展的不同阶段、对所需资源的需求变化等，动态进行吐故纳新、优化配置。在具体操作层面需要重点关注以下内容：

(1) 在制度设计上要预设外部大股东的退出门槛。参与混改的外部大股东退出，在某种程度上意味他们将带走公司所依附其的股东资源。如果这些股东资源的相对重要程度下降，则其退出对公司的发展影响不大，反之则相反。为此，在制度层面需要事先确定大股东的退出条件、退出规则、时间限制等，判断大股东退出对公司的影响，必要时设立投资退出补偿机制。

(2) 不断审视公司的资源需求，积极引入公司所需的新的资源型股东，动态调整公司的资源结构、治理结构、优化管理。

(3) 基于股东资源的投入及其对公司的重要性（依赖程度）等，制定相关的利益分配制度，避免股东因资源投入与利益分享不对等而产生利益纷争，维护股东利益。

第六节　基本结论

国企混改是一个时代话题，历久弥新。股东资源理论为国企混改提供了一个全新的思路，既突出了混改的宏观意义及其战略性，同时也为混改的微观操作提供了独特的思路和实施方案。

参考文献

[1] 蔡贵龙，柳建华，马新啸. 非国有股东治理与国企高管薪酬激励 [J]. 管理世界，2018，34 (5)：137-149.

[2] 陈闯，雷家骕，吴晓晖. 资源依赖还是战略制胜：来自非上市公司的证据 [J]. 中国工业经济，2009 (2)：15-24.

[3] 陈闯，杨威. 股权投资者异质性对董事会职能演进的影响：以平高电气为例 [J]. 管理世界，2008 (12)：149-159.

[4] 陈晓萍，徐淑英，樊景立. 组织与管理研究的实证方法 [M]. 北京：北京大学出版社，2008.

[5] 陈运森. 独立董事的网络特征与公司代理成本 [J]. 经济管理，2012，34 (10)：67-76.

[6] 成春，贺立龙. 创业企业的成长动力探析 [J]. 四川大学学报（哲学社会科学版），2008 (6)：136-140.

[7] 迟建新. 创业企业信用风险度量模型与实证研究 [J]. 中国流通经济，2010，24 (5)：45-48.

[8] 储小平. 中国"家文化"泛化的机制与文化资本 [J]. 学术研究，2003 (11)：15-19.

[9] 戴维·J. 科利斯，辛西娅·A. 蒙哥马利. 公司战略：一种以资源为基础的方法 [M]. 大连：东北财经大学出版社，2005.

[10] 邓颖. 战略资本配置与企业发展研究 [D]. 青岛：中国海洋

大学，2012．

[11] 方竹兰．人力资本所有者拥有企业所有权是一个趋势——兼与张维迎博士商榷 [J]．经济研究，1997（6）：36-40．

[12] 葛永盛，张鹏程．家族企业资源约束、外部投资者与合同剩余 [J]．南开管理评论，2013，16（3）：57-68．

[13] 关鑫，高闯，吴维库．终极股东社会资本控制链的存在与动用：来自中国 60 家上市公司的证据 [J]．南开管理评论，2010，13（6）：97-105．

[14] 关鑫，高闯．社会资本视角下的企业商业模式创新机理研究 [C] //中国管理现代化研究会．第三届（2008）中国管理学年会——创业与中小企业管理分会场论文集，2008．

[15] 郝阳，龚六堂．国有、民营混合参股与公司绩效改进 [J]．经济研究，2017，52（3）：122-135．

[16] 侯建仁，李强，曾勇．创业者持股、外部股东与资本结构 [J]．管理学报，2010，7（4）：595-604．

[17] 黄建山，李春米．股权结构、技术效率与公司绩效：基于中国上市公司的实证研究 [J]．经济评论，2009（3）：77-82＋100．

[18] 黄群慧．新时期如何积极发展混合所有制经济 [J]．行政管理改革，2013（12）：49-54．

[19] 黄世忠．ESG 理念与公司报告重构 [J]．财会月刊，2021（17）：3-10．

[20] 黄晓燕．财务投资者 OR 产业投资者？——双汇发展、苏泊尔分红行为对比研究 [J]．会计师，2009（11）：13-16．

[21] 江小涓．新中国对外开放 70 年：赋能增长与改革 [J]．管理

世界，2019，35（12）：1-16+103+214.

[22] 姜付秀，蔡欣妮，朱冰. 多个大股东与股价崩盘风险 [J]. 会计研究，2018（1）：68-74.

[23] 寇宗来，周敏. 机密还是专利？[J]. 经济学（季刊），2012，11（1）：115-134.

[24] 李明辉. 股权结构、公司治理对股权代理成本的影响——基于中国上市公司 2001～2006 年数据的研究 [J]. 金融研究，2009（2）：149-168.

[25] 李维安，吴先明. 中外合资企业母公司主导型公司治理模式探析 [J]. 世界经济与政治，2002（5）：52-56.

[26] 李心丹，肖斌卿，王树华，刘玉灿. 中国上市公司投资者关系管理评价指标及其应用研究 [J]. 管理世界，2006（9）：117-128.

[27] 李远勤，张祥建. 中国国有企业民营化前后的绩效对比分析 [J]. 南开经济研究，2008（4）：97-107.

[28] 连燕玲，贺小刚，张远飞. 家族权威配置机理与功效：来自我国家族上市公司的经验证据 [J]. 管理世界，2011（11）：105-117.

[29] 梁上坤，金叶子，王宁，何泽稷. 企业社会资本的断裂与重构：基于雷士照明控制权争夺案例的研究 [J]. 中国工业经济，2015（4）：149-160.

[30] 林斌，辛清泉，杨德明，陈念. 投资者关系管理及其影响因素分析——基于深圳上市公司的实证检验 [J]. 会计研究，2005（9）：32-38+95-96.

[31] 林嵩. 创业资源的获取与整合——创业过程的一个解读视角 [J]. 经济问题探索，2007（6）：166-169.

[32] 林彤. 中国资本市场引进境外战略投资者的发展趋势 [J]. 中外企业家, 2017 (27): 57-59+61.

[33] 刘芍佳, 孙霈, 刘乃全. 终极产权论、股权结构及公司绩效 [J]. 经济研究, 2003 (4): 51-62+93.

[34] 刘少波. 控制权收益悖论与超控制权收益——对大股东侵害小股东利益的一个新的理论解释 [J]. 经济研究, 2007 (2): 85-96.

[35] 刘亭立, 石倩倩, 杨松令. 积极股权联盟对董事会监督效果的影响研究 [J]. 中国管理科学, 2015 (11): 480-489.

[36] 刘小玄, 李利英. 企业产权变革的效率分析 [J]. 中国社会科学, 2005 (2): 4-16.

[37] 刘燕. 公司财务的法律规制：路径探寻 [M]. 北京：北京大学出版社, 2021.

[38] 卢周来. 合作博弈框架下企业内部权力的分配 [J]. 经济研究, 2009 (12): 106-118.

[39] 陆正飞. 打开天窗说亮话："去杠杆与杠杆操纵"研究之缘起及展望 [J]. 当代会计评论, 2020, 13 (2): 1-10.

[40] 逯东, 黄丹, 杨丹. 国有企业非实际控制人的董事会权力与并购效率 [J]. 管理世界, 2019, 35 (6): 119-141.

[41] 路德维希·冯·米塞斯. 人类行为的经济学分析 [M]. 广州：广东经济出版社, 2010.

[42] 罗党论, 甄丽明. 民营控制、政治关系与企业融资约束：基于中国民营上市公司的经验证据 [J]. 金融研究, 2008 (12): 164-178.

[43] 马连福, 陈德球, 高丽. 强制治理向自主治理演进的选择依赖——公司治理契约执行机制演进中的投资者关系管理 [J]. 天津社会

科学, 2008 (1): 86-90.

[44] 马连福, 沈小秀, 王元芳. 中国上市公司投资者关系互动指数及其应用研究 [J]. 预测, 2014, 33 (1): 39-44.

[45] 马连福, 王丽丽, 张琦. 投资者关系管理对股权融资约束的影响及路径研究——来自创新型中小企业的经验证据 [J]. 财贸研究, 2015a, 26 (1): 125-133.

[46] 马连福, 王丽丽, 张琦. 混合所有制的优序选择: 市场的逻辑 [J]. 中国工业经济, 2015b (7): 5-20.

[47] 马连福, 王元芳. 有效进行投资者关系管理 [J]. 资本市场, 2011 (4): 100-101.

[48] 马迎贤. 组织间关系: 资源依赖视角的研究综述 [J]. 管理评论, 2005 (2): 55-62+64.

[49] 聂名华, 颜晓晖. 外商在华投资的独资化倾向及对策研究 [J]. 社会科学, 2006 (12): 33-40.

[50] 彭华涛, 谢科范. 创业企业家资源禀赋的理论探讨 [J]. 软科学, 2005 (5): 16-17+30.

[51] 祁怀锦, 李晖, 刘艳霞. 政府治理、国有企业混合所有制改革与资本配置效率 [J]. 改革, 2019 (7): 40-51.

[52] 祁怀锦, 刘艳霞, 王文涛. 国有企业混合所有制改革效应评估及其实现路径 [J]. 改革, 2018 (9): 66-80.

[53] 綦好东, 郭骏超, 朱炜. 国有企业混合所有制改革: 动力、阻力与实现路径 [J]. 管理世界, 2017 (10): 8-19.

[54] 钱颖一. 企业的治理结构改革和融资结构改革 [J]. 经济研究, 1995 (1): 20-29.

[55] 钱颖一. 市场与法制 [J]. 经济社会体制比较, 2000 (3): 1-11.

[56] 秦剑. 营销资源和技术资源的互补、替代效应与创业型企业的新产品开发 [J]. 科学学与科学技术管理, 2011, 32 (2): 133-139.

[57] 邱国栋, 汪玖明. 风投运作变异的本土分析与治理对策——基于"对赌协议"的研究 [J]. 中国软科学, 2020 (11): 26-41.

[58] 权小锋, 陆正飞. 投资者关系管理影响审计师决策吗?——基于 A 股上市公司投资者关系管理的综合调查 [J]. 会计研究, 2016 (2): 73-80+96.

[59] 权小锋, 肖斌卿, 吴世农. 投资者关系管理能够稳定市场吗?——基于 A 股上市公司投资者关系管理的综合调查 [J]. 管理世界, 2016a (1): 139-152+188.

[60] 权小锋, 肖斌卿, 尹洪英. 投资者关系管理能够抑制企业违规风险吗?——基于 A 股上市公司投资者关系管理的综合调查 [J]. 财经研究, 2016b, 42 (5): 15-27.

[61] 任广乾, 冯瑞瑞, 田野. 混合所有制、非效率投资抑制与国有企业价值 [J]. 中国软科学, 2020 (4): 174-183.

[62] 尚玉钒, 富萍萍, 莊珮雯. 权力来源的第三个维度:"关系权力"的实证研究 [J]. 管理学家 (学术版), 2011 (1): 3-11.

[63] 宋增基, 冯莉茗, 谭兴民. 国有股权、民营企业家参政与企业融资便利性: 来自中国民营控股上市公司的经验证据 [J]. 金融研究, 2014 (12): 133-147.

[64] 孙姝, 钱鹏岁, 姜薇. 非国有股东对国有企业非效率投资的影响研究——基于国有上市企业的经验数据 [J]. 华东经济管理, 2019,

33（11）：134-141.

[65] 孙永祥，黄祖辉. 上市公司的股权结构与绩效[J]. 经济研究，1999（12）：23-30+39.

[66] 汤泰劼，吴金妍，马新啸，宋献中. 非国有股东治理与审计收费——基于国有企业混合所有制改革的经验证据[J]. 审计研究，2020（1）：68-77.

[67] 万晓文，庄慧. 投资者关系管理、代理成本与企业价值[J]. 山东财经大学学报，2016，28（4）：59-68.

[68] 汪青松，赵万一. 股份公司内部权力配置的结构性变革——以股东"同质化"假定到"异质化"现实的演进为视角[J]. 现代法学，2011，33（3）：32-42.

[69] 汪青松. 股东关系维度代理问题及其治理机制研究[J]. 政法论丛，2012（4）：101-107.

[70] 王斌，刘一寒. 美国公司双重股权结构：溯源、争议及借鉴[J]. 财务研究，2019（5）：3-14.

[71] 王斌，宋春霞. 基于股东资源的公司治理研究：一个新的视角[J]. 财务研究，2015a（1）：88-96.

[72] 王斌，宋春霞. 创业企业资源禀赋、资源需求与产业投资者引入——基于创业板上市公司的经验证据[J]. 会计研究，2015b（12）：59-66+97.

[73] 王斌，宋春霞，孟慧祥. 大股东非执行董事与董事会治理效率——基于国有上市公司的经验证据[J]. 北京工商大学学报（社会科学版），2015，30（1）：38-48.

[74] 王斌，童盼. 董事会行为与公司业绩关系研究：一个理论框架

及我国上市公司的实证检验［J］.中国会计评论，2008，6（3）：255-274.

［75］王斌.公司财务理论［M］.北京：清华大学出版社，2015.

［76］王斌.股东资源理论与国有企业混合所有制改革：基于中国联通的案例［J］.北京工商大学学报（社会科学版），2021，36（5）：1-13.

［77］王斌.股东资源与公司财务理论［J］.北京工商大学学报（社会科学版），2020，35（2）：9-21.

［78］王斌.股权结构论［M］.北京：中国财政经济出版社，2001.

［79］王斌.论董事会独立性：对中国实践的思考［J］.会计研究，2006（5）：25-30+95.

［80］王春艳，林润辉，袁庆宏，等.企业控制权的获取和维持——基于创始人视角的多案例研究［J］.中国工业经济，2016（7）：144-160.

［81］王亮亮.控股股东"掏空"与"支持"：企业所得税的影响［J］.金融研究，2018（2）：172-189.

［82］王庆喜.企业资源与竞争优势关系的经验研究［J］.科学学研究，2006（4）：563-570.

［83］王茵田，黄张凯，陈梦."不平等条约？"：我国对赌协议的风险因素分析［J］.金融研究，2017（8）：117-128.

［84］吴翠凤，吴世农，刘威.风险投资介入创业企业偏好及其方式研究：基于中国创业板上市公司的经验数据［J］.南开管理评论，2014，17（5）：151-160.

［85］吴定远.基于战略联盟的高技术企业成长机制研究［D］.武

汉：武汉理工大学，2004.

[86] 许小年，王燕. 中国上市公司的所有制结构与公司治理 [M] //梁能. 公司治理结构：中国的实践与美国的经验. 北京：中国人民大学出版社，2000.

[87] 亚当·斯密. 道德情操论 [M]. 北京：商务印书馆，1997.

[88] 严学锋，魏宁. 徐工机械：股东回报是生命线 [J]. 董事会，2013（12）：68-70.

[89] 杨春华. 资源基础理论及其未来研究领域 [J]. 商业研究，2010（7）：26-29.

[90] 杨春学. "经济人"的三次大争论及其反思 [J]. 经济学动态，1997（5）：55-60.

[91] 杨德明，辛清泉. 投资者关系与代理成本——基于上市公司的分析 [J]. 经济科学，2006（3）：47-60.

[92] 杨隽萍，包诗芸，陈佩佩，许多. 创业团队异质性对机会识别的影响——社会网络的中介作用 [J]. 浙江理工大学学报（社会科学版），2019，42（4）：337-343.

[93] 殷召良. 公司控制权法律问题研究 [M]. 北京：法律出版社，2001.

[94] 余菁. 美国公司治理：公司控制权转移的历史分析 [J]. 中国工业经济，2009（7）：98-108.

[95] 余明桂，夏新平，潘红波. 控股股东与小股东之间的代理问题：来自中国上市公司的经验证据 [J]. 管理评论，2007（4）：3-12+63.

[96] 余明桂，潘红波. 政治关系、制度环境与民营企业银行贷款

[J]. 管理世界, 2008 (8): 9-21+39+187.

[97] 张辉, 黄昊, 闫强明. 混合所有制改革、政策性负担与国有企业绩效——基于1999—2007年工业企业数据库的实证研究 [J]. 经济学家, 2016 (9): 32-41.

[98] 张伟华, 王斌, 宋春霞. 股东资源、实际控制与公司控制权争夺——基于雷士照明的案例研究 [J]. 中国软科学, 2016 (10): 109-122.

[99] 张文魁. 混合所有制的股权结构与公司治理 [J]. 新视野, 2017 (4): 11-19.

[100] 赵岑, 张帏, 姜彦福. 基于与大企业联盟的技术创业企业成长机制 [J]. 科研管理, 2012, 33 (2): 97-106.

[101] 赵辉. 基于资源租金的资源收益分配机制分析 [J]. 资源与产业, 2014, 16 (3): 51-57.

[102] 赵晶, 关鑫, 高闯. 社会资本控制链替代了股权控制链吗?: 上市公司终极股东双重隐形控制链的构建与动用 [J]. 管理世界, 2010 (3): 127-139+167.

[103] 郑志刚. 国企混改的逻辑、路径与实现模式选择 [J]. 中国经济报告, 2020 (1): 54-67.

[104] 周其仁. "控制权回报"和"企业家控制的企业": 公有制经济中企业家人力资本产权的个案 [J]. 经济研究, 1997 (5): 31-42.

[105] 周小兰. 论新经济时代的企业管理理念 [J]. 企业经济, 2009 (2): 69-71.

[106] 朱国泓, 杜兴强. 控制权的来源与本质: 拓展、融合及深化 [J]. 会计研究, 2010 (5): 54-61+96.

[107] 朱佩娴, 叶帆. 走出"熟人社会", 我们如何去信任 [N]. 人民日报, 2012-04-05.

[108] 祝继高, 王春飞. 大股东能有效控制管理层吗?: 基于国美电器控制权争夺的案例研究 [J]. 管理世界, 2012 (4): 138-152+158.

[109] Hitt M A, Ireland R D. Relationships among Corporate Level Distinctive Competencies, Diversification Strategy, Corporate Structure and Performance [J]. Jourhal of Management Studies, 1986, 23 (4): 401-416.

[110] Adams R B, Hermalin B E, Weisbach M S. The Role of Boards of Directors in Corporate Governance: A Conceptual Framework and Survey [J]. Journal of Economic Literature, 2010, 48 (1): 58-107.

[111] Adner R. Ecosystem as Structure: An Actionable Construct for Strategy [J]. Journal of Management, 2017, 43 (1): 39-58.

[112] Agarwal V, Liao A, Nash E A, Taffler R J. The Impact of Effective Investor Relations on Market Value [C]. SSRN Working Paper, 2008.

[113] Aghion P, Tirole J. The Management of Innovation [J]. Quarterly Journal of Economics, 1994, 109 (4): 1185-1209.

[114] Ahuja G, Coff R W, Lee P M. Managerial Foresight and Attempted Rent Appropriation: Insider Trading on Knowledge of Imminent Breakthroughs [J]. Strategic Management Journal, 2005, 26 (9): 791-808.

[115] Alchian A A, Demsetz H. Production, Information Costs,

and Economic Organization [J]. The American Economic Review, 1972, 62 (5): 777-795.

[116] Allaire Y. The Case for Dual-Class of Shares [C]. SSRN Working Paper, 2018.

[117] Allen F, Gale D M. Financial Contagion [J]. Journal of Political Economy, 2000, 108 (1): 1-33.

[118] Allen J W, Phillips G M. Corporate Equity Ownership, Strategic Alliances, and Product Market Relationships [J]. The Journal of Finance, 2000, 55 (6): 2791-2815.

[119] Allen S A, Hevert K T. Venture Capital Investing by Information Technology Companies: Did It Pay? [J]. Journal of Business Venturing, 2007, 22 (2): 262-282.

[120] Alvarez S A, Busenitz L W. The Entrepreneurship of Resource-based Theory [J]. Journal of Management, 2001, 27 (6): 755-775.

[121] Arrow K J. Social Choice and Individual Values [M]. New Haven: Yale University Press, 2012.

[122] Arugaslan O, Cook D O, Kieschnick R. On the Decision to Go Public with Dual Class Stock [J]. Journal of Corporate Finance, 2010, 16 (2): 170-181.

[123] Ashton D C. Revisiting Dual-class Stock [J]. St. John's Law Review, 1994, 68 (4): 863-960.

[124] Attig N, El Ghoul S, Guedhami O, Rizeanu S. The Governance Role of Multiple Large Shareholders: Evidence from the

Valuation of Cash Holdings [J]. Journal of Managementand Governance, 2013, 17 (2): 419-451.

[125] Bainbridge S M. The Short Life and Resurrection of SEC Rule 19c-4 [J]. Washington University Law Review, 1991, 69 (2): 565-634.

[126] Barclay M J, Smith C W. The Maturity Structure of Corporate Debt [J]. The Journal of Finance, 1995, 50 (2): 609-631.

[127] Barker J R. Tightening the Iron Cage: Concertive Control in Self-managing Teams [J]. Administrative Science Quarterly, 1993, 38 (3): 408-437.

[128] Barney J B. Resource-based Theories of Competitive Advantage: A Ten-year Retrospective on the Resource-Based View [J]. Journal of Management, 2001, 27 (6): 643-650.

[129] Barney J B. Strategic Factor Markets: Expectations, Luck, and Business Strategy [J]. Management Science, 1986, 32 (10): 1231-1241.

[130] Barney J B. Firm Resources and Sustained Competitive Advantage [J]. Journal of Management, 1991, 17 (1): 99-120.

[131] Barzel Y. Measurement Cost and the Organization of Markets [J]. The Journal of Law and Economics, 1982, 25 (1): 27-48.

[132] Baskin B J, Miranti P. A History of Corporate Finance [M]. Cambridge: Cambridge University Press, 1997.

[133] Basu S, Phelps C, Kotha S. Towards Understanding Who Makes Corporate Venture Capital Investments and Why [J]. Journal of

Business Venturing, 2011, 26 (2): 153-171.

[134] Bebchuk L A, Kastiel K. The Perils of Small-minority Controllers [J]. Georgetown Law Journal, 2019 (107): 1453-1514.

[135] Bebchuk L A, Kastiel K. The Untenable Case for Perpetual Dual-Class Stock [J]. Virginia Law Review, 2017, 103 (4): 585-631.

[136] Becker G S. A Theory of Social Interactions [J]. Journal of Political Economy, 1974, 82 (6): 1063-1093.

[137] Begley T M. Using Founder Status, Age of Firm, and Company Growth Rate as the Basis for Distinguishing Entrepreneurs from Managers of Smaller Businesses [J]. Journal of Business Venturing, 1995, 10 (3): 249-263.

[138] Berger P G, Ofek E. Diversification's Effect on Firm Value [J]. Journal of Financial Economics, 1995, 37 (1): 39-65.

[139] Bergstrom T C. A Fresh Look at the Rotten Kid Theorem and Other Household Mysteries [J]. Journal of Political Economy, 1989, 97 (5): 1138-1159.

[140] Berle A A, Means G C. The Modern Corporation and Private Property [M]. New York: Mac Millan, 1932.

[141] Berle A A. Non-voting Stock and Bankers' Control [J]. Harvard Law Review, 1926, 39 (6): 673-693.

[142] Bethel J E, Liebeskind J P, Opler T C. Block Share Purchases and Corporate Performance [J]. Journal of Finance, 1998, 53 (2): 605-634.

[143] Boubaker S, Sami H. Multiple Large Shareholders and

Earnings Informativeness [J]. Review of Accounting and Finance, 2011, 10 (3): 246-266.

[144] Brealey R R, Myers, S C. Principles of Corporate Finance [M]. New York: McGraw Hill, 1996.

[145] Brown S, Hillegeist S A. How Disclosure Quality Affects the Level of Information Asymmetry [J]. Review of Accounting Studies, 2007, 12 (2): 443-477.

[146] Buchanan J M. The Samaritan's Dilemma [M] //Phelps E S. Altruism, Morality and Economic Theory. New York: Russell Sage Foundation, 1975: 71-85.

[147] Burt R S. Structural Holes: The Social Structure of Competition [M]. Cambridge: Harvard University Press, 1995.

[148] Bushee B J, Miller G S. Investor Relations, Firm Visibility, and Investor Following [J]. The Accounting Review, 2012, 87 (3): 867-897.

[149] Bushman R M, Smith A J. Financial Accounting Information and Corporate Governance [J]. Journal of Accounting and Economics, 2001, 32 (1-3): 237-333.

[150] Campa J M, Kedia S. Explaining the Diversification Discount [J]. The Journal of Finance, 2002, 57 (4): 1731-1762.

[151] Capron L, Mitchell W. Build, Borrow, or Buy: Solving the Growth Dilemma [M]. Cambridge: Harvard Business Press, 2012.

[152] Cascino S M, Clatworthy B, et al. Professional Investors and the Decision Usefulness of Financial Reporting [C]. ICAS and

EFRAG Working Paper, 2016.

[153] Cascino, S M, Clatworthy B, et al. The Use of Information by Capital Providers: Academic Literature Review [C]. Edinburgh: ICAS, 2013.

[154] Chami R. What's Different about Family Businesses? [C]. University of Notre Dame Working Paper, 1999.

[155] Chandler G. The Innocence of Oil Companies [J]. Foreign Policy, 1977 (27): 52-70.

[156] Chang M, Murphy P, Wee M. An Investigation into the Impact of Investor Relations on the Profitability of Director Share Trading [C]. The University of Western Australia Working Paper, 2006.

[157] Chemmanur T J, Loutskina E, Tian X. Corporate Venture Capital, Value Creation, and Innovation [J]. Review of Financial Studies, 2014, 27 (8): 2434-2473.

[158] Chesbrough H W. Making Sense of Corporate Venture Capital [J]. Harvard Business Review, 2002, 80 (3): 90-99.

[159] Chirinko R S, Singha A R. Testing Static Tradeoff against Pecking Order Models of Capital Structure: A Critical Comment [J]. Journal of Financial Economics, 2000, 58 (3): 417-425.

[160] Chrisman J J, Chua J H, Sharma P. Trends and Directions in the Development of a Strategic Management Theory of the Family Firm [J]. Entrepreneurship Theory and Practice, 2005, 29 (5): 555-575.

[161] Clifford C G, Holderness D P. The Role of Majority Shareholders in Publicly Held Corporations: An Exploratory Analysis [J].

Journal of Financial Economics, 1988, 20 (1): 317-346.

[162] Coff R W. When Competitive Advantage Doesn't Lead to Performance: The Resource-Based View and Stakeholder Bargaining Power [J]. Organization Science, 1999, 10 (2): 119-133.

[163] Cremers M, Lauterbach B, Pajuste A. The Life-cycle of Dual Class Firm Valuation [C]. SSRN Working Paper, 2018.

[164] Czarnitzki D, Hottenrott H. R&D Investment and Financing Constraints of Small and Medium-Sized Firms [J]. Small Business Economics, 2011, 36 (1): 65-83.

[165] Damodaran A. The Value of Synergy [C]. SSRN Working Paper, 2005.

[166] Das T K, Teng B S. Resource and Risk Management in the Strategic Alliance Making Process [J]. Journal of Management, 1998, 24 (1): 21-42.

[167] Davis J H, Schoorman F D, Donaldson L. Toward a Stewardship Theory of Management [J]. Academy of Management Review, 1997, 22 (1): 20-47.

[168] Demsetz H, Lehn K. The Structure of Corporate Ownership: Causes and Consequences [J]. Journal of Political Economy, 1985, 93 (6): 1155-1177.

[169] Demsetz H. Industry Structure, Market Rivalry, and Public Policy [J]. The Journal of Law and Economics, 1973, 16 (1): 1-9.

[170] Demsetz H. Towards a Theory of Property Rights [J]. American Economic Review, 1967, 57 (2): 61-70.

[171] Dolphin R R. The Strategic Role of Investor Relations [J]. Corporate Communications: An International Journal, 2004, 9 (1): 25-42.

[172] Donaldson L. American Anti-management Theories of Organization: A Critique of Paradigm Proliferation [M]. Cambridge: Cambridge University Press, 1995.

[173] Donaldson T, Preston L E. The Stakeholder Theory of the Corporation: Concepts, Evidence, and Implications [J]. Academy of Management Review, 1995, 20 (1): 65-91.

[174] Dushnitsky G, Lenox M J. When Do Incumbents Learn from Entrepreneurial Ventures?: Corporate Venture Capital and Investing Firm Innovation Rates [J]. Research Policy, 2005, 34 (5): 615-639.

[175] Dushnitsky G, Lenox M J. When Does Corporate Venture Capital Investment Create Firm Value? [J]. Journal of Business Venturing, 2006, 21 (6): 753-772.

[176] Dushnitsky G. Corporate Venture Capital in the 21st Century: An Integral Part of Firms' Innovation Toolkit [C]. The Oxford Handbook of Venture Capital, 2012: 156-210.

[177] Dushnitsky G. Corporate Venture Capital: Past Evidence and Future Directions [M]. Oxford: Oxford University Press, 2006.

[178] Easterbrook F, Fischel D. The Economic Structure of Corporate Law [M]. Cambridge : Harvard University Press, 1991.

[179] Eaton C, Yuan L, Wu Z. Reciprocal Altruism and the Theory of the Family Firm [C]. Edmonton: Second Annual Conference on

Theories of the Family Enterprise, 2002.

[180] Edwards R W. Extraterritorial Application of the US Iranian Assets Control Regulations [J]. American Journal of International Law, 1981, 75 (4): 870-902.

[181] Emerson R M. Power-dependence Relations [J]. American Sociological Review, 1962, 27 (1): 31-41.

[182] Faccio M, Lang L H P. The Ultimate Ownership of Western European Corporations [J]. Journal of Financial Economics, 2002, 65 (3): 365-395.

[183] Fang Y, Hu M, Yang Q. Do Executives Benefit from Shareholder Disputes? Evidence from Multiple Large Shareholders in Chinese Listed Firms [J]. Journal of Corporate Finance, 2018, 51 (8): 275-315.

[184] Fauver L, Naranjo A. Derivative Usage and Firm Value: The Influence of Agency Costs and Monitoring Problems [J]. Journal of Corporate Finance, 2010, 16 (5): 719-735.

[185] Feinberg M, Willer R, Schultz M. Gossip and Ostracism Promote Cooperation in Groups [J]. Psychological Science, 2014, 25 (3): 656-664.

[186] Figueiredo P N. Discontinuous Innovation Capability Accumulation in Latecomer Natural Resource-processing Firms [J]. Technological Forecasting and Social Change, 2010, 77 (7): 1090-1108.

[187] Firkin P. Entrepreneurial Capital: A Resource-based Conceptualisation of the Entrepreneurial Process [M]. Labour Market Dy-

namics Research Programme, Massey University, 2001.

[188] Firth M, Fung P M Y, Rui O M. Corporate Performance and CEO Compensation in China [J]. Journal of Corporate Finance, 2006, 12 (4): 693-714.

[189] Fisch J, Solomon S D. The Problem of Sunsets [J]. Boston University Law Review, 2019, 99 (3): 1057-1094.

[190] Fischel, D. R. Organized Exchanges and the Regulation of Dual Class Common Stock [J]. The University of Chicago Law Review, 1987, 54 (1): 119-152.

[191] Forbes D P, Milliken F J. Cognition and Corporate Governance: Understanding Boards of Directors as Strategic Decision-making Groups [J]. Academy of Management Review, 1999, 24 (3): 489-505.

[192] Geletkanycz M A, Hambrick D C. The External Ties of Top Executives: Implications for Strategic Choice and Performance [J]. Administrative Science Quarterly, 1997, 42 (4): 654-681.

[193] Gilson R J. Evaluating Dual Class Common Stock: The Relevance of Substitutes [J]. Virginia Law Review, 1987, 73 (5): 807-844.

[194] Gompers P A, Sahlman W. Entrepreneurial Finance: A Casebook [M]. New York: John Wiley & Sons, 2002.

[195] Gordon J N. Ties that Bond: Dual Class Common Stock and the Problem of Shareholder Choice [J]. California Law Review, 1988, 76 (1): 1-85.

[196] Gorg H, Greenway D. Much Ado about Nothing? Do Do-

mestic Firms Really Benefit from Foreign Direct Investment? [J]. World Bank Research Observer, 2004, 19 (2): 171-197.

[197] Goshen Z, Hamdani A. Corporate Control and Idiosyncratic Vision [J]. Yale Law Journal, 2015, 125 (3): 560-617.

[198] Goshen Z, Hannes S. The Death of Corporate Law [J]. New York University Law Review, 2019 (94): 263.

[199] Gourevitch P A, Shinn J J. Political Power and Corporate Control: The New Global Politics of Corporate Governance [M]. Princeton: Princeton University Press, 2005.

[200] Govindarajan V, Srivastava A, Zhao R. Mind the GAAP [J/OL]. Harvard Bussiness Review, 2021-05-04. https://hbr.org/2021/05/mind-the-gaap.

[201] Grant R M. Toward a Knowledge-based Theory of the Firm [J]. Strategic Management Journal, 1996, 17 (S2): 109-122.

[202] Grossman S J, Hart O D. The Costs and Benefits of Ownership: A Theory of Vertical and Lateral Integration [J]. Journal of Political Economy, 1986, 94 (4): 691-719.

[203] Gulati R, Westphal J D. Cooperative or Controlling? The Effects of CEO-board Relations and the Content of Interlocks on the Formation of Joint Ventures [J]. Administrative Science Quarterly, 1999, 44 (3): 473-506.

[204] Haeussler C, Harhoff D, Mueller E. To Be Financed or Not—the Role of Patents for Venture Capital Financing [D]. ZEW Centre for European Economic Research Discussion Paper, 2012.

[205] Hall B H, Lerner J. The Financing of R&D and Innovation [J]. Handbook of the Economics of Innovation, 2010 (1): 609-639.

[206] Hallen B L, Katila R, Rosenberger J D. How Do Social Defenses Work? A Resource-dependence Lens on Technology Ventures, Venture Capital Investors, and Corporate Relationships [J]. Academy of Management Journal, 2014, 57 (4): 1078-1101.

[207] Hamel G. Competition for Competence and Interpartner Learning within International Strategic Alliances [J]. Strategic Management Journal, 1991, 12 (S1): 83-103.

[208] Hansmann H B. The Ownership of Enterprise [M]. Cambridge MA: Harvard University Press, 1996.

[209] Hart O, Moore J. Property Rights and the Nature of the Firm [J]. Journal of Political Economy, 1990, 98 (6): 1119-1158.

[210] Hayward M L A, Hambrick D C. Explaining the Premiums Paid for Large Acquisitions: Evidence of CEO Hubris [J]. Administrative Science Quarterly, 1997, 42 (1): 103-127.

[211] Hermalin B E, Weisbach M S. Boards of Directors as an Endogenously Determined Institution: A Survey of the Economic Literature [D]. National Bureau of Economic Research Working Paper, 2001.

[212] Hirshleifer J. Privacy: Its Origin, Function, and Future [J]. Journal of Legal Studies, 1980, 9 (4): 649-664.

[213] Hitt M A, Ireland R D, Rowe G W. Strategic Leadership: Strategy, Resources, Ethics and Succession [M]. Handbook on Responsible Leadership and Governance in Global Business, 2005: 19-41.

[214] Hoang H, Antoncic B. Network-Based Research in Entrepreneurship: A Critical Review [J]. Journal of Business Venturing, 2003, 18 (2): 165-187.

[215] Holderness C G, Sheehan D P. The Role of Majority Shareholders in Publicly Held Corporations: An Exploratory Analysis [J]. Journal of Financial Economics, 1988, 20 (1-2): 317-346.

[216] Holmstrom B. Agency Costs and Innovation [J]. Journal of Economic Behavior and Organization, 1989, 12 (3): 305-327.

[217] Howell J W. The Survival of the US Dual Class Share Structure [J]. Journal of Corporate Finance, 2017, 44 (6): 440-450.

[218] Inkpen A C, Tsang E W K. Social Capital, Networks, and Knowledge Transfer [J]. Academy of Management Review, 2005, 30 (1): 146-165.

[219] Itami H, Roehl T W. Mobilizing Invisible Assets [M]. Cambridge: Harvard University Press, 1987.

[220] Jensen M C, Meckling W H. Theory of the Firm: Managerial Behavior, Agency Costs and Ownership Structure [J]. Journal of Financial Economics, 1976, 3 (4): 305-360.

[221] Jiang F, Cai W, Wang X, Zhu B. Multiple Large Shareholders and Corporate Investment: Evidence from China [J]. Journal of Corporate Finance, 2018, 50 (6): 66-83.

[222] Jiang F, Kim K A. Corporate Governance in China: A Modern Perspective [J]. Journal of Corporate Finance, 2015, 32 (3): 190-216.

[223] Johnson S, Boone P, Breach A. Corporate Governance in the Asian Financial Crisis [J]. Journal of Financial Economics, 2000a, 58 (1): 141-186.

[224] Johnson S, La Porta R, Lopez-de-Silanes F, Shleifer A. Tunneling [J]. American Economic Review, 2000b, 90 (2): 22-27.

[225] Jordan B D, Kim S, Liu M H. Growth Opportunities, Short-term Market Pressure, and Dual-class Share Structure [J]. Journal of Corporate Finance, 2016, 41 (12): 304-328.

[226] Kang Y S, Kim B Y. Ownership Structure and Firm Performance: Evidence from the Chinese Corporate Reform [J]. China Economic Review, 2012, 23 (2): 471-481.

[227] Katila R, Mang P Y. Exploiting Technological Opportunities: The Timing of Collaborations [J]. Research Policy, 2003, 32 (2): 317-332.

[228] Katila R, Rosenberger J D, Eisenhardt K M. Swimming with Sharks: Technology Ventures, Defense Mechanisms and Corporate Relationships [J]. Administrative Science Quarterly, 2008, 53 (2): 295-332.

[229] Killing P. Strategies for Joint Venture Success [M]. London: Routledge, 1983.

[230] Kim H, Michaely R. Sticking around Too Long? Dynamics of the Benefits of Dual-class Voting [D]. SSRN Working Paper, 2019.

[231] Kirk M P, Vincent J D. Professional Investor Relations

within the Firm [J]. The Accounting Review, 2014, 89 (4): 1421-1452.

[232] Klein B, Crawford R G, Alchian A A. Vertical Integration, Appropriable Rents, and the Competitive Contracting Process [J]. The Journal of Law and Economics, 1978, 21 (2): 297-326.

[233] Kristinsson K, Rao R. Interactive Learning or Technology Transfer as a Way to Catch-up? Analysing the Wind Energy Industry in Denmark and India [J]. Industry and Innovation, 2008, 15 (3): 297-320.

[234] La Porta R, Lopez-de-Silanes F, Shleifer A, Vishny R. Corporate Ownership around the World [J]. Journal of Finance, 1999, 54 (2): 471-571.

[235] La Porta R, Lopez-de-Silanes F, Shleifer A, Vishny R. Investor Protection and Corporate Governance [J]. Journal of Financial Economics, 2000, 58 (1-2): 3-27.

[236] La Porta R, Lopez-de-Silanes F, Shleifer A, Vishny R. Investor Protection and Corporate Valuation [J]. Journal of Finance, 2002, 57 (3): 1147-1170.

[237] La Porta R, Lopez-de-Silanes F, Shleifer A, Vishny R. Legal Determinants of External Finance [J]. Journal of Finance, 1997, 52 (3): 1131-1150.

[238] Lang L H P, Stulz R M. Tobin's Q, Corporate Diversification, and Firm Performance [J]. Journal of Political Economy, 1994, 102 (6): 1248-1280.

[239] Leuz C, Verrecchia RE. The Economic Consequences of In-

creased Disclosure [J]. Journal of Accounting Research, 2000 (38): 91-124.

[240] Levin E D. Retention of Ownership Interest over Creditor Objection—How Intangible and Unsubstantial May the Substantial Contribution Be [J]. Commercial Law Journal, 1987 (92): 101.

[241] Levine R. Finance and Growth: Theory and Evidence [J]. Handbook of Economic Growth, 2005 (1): 865-934.

[242] Lin L. Contractual Innovation in China's Venture Capital Market [J]. European Business Organization Law Review, 2020, 21 (1): 101-138.

[243] Lowenstein L. Shareholder Voting Rights: A Response to SEC Rule 19c-4 and to Professor Gilson [J]. Columbia Law Review, 1989, 89 (5): 979-1014.

[244] MacAvoy P W, Millstein I M. The Recurrent Crisis in Corporate Governance [M]. New York: Palgrave Macmillan, 2003.

[245] Marston C, Straker M. Investor Relations: A European Survey [J]. Corporate Communications: An International Journal, 2001, 6 (2): 82-93.

[246] Mason H, Rohner T. The Venture Imperative: A New Model for Corporate Innovation [M]. Cambridge: Harvard Business Press, 2002.

[247] Masulis R W, Wang C, Xie F. Agency Problems at Dual Class Companies [J]. Journal of Finance, 2009, 64 (4): 1697-1727.

[248] Mcconnell J J, Servaes H. Additional Evidence on Equity

Ownership and Corporate Value [J]. Journal of Financial Economics, 1990, 27 (2): 595-612.

[249] Megginson W L, Netter J M. From State to Market: A Survey of Empirical Studies on Privatization [J]. Journal of Economic Literature, 2001, 39 (2): 321-389.

[250] Miller D, Shamsie J. The Resource-Based View of the Firm in Two Environments: The Hollywood Film Studios from 1936 to 1965 [J]. Academy of Management Journal, 1996, 39 (3): 519-543.

[251] Mitchell L E, Mitchell D T. The Financial Determinants of American Corporate Governance: A Brief History [M] //Baker H K, Anderson R. Corporate Governance: A Synthesis of Theory, Research, and Practice. New York: John Wiley & Sons, 2010: 19-36.

[252] Morck R, Nakamura M, Shivdasani A. Banks, Ownership Structure, and Firm Value in Japan [J]. Journal of Business, 2000. 73 (4): 539-567.

[253] Nadeau P. Venture Capital Investment Selection: Do Patents Attract Investors? [J]. Strategic Change: Briefings in Entrepreneurial Finance, 2010, 19 (7-8): 325-342.

[254] Pahnke E C, Katila R, Eisenhardt K M. Who Takes You to the Dance? How Funding Partners Influence Innovative Activity in Young Firms [J]. Administrative Science Quarterly, 2015, 60 (4): 596-633.

[255] Park H D, Steensma H K. When Does Corporate Venture Capital Add Value for New Ventures? [J]. Strategic Management Jour-

nal, 2012, 33 (1): 1-22.

[256] Patton M Q. How to Use Qualitative Methods in Evaluation [M]. New York: Sage Publications, 1987.

[257] Penrose E T. The Theory of the Growth of the Firm [M]. New York: John Wiley & Sons, 1959.

[258] Peteraf M A, Barney J B. Unraveling the Resource-based Tangle [J]. Managerial and Decision Economics, 2003, 24 (4): 309-323.

[259] Peteraf M A. The Cornerstones of Competitive Advantage: A Resource-based View [J]. Strategic Management Journal, 1993, 14 (3): 179-191.

[260] Pfeffer J, Salancik G. The External Control of Organizations: A Resource Department Perspective [M]. New York: Stanford University Press, 1978.

[261] Poppo L, Zenger T. Do Formal Contracts and Relational Governance Function as Substitutes or Complements? [J]. Strategic Management Journal, 2002, 23 (8): 707-725.

[262] Porter M E. Industry Structure and Competitive Strategy: Keys to Profitability [J]. Financial Analysts Journal, 1980, 36 (4): 30-41.

[263] Porter M E. Technology and Competitive Advantage [J]. Journal of Business Strategy, 1985, 5 (6): 60-78.

[264] Porter M E. The Contributions of Industrial Organization to Strategic Management [J]. Academy of Management Review, 1981,

6 (4): 609-620.

[265] Puri M, Zarutskie R. On the Life Cycle Dynamics of Venture Capital and Non-venture Capital Financed Firms [J]. The Journal of Finance, 2012, 67 (6): 2247-2293.

[266] Rajan R G, Zingales L. Power in a Theory of the Firm [J]. The Quarterly Journal of Economics, 1998, 113 (2): 387-432.

[267] Rajan R G, Zingales L. The Governance of the New Enterprise [R]. NBER Working Paper, 2000.

[268] Rajan R G, Zingales L. What Do We Know about Capital Structure? Some Evidence from International Data [J]. The Journal of Finance, 1995, 50 (5): 1421-1460.

[269] Rajan R G, Zingales L. Financial Development and Growth [J]. American Economic Review, 1998, 88 (3): 559-586.

[270] Ratner D L. Government of Business Corporations Critical Reflections on the Rule of One Share One Vote [J]. Cornell Law Review, 1970, 56 (1): 1-56.

[271] Redding S. The Low-skill, Low-quality Trap: Strategic Complementarities between Human Capital and R&D [J]. The Economic Journal, 1996, 106 (435): 458-470.

[272] Ripley W Z. Two Changes in the Nature and Conduct of Corporations [R]. Proceedings of the Academy of Political Science in the City of New York, 1926.

[273] Rodrigues S S, Galdi F C. Investor Relations and Information Asymmetry [J]. Revista Contabilidade & Finanças, 2017, 28

(74): 297-312.

[274] Roe M J. Strong Managers, Weak Owners: The Political Roots of American Corporate Finance [M]. Princeton: Princeton University Press, 1996.

[275] Roe M J, Vatierothe M. Corporate Governance and Its Political Economy [M]. Oxford: Oxford University Press, 2015.

[276] Roe M J. Political Determinants of Corporate Governance, Political Context, Corporate Impact [M]. Oxford: Oxford University Press, 2006.

[277] Roll R. The Hubris Hypothesis of Corporate Takeovers [J]. Journal of Business, 1986, 59 (2): 197-216.

[278] Ross L. Finance and Growth: Theory and Evidence [J]. Handbook of Economic Growth, 2005, 1 (part A): 865-934.

[279] Rui H, Yip G S. Foreign Acquisitions by Chinese Firms: A Strategic Intent Perspective [J]. Journal of World Business, 2008, 43 (2): 213-226.

[280] Rumelt R P. Towards a Strategic Theory of the Firm [J]. Competitive Strategic Management, 1984, 26 (3): 556-570.

[281] Santos F M, Eisenhardt K M. Constructing Markets and Shaping Boundaries: Entrepreneurial Power in Nascent Fields [J]. Academy of Management Journal, 2009, 52 (4): 643-671.

[282] Sapienza P, Zingales L. A Trust Crisis [J]. International Review of Finance, 2012, 12 (2): 123-131.

[283] Schumpeter J. The Economic Theory of Development [M].

Oxford: Oxford University Press, 1912.

[284] Scott W R. The Constitution and Finance of English, Scottish and Irish Joint-stock Companies to 1720 [M]. Cambridge: Cambridge University Press, 1912.

[285] Seligman J. Equal Protection in Shareholder Voting Rights: The One Common Share, One Vote Controversy [J]. The George Washington Law Review, 1985, 54 (5): 687-725.

[286] Seligman J. The SEC in a Time of Discontinuity [J]. Virginia Law Review, 2009, 95 (4): 667-683.

[287] Selznick P. Law and the Structures of Social Action [J]. Administrative Science Quarterly, 1957, 2 (2): 258-261.

[288] Shleifer A, Vishny R W. A Survey of Corporate Governance [J]. The Journal of Finance, 1997, 52 (2): 737-783.

[289] Shleifer A, Vishny R W. Large Shareholders and Corporate Control [J]. Journal of Political Economy, 1986, 94 (3): 461-488.

[290] Shum P, Lin G. A Resource-based View on Entrepreneurship and Innovation [J]. International Journal of Entrepreneurship and Innovation Management, 2010, 11 (3): 264-281.

[291] Simmons P L. Dual Class Recapitalization and Shareholder Voting Rights [J]. Columbia Law Review, 1987, 87 (1): 106-124.

[292] Sirmon D G, Hitt M A, Ireland R D, Gilbert B A. Resource Orchestration to Create Competitive Advantage: Breadth, Depth, and Life Cycle Effects [J]. Journal of Management, 2011, 37 (5): 1390-1412.

[293] Sirmon D G, Hitt M A. Managing Resources: Linking Unique Resources, Management, and Wealth Creation in Family Firms [J]. Entrepreneurship Theory and Practice, 2003, 27 (4): 339-358.

[294] Smart S B, Zutter C J. Control as a Motivation for Underpricing: A Comparison of Dual and Single-class IPOs [J]. Journal of Financial Economics, 2003, 69 (1): 85-110.

[295] Stark O. Equal Bequests and Parental Altruism: Compatibility or Orthogonality? [J]. Economics Letters, 1998, 60 (2): 167-171.

[296] Stuart T E. Interorganizational Alliances and the Performance of Firms: A Study of Growth and Innovation Rates in a High-technology Industry [J]. Strategic Management Journal, 2000, 21 (8): 791-811.

[297] Teece D J, Pisano G, Shuen A. Dynamic Capabilities and Strategic Management [J]. Strategic Management Journal, 1997, 18 (7): 509-533.

[298] Thompson J D, McEwen W J. Organizational Goals and Environment: Goal-setting as an Interaction Process [J]. American Sociological Review, 1958, (23): 23-31.

[299] Thomsen S, Pedersen T. Ownership Structure and Economic Performance in the Largest European Companies [J]. Strategic Management Journal, 2000, 21 (6): 689-705.

[300] Tompkins P K, Cheney G. Communication and Unobtrusive Control in Contemporary Organizations [M] //McPhee R D, Tompkins P K. Organizational Communication: Traditional Themes and New Directions. Beverly Hills, CA: Sage, 1985: 179-210.

[301] Van den Berghe L A A, Carchon S. Agency Relations within the Family Business System: An Exploratory Approach [J]. Corporate Governance: An International Review, 2003, 11 (3): 171-179.

[302] Villalonga B, Amit R. How Are US Family Firms Controlled? [J]. The Review of Financial Studies, 2009, 22 (8): 3047-3091.

[303] Vlittis A, Charitou M. Valuation Effects of Investor Relations Investments [J]. Accounting and Finance, 2012, 52 (3): 941-970.

[304] Wadhwa A, Kotha S. Knowledge Creation through External Venturing: Evidence from the Telecommunications Equipment Manufacturing Industry [J]. Academy of Management Journal, 2006, 49 (4): 819-835.

[305] Wernerfelt B. A Resource-based View of the Firm [J]. Strategic Management Journal, 1984, 5 (2): 171-180.

[306] Williamson O E. Assessing Contract. [J]. Journal of Law, Economics and Organization, 1985, 1 (1): 177-208.

[307] Williamson O E. Markets and Hierarchies: Analysis and Antitrust Implications: A Study in the Economics of Internal Organization [M]. New York: The Free Press, 1975.

[308] Williamson O E. The Economic Institutions of Capitalism: Firms, Markets, Relational Contracting [M] //Boersch C, Elschen R. Das Summa Summarum des Management Die 25 wichtigsten Werke fur Strategie, Fuhrung und Veranderung. Wiesbaden, German: Springer Gabler, 2007: 61-75.

[309] Williamson O E. Transaction Cost Economics: The Natural

Progression [J]. Journal of Retailing, 2010, 86 (3): 215-226.

[310] Williamson O E. Transaction Cost Economics: The Governance of Contractual Relations [J]. The Journal of Law and Economics, 1979, 22 (2): 233-261.

[311] Williston S. History of the Law of Business Corporations before 1800 [J]. Harvard Law Review, 1888, 2 (4): 149-166.

[312] Winden A W. Sunrise, Sunset: An Empirical and Theoretical Assessment of Dual-class Stock Structures [J]. Columbia Business Law Review, 2018, 2018 (3): 852-951.

[313] Xu X, Wang Y. Ownership Structure, Corporate Governance, and Firm's Performance: The Case of Chinese Stock Companies [J]. China Economic Review, 1997 (10): 75-98.

[314] Yin R K. Case Study Research: Design and Methods [M]. New York: Sage Publications, 2002.

[315] Zahra S, Pearce J. Boards of Directors and Corporate Financial Performance: A Review and Integrative Model [J]. Journal of Management, 1989, (15): 291-334.

[316] Zider B. How Venture Capital Works [J]. Harvard Business Review, 1998, 76 (6): 131-139.

[317] Zingales L. In Search of New Foundations [J]. The Journal of Finance, 2000, 55 (4): 1623-1653.

[318] Collis D J, Montgomery C A. Corporate Strategy: Resources and the Scope of the Firm [J]. Procedia Environmental Sciences, 1997.

后　记

　　我一直认为，与其事后观察、讨论股东财务出资及股权结构对公司治理、公司业绩的影响，不如事前预判是什么样的股东走到一起创办公司并追求价值增值。事实上，许多现代公司具有"物以类聚，人以群分"的股东结构，从而使传统意义上的"资合"蜕变为"人合＋资合"这一新的公司属性。一方面，股东（尤其是公司大股东）的资源禀赋及其异质性、互补性，以及集聚后的公司整体股东资源对公司发展所需其他资源的吸附性，在很大程度上决定了公司发展的物质基础；另一方面，因股东资源的长期投入与自身利益保护等动机所形成的新型公司治理（即协同控制型治理），则成为决定公司未来发展的上层建筑。显然，这一基础逻辑与西方代理理论等基础理论是有差异的，我相信它更符合并能合理解释"中国公司为什么普遍存在大股东"这一事实。

　　对本书的内容再次进行总结：本书以股东资源概念为切入点，系统、深入分析了股东资源对公司价值创造的直接作用机理或路径：一是异质性、互补性股东资源的长期投入；二是股东之间的协同控制型治理。作为全新概念及基础逻辑，股东资源理论有别于传统股权结构理论与基于权力制衡的公司治理框架，具有很强的理论创新性。基于该理论逻辑对中国公司（普遍存在大股东及其联盟）的治理、财务、管理行为等的解释，同样具有说服力与预测价值。更重要的是，这一理论逻辑能为当下国有企业混合所有制改革提供全新的解释框架，并提出有益的政策建议。因此，它是基于西方理论反思并结合中国情境所形成的基础逻辑。我认为，本书在构建中国特色公司财务理论及解释框架上极具学术创新性。当然，我更期待这一基础逻辑的学术拓展性及其问题解决导向下的应用价值。

最后，《股东资源论》是我 20 多年前所著的《股权结构论》的姊妹篇。谨以此书献给我的家人！

是为记。